Tatort LEBEN

Ethik

für berufliche Schulen

Lisa Bräunig
Eva Büttner-Badum
Angelika Heilmann
Julia Müller
Jutta Weber-Sohl

3., überarbeitete und erweiterte Auflage

Handwerk und Technik – Hamburg

WEGWEISER

*In den **gelb unterlegten Texten** finden Sie Situationen aus dem Alltag und Fallbeispiele.*

***Blaue Texte** kennzeichnen Zitate und Impulse für Diskussionen.*

✻ Das Symbol „Hand“ steht für Aufgaben und Gesprächsanlässe im Unterricht.

✻ Das Symbol „Fuß“ bietet weiterführende Handlungsvorschläge, die auffordern, aktiv zu werden, teilweise auch jenseits der schulischen Räume. Die Handlungsvorschläge verweisen immer auf Methodenseiten im Anhang (Seite 252 bis 262).

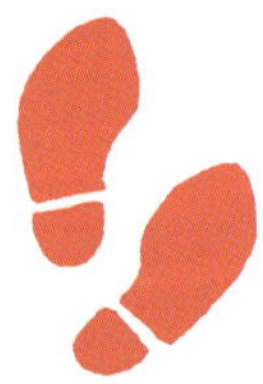

✻ Die Methodenseiten wollen Hilfestellung geben, den Unterricht abwechslungsreicher und handlungsorientierter zu gestalten. Hier wird der Schüler aufgefordert, seinen Unterricht selbst in die Hand zu nehmen.

Jedes Kapitel besitzt eine eigene FARBE, die sich in den Symbolen und den Seitenzahlen wiederholt. Sie erleichtert die schnelle Orientierung im Buch.

STATT EINES VORWORTES

EINE TÄTERBESCHREIBUNG

DER MENSCH wird auf natürlichem Wege hergestellt, doch empfindet er dies als nicht vollkommen und überlegt sich ständig neue Wege. Er wird gemacht, aber nicht gefragt, ob er auch gemacht werden will.

DER MENSCH ist ein Wirbeltier und hat eine unsterbliche Seele. Und einen anfälligen Körper, damit er nicht übermütig wird.

DER MENSCH hat zwei Beine und zwei Überzeugungen: eine, wenn es ihm gut geht, und eine, wenn es ihm schlecht geht. Die Letztere heißt Hoffnung.

DER MENSCH hat neben dem Trieb zur Fortpflanzung und dem Trieb zu essen und zu trinken zwei Leidenschaften: Geld zu machen und nicht zuzuhören. Der Mensch ist ein Wesen, das nicht zuhört. Wenn er intelligent ist, tut er recht daran: denn Gescheites bekommt er nur selten zu hören.

DER MENSCH gönnt seiner eigenen Gattung keinen Spaß, deshalb hat er die Gesetze erfunden. Er darf nicht, also sollen die anderen auch nicht.

UM SICH auf einen Menschen zu verlassen, tut man gut daran, sich auf ihn zu setzen. Damit ist man wenigstens für diese Zeit sicher, dass er nicht davonläuft.

DIE MENSCHHEIT zerfällt in zwei Teile: in einen weiblichen und einen männlichen. Beide haben sogenannte Gefühle. Diese ruft man am sichersten dadurch hervor, dass man gewisse Nervenpunkte des Organismus in Funktion setzt.

DER MENSCH ist ein politisches Geschöpf, das sein Leben am liebsten in Rudeln verbringt. Die meisten Rudel hassen die anderen Rudel, weil sie die anderen sind.

JEDER MENSCH hat eine Leber, zwei Nieren und ein Herz. Sämtliche Organe sind lebensnotwendig. Es soll Menschen ohne Leber, ohne Nieren und ohne Herz geben, aber Menschen ohne Geldbeutel sind bald tot.

WENN DER MENSCH fühlt, dass er rostet, wird er manchmal fromm und weise. Er muss seine Erfahrungen einmotten und die Jungen nennen ihn „altes Eisen". Die verschiedenen Altersstufen halten einander für verschiedene Rassen: Alte haben gewöhnlich vergessen, dass sie jung gewesen sind (oder vergessen, dass sie alt sind), und Junge begreifen nie, dass sie alt werden können.

DER MENSCH möchte nicht gern sterben, weil er nicht weiß, was dann kommt.

IM ÜBRIGEN ist der Mensch ein Lebewesen, das seine Haustiere liebt, die Welt verseucht und verstrahlt und mit 224 PS im Autobahnstau röhrt.

MANCHMAL gibt er auch Ruhe, aber dann ist er tot.

INHALT

INHALT

1 LIEBE

IST LIEBE NUR EIN WORT?

WENN MAN JEMANDEN LIEBT

SCHWÄRMEREI = VERLIEBTHEIT?

PARTNERSPIEL:
SCHMETTERLINGE IM BAUCH

WAS HEISST DENN HIER LIEBE?

DER ULTIMATIVE LIEBESTEST

LIEBE IST ... NICHT IMMER LEICHT

EIFERSUCHT

DER LEBENSLAUF DER LIEBE

ALTER KNACKER SUCHT KNACKIGE ALTE

LIEBESKUMMER

IST LIEBE NUR ———————— EIN WORT?

Liebe gibt es nicht. Ich kann sie nicht hören, nicht sehen und auch nicht anfassen.
(Klaus, 35 Jahre, geschieden)

Liebe kennt keine Grenzen.
(Redewendung)

Liebe kommt nach Verliebtheit.
(Janet, 21 Jahre, verlobt)

Kann denn Liebe Sünde sein? Was ist denn dabei, wenn man sich küsst?

Man kann nicht von Luft und Liebe leben.
(Redewendung)

Wer wirklich liebt, gibt sich selbst auf.
(Silke, 17 Jahre, Schülerin)

Liebe deinen Nächsten wie dich selbst.
(Gal. 5,14)

Wenn ich verliebt bin, flattern die Schmetterlinge in meinem Bauch.
(Andreas, 18 Jahre, Mechatroniker)

Liebe macht blind. (Redewendung)

Liebe ist nicht wirklich käuflich.
(Katja, 24 Jahre, Prostituierte)

Lieben heißt leiden. (Redewendung)

Liebe ist ein großes Wort mit vielfältigen Bedeutungen:

Freundschaftsringe sind auch schon bei jugendlichen Paaren sehr beliebt. Sie zeigen auch nach außen sichtbar, dass man zusammengehört und sich auch schon vor der Ehe zur Treue bekennt.

- **Freundschaftsringe: Verlieren Eheringe dadurch an Wert?**
- **Welche Aussage beeindruckt Sie am meisten?**
- **Kennen Sie weitere Redewendungen zum Thema Liebe?**

1 LIEBE

Eine arabische Liebesgeschichte

Ein junger Mann und ein Mädchen liefen auf zwei verschiedenen Landwegen. In einem bestimmten Augenblick kamen die zwei Wege zusammen und der Junge und das Mädchen liefen nun gemeinsam weiter.

Der Junge trug einen Kupferkessel auf seinem Rücken. In der Hand hatte er ein lebendes Huhn und einen Stock, während er an der anderen Hand eine Ziege führte. Nach einer Weile kamen sie an eine Bergschlucht. Da blieb das Mädchen stehen und sagte: „Durch diese Schlucht gehe ich nicht mit dir." „Warum nicht?", wollte der Junge wissen.

„Du könntest mich dort umarmen und küssen", antwortete sie.

„Wie soll ich dich denn umarmen und küssen? Ich habe einen Kupferkessel auf dem Rücken, an der einen Hand habe ich eine Ziege und in der anderen Hand ein lebendes Huhn und einen Stock."

Aber das Mädchen beharrte auf seiner Meinung: „Du könntest mich die Ziege halten lassen, danach den Stock in den Boden stecken, das Huhn auf den Boden setzen und den Kessel darüberstülpen, und dann könntest du mich umarmen und küssen." Lange starrte der Junge das schöne, nette Mädchen an. Endlich sagte er:

„Allah segne deine Weisheit." Worauf sie gemeinsam durch die Schlucht gingen.

✻ Wie geht das Mädchen mit dem eigenen Wunsch nach Zärtlichkeit um?

**✻ Was fällt Ihnen alles zum Thema „Liebe" ein? Fertigen Sie eine Mind-Map an.
Wie dies gemacht wird, verrät Ihnen die Seite 259.**

1 LIEBE

WENN MAN —— JEMANDEN LIEBT

Wenn man jemanden liebt, so liebt man ihn nicht die ganze Zeit,
nicht Stunde um Stunde auf die gleiche Weise.
Das ist unmöglich.
Es wäre sogar eine Lüge, wollte man diesen Eindruck erwecken.
Und doch ist es genau das, was die meisten von uns fordern.
Wir haben so wenig Vertrauen in die Gezeiten des Lebens,
der Liebe, der Beziehungen.
Wir jubeln der steigenden Flut entgegen und wehren uns erschrocken gegen die Ebbe.
Wir haben Angst, sie würde nie zurückkehren.
Wir verlangen Beständigkeit, Haltbarkeit und Fortdauer;
und die einzig mögliche Fortdauer des Lebens wie der Liebe
liegt im Wachstum
im täglichen Auf und Ab - in der Freiheit;
einer Freiheit im Sinne von Tänzern, die sich kaum berühren und
doch Partner in der gleichen Bewegung sind.

Anne Norrow Lindbergh

- **Überlegen Sie, was dieses Gedicht über die Liebe aussagen möchte.**
- **Was können Sie für Ihr eigenes Leben/Ihre eigene Liebe aus diesem Gedicht lernen?**

1 LIEBE

SCHWÄRMEREI = VERLIEBTHEIT?

Aus dem Tagebuch von Anna, 14 Jahre

Donnerstag, 4. Mai

Wieder lief Basti an mir vorbei, ich dachte, ich kippe gleich um.

Auf einmal drehte er sich um und fragte mit seiner coolen Stimme: „Hast du eine Zigarette für mich?“ Ich stand total bescheuert da und konnte nur leise vor mich hinstottern, dass ich keine bei mir habe. Ich könnte mich ohrfeigen, denn immer wenn es darauf ankommt, fällt mir nichts ein, was ich sagen könnte. Das Ende der Geschichte war, dass Ina Zigaretten dabei hatte und er sich mit ihr unterhalten hat.

Dienstag, 9. Mai

Basti, Basti, Basti … Juhu, heute hat er mit mir geredet! „Hi. Scheiß Schule, oder?“ „Finde ich auch“, sagte ich - obwohl ich mir eigentlich dachte, dass ich ihn HIER ja wenigstens sehen kann. Wenn es so weitergeht, sterbe ich an Herzversagen!

Ach ja, ich habe endlich ein tolles Outfit für die Party am Samstag gekauft! Hauteng und supersexy …

Samstag, 13.Mai

Ich könnte die ganze Welt umarmen! Basti und ich sind zusammen! Er war auf der Party den ganzen Abend bei mir und hat dann den Arm um mich gelegt und mich geküsst! Tja, und heute Nachmittag treffen wir uns in der Eisdiele …

(Fortsetzung folgt)

Viele Eltern fragen sich, warum ihr Kind mehr von Pink oder Sido weiß als von ihnen. Die Wände sind mit Postern übersäht, es laufen im Fernseher Videoclips des Lieblingsstars oder im Nonstop-Modus dessen CDs und das sonst eher als träge eingeschätzte Kind steht mitten in der Nacht auf, um eine begehrte Konzertkarte zu ergattern.

Diese von Eltern und Erwachsenen oft nicht verstandene **Schwärmerei** ist allerdings wichtig: Sie dient der Selbstfindung und Ablösung vom Elternhaus. Auch wenn die Idole oft wechseln und die Schwärmerei mit steigendem Alter abnimmt, geben sie den Jugendlichen dennoch eine Orientierungshilfe.

Verliebtheit ist konkreter als Schwärmerei, denn sie ist oft die Vorstufe für eine Liebesbeziehung.

- **Schreiben Sie eine Fortsetzung des Tagebuches von Anna.**
- **Kann Schwärmerei auch gefährlich werden?**

PARTNERSPIEL:

SCHMETTERLINGE IM BAUCH

1 LIEBE

WAS HEISST DENN HIER

Man sieht nur mit dem Herzen gut, das Wesentliche ist für die Augen unsichtbar.“

Antoine de Saint-Exupéry, Schriftsteller

Der Kuss (1907/1908)
Gustav Klimt

So alt wie die Menschheit ist die Suche nach der wahren Liebe. Der Liebe, die ein Leben lang halten soll. Doch manchmal führt sie in ein Gewirr aus Leidenschaften, in ein „Ewig-auf-der-Suche-Sein“, bis einem irgendwann der Traummann oder die Traumfrau über den Weg läuft. Diese Suche kann dauerhafte Partnerschaften verhindern. Der geringste Makel am anderen Menschen ist Auslöser dafür, die Beziehung zu beenden.

Auch Liebe auf den ersten Blick ist kein Rezept für eine länger währende Liebesbeziehung. Oft zeigt erst ein zweiter Blick, dass sich die erwünschte Harmonie nicht einstellen will.

Vielleicht bringt uns die Frage weiter: Wie will ich geliebt werden?

- Mit all meinen Marotten, Launen und schlechten Seiten,
- als eigenständiger Partner, der nicht nur geben will und darf, sondern auch nehmen will und darf,
- umfassend, als ganze Person, d. h. körperlich, geistig und seelisch,
- als selbstständiger Mensch, der auch mal eine Lehne braucht,
- indem ich Geborgenheit, Wärme und Vertrauen erfahre?

Woran erkennt man nun, was Liebe ist? Am einfachsten wäre natürlich eine Liste von Merkmalen, die man nur abzuhaken bräuchte. Doch die gibt es nicht.

Leichter fällt es uns, zu erklären, was wir für Liebe gehalten haben:

- das tolle Aussehen des Traumtyps,
- mich mit ihm oder ihr zu „schmücken“,
- das Gefühl, einen Menschen für sich allein zu haben,
- nicht mehr allein zu sein,
- einen Menschen gefunden zu haben, der mich ergänzt,
- das Verpflichtungsgefühl, weil ich mit ihm oder ihr geschlafen habe, eine Beziehung aufrechtzuerhalten usw.

LIEBE?

Und so äußern sich die Aspekte der Liebe

„Immerhin zahlt er mir das Appartement."
„Irgendwie macht sie mich an."
„Wenn ich malen könnte, wäre sie mein Aktmodell."
„Kaum sehe ich ihn, bringe ich keinen vernünftigen Satz hervor."
„Letzten Samstag hatten wir Silberhochzeit und bereuen nichts."
„Ich liebe meine Freiheit über alles."
„Eine Nacht mit ihm …"
„Lieber zahle ich dafür, heiraten ist nichts für mich."
„Ein Körper – wie ein junger Gott."

Mit mir kenn ich mich aus

Fast hätte ich dich
angerufen.

Rechtzeitig habe ich
mir gestanden
dass mir dein Körper
wichtiger war
als du.

Wenn es dir einmal
genauso geht
ruf mich bitte an –
mit mir kenn ich mich aus!

Jörn Pfennig

✻ **Versuchen Sie die Aussagen den verschiedenen Liebestypen zuzuordnen.**

Bin ich liebenswert?

1. Glaubst du, dass das Aussehen bei Jungen ebenso wichtig ist wie für Mädchen?

A Ja, klar – der erste Eindruck ist äußerlich.

B Ich weiß nicht.

C Nein. Mädchen fliegen auf Motorräder und Autos. Der Rest ist ihnen egal.

2. Stehst du oft vor dem Spiegel und ärgerst dich über den neuen Pickel?

A Ich betrachte mehrmals täglich mein Gesicht und pflege mich regelmäßig.

B Ab und zu schon, z. B. wenn ich ausgehe.

C Spiegel, Kosmetik, nichts für mich.

3. Benutzt du ein spezielles Parfüm oder Rasierwasser?

A Ja, täglich.

B Manchmal.

C Ich hasse dieses stinkende Zeug.

4. Wie oft kaufst du dir schicke Unterwäsche?

A Alle paar Wochen ist schon ein neues Teil drin.

B Nur, wenn ich was zum Aufreißen brauche.

C Wieso? Was gibt's gegen weiße Doppelrippwäsche?

5. Nun zu deiner Frisur, wie viele Produkte hast du, um deine Haare zu pflegen?

A Fünf und mehr

B Drei bis fünf

C Shampoo – was braucht man mehr?

6. Du siehst auf der anderen Straßenseite deinen absoluten Schwarm im Regen an einer Haltestelle stehen.

A Du überquerst die Straße trotz fließenden Verkehrs, spannst deinen Schirm so auf, dass ihr beide darunter passt.

B Du überquerst die Straße, als die Fußgängerampel Grün zeigt, und stellst dich auch mit ihm in den Regen.

C Du denkst: Schön, dass wenigstens ich einen Schirm habe.

7. Dein Sweetheart ruft bei dir an und braucht 40 Euro für eine Eintrittskarte zum Openairkonzert am Wochenende.

A Du freust dich, weil gerade du helfen kannst.

B Du verlangst als Sicherheit zwei CDs.

C Du leihst grundsätzlich gar nichts aus.

8. Ihr wart nun schon ein paar Mal zusammen aus. Es war einfach klasse, vor allem das Knutschen – mehr aber nicht.

A Das ist ganz okay so. Vorfreude ist die schönste Freude.

B Wir müssen beim nächsten Date unbedingt über Kinder, Kondome und andere Katastrophen reden.

C Wenn beim nächsten Mal nichts passiert, mache ich eine Fliege.

9. Montags gehst du grundsätzlich ins Fitnessstudio.

A Für einen lieben Menschen änderst du deine Gewohnheit.

B Du gehst auch mal am Dienstag.

C Du gehst montags, basta.

10. Euer nächstes Rendezvous findet am Samstag um 15.00 Uhr unter der Platane statt.

A Ab 15.07 Uhr machst du dir ungeheure Sorgen und fragst dich, was wohl passiert sei.

B Du wartest grundsätzlich 15 Minuten, dann gehst du.

C Du schlenderst um 15.00 vorbei – keiner da? Na ja, du wolltest sowieso lieber inlineskaten gehen.

Nun geht's ans Rechnen:

A 2 Punkte

B 1 Punkt

C 0 Punkte

Auflösung: Bin ich liebenswert?

20 – 15 Punkte: Typ „Selbstaufgabe"
Du bist attraktiv und legst Wert auf dein Äußeres. Bist du aber verliebt, dann bist du hoffnungslos blind. So wird das nie was – lerne mehr Selbstsicherheit; wer liebt denn schon einen Anpasser?

14 – 10 Punkte: Typ „Persönlichkeit"
Du bist gepflegt und übertreibst es nicht. Du besitzt ein gesundes Selbstwertgefühl und behauptest dich – beste Voraussetzungen für einen gemeinsamen Lebensabschnitt.

9 – 5 Punkte: Typ „Kneifzange"
Ganz so kratzbürstig solltest du nicht sein, wenn was Neues ansteht. Lege mehr Wert auf dein Äußeres und mache auch mal Zugeständnisse.

4 – 0 Punkte: Typ „Selbstgerechtigkeit"
Deine Situation scheint hoffnungslos zu sein. Entweder willst du sowieso Single bleiben oder du hast noch viel zu tun. Packe es an.

Die Unsicherheit, die Jugendliche quält, wird häufig von Jugendzeitschriften ausgenutzt. Junge Leute wollen wissen, wie sie sind. Sie sind neugierig auf sich selbst.

Die Antworten dieses und ähnlicher Tests bieten häufig nicht mehr als Unterhaltungswert. Die Orientierung, nach der gesucht wird, wird nicht gegeben.

Stattdessen werden viele tausend einzigartige Menschen in nur wenige Typen eingeteilt. Dies gilt größtenteils auch für die zwölf „Schubladen" der üblichen Horoskope in Zeitungen und Zeitschriften.

Allerdings gibt es auch sehr anspruchsvolle Tests, die mit wissenschaftlichen Methoden durchgeführt werden. Solche Fragenkataloge sind sehr langwierig und ihre Auswertung kann sich über lange Zeit hinziehen.

*** Persönlichkeitstests in Zeitschriften finden reißenden Absatz, gerade bei jungen Leuten. Warum?**
*** Was raten Sie Andy, der vollkommen resigniert, nachdem er im Test nur vier Punkte erreicht hat?**

1 LIEBE

LIEBE IST ...

Aus dem Tagebuch von Anna, 14 Jahre
Sonntag, 25. Juni
Jetzt gehen Basti und ich schon sechs Wochen miteinander und es ist immer noch super. Wenn wir uns mal drei oder vier Tage nicht sehen können, drehe ich beinahe durch. Dann kribbelt es in mir, ich finde keine Ruhe, fange an, dieses zu tun, bringe es nicht zu Ende, beginne mit jenem – bringt auch keinen Spaß. Das ist schon komisch. Rückt dann unsere Verabredung näher, werde ich ganz nervös. In der Schule haben sie es auch schon bemerkt. Tja, die letzte Mathearbeit habe ich versaut – aber was soll's – das bekomme ich schon wieder hin.

Was ist das nur, dieses Kribbeln im Bauch, diese lähmende Nervosität? Ach ja, unser Biolehrer meinte, dafür wären körpereigene Stoffe, sogenannte Endorphine, ausschlaggebend, sie verursachen die Schmetterlinge. Doch am schlimmsten war's beim Knutschen. Ich hatte Herzklopfen bis zum Hals und dachte schon, Basti hört es.

Meistens sehen wir uns am Wochenende und am Mittwoch nach der Schule. Meine Eltern haben schon gefragt, wo ich denn immer so lange bliebe.

Deswegen gab's neulich wieder Stress. Wenn ich mal raus will, kommen sie sofort mit „wohin?", „mit wem?" und „um zehn bist du zu Hause".

Von der Mathearbeit habe ich lieber erst mal nichts erzählt.

Papa ist ja eigentlich ganz nett, nur in der letzten Zeit nörgelt er dauernd an mir herum. Meine Röcke sind ihm zu kurz, mein Make-up zu auffällig und nichts passt ihm. Meine Mutter ahnt wohl auch was. Gestern hat sie wieder angefangen mit „bloß aufpassen" und „Leben zerstören" und so weiter, aber ich tat so, als ginge mich das alles nichts an. Am nächsten Samstag macht Basti eine Party, seine Eltern sind auf Verwandtenbesuch.

* **Beschreiben Sie die Gefühle von Anna.**
* **Wie empfinden Sie das Verhalten der Eltern?**
* **Wie würden Sie sich auf die Party vorbereiten?**

NICHT IMMER LEICHT

Bis zum Schluss

Curse feat. Silbermond

Vielleicht haben wir uns überschätzt
gehofft, dass aus den Differenzen Liebe wächst
doch ich weiß nicht, ob das reicht
wie viel Zeit uns noch bleibt
Ob es kommt wie's kommen muss
doch wenn es sein muss, kämpf' ich bis zum Schluss …

Keiner will die Konsequenzen tragen
und das ist das Dilemma
So wird mit jedem Gespräch unsre Gnadenfrist verlängert
und immer wieder beteuert, dass sich jetzt so vieles ändert
immer wieder neue Versuche, die dann im Alten enden.

Denn nach der Zeit sind die Rollen verteilt
Wir wollen die Muster ignorieren
doch sie explodieren bei 'ner Kleinigkeit
und das ist so ermüdend
wir haben versucht zu einander zu finden
fanden jedoch nur, dass wir uns selbst belügen.

Wahrscheinlich haben wir's von Anfang schon gewusst
Wir sind so verschieden
dass man für jeden Frieden erst mal kämpfen muss
wie paradox ist das?
Wobei doch eigentlich Liebe für mich die Zuflucht sein soll
wo ich Waffen fallen lass'.

Wir haben's so oft schon zerredet, so oft vergeben
versucht die Vergangenheit zu verändern
um uns den Weg zu ebnen
auf dem wir wachsen und leben können zu zweit
als miteinander vereint, anstatt aneinander vorbei

Doch jeder Einzelne bricht an dem Anderen entzwei
Wir haben beide das Gefühl
in der Partnerschaft nicht wir selbst zu sein
und wenn es geht warum tun wir's uns an
und wenn Glück hier drin nicht zu finden ist
wonach suchen wir dann?

Es macht mich krank
dass ich angeblich der bin, der die Schuld hat
und gleichzeitig der bin, der die ganze Lasten schultert
angeblich der bin, der hier alles kaputt macht
doch gleichzeitig der, der immer wieder zu dir kommt
und alles gut macht.

Ich frag' mich ständig was ich ändern kann
und änder dann selbst Dinge, die mir gut gefallen
einzig um dir zu gefallen
ich weiß nicht weiter, wie ich mich so verbiegen soll
ich weiß nicht, wie ich ehrlich zu mir sein kann
und dich lieben soll?

und natürlich seh' ich das Schöne
und bisher überwiegt es
Gott weiß ich lieb' dich
und halt fest egal, wie schwer die Kritik ist
doch auch ich hab' begrenzte Kräfte
es gleitet aus meinen Händen
versuch' meine Emotionen noch zu kontrollieren
und zu verdrängen.

Ich will Chancen geben
nochmal und nochmal, wir haben es verdient
es wär' katastrophal im Streit und Affekt diesen Strich zu zieh'n
doch ich kann nicht mehr länger kämpfen
ich kann nicht mehr länger steh'n
und ich kann nichts mehr für uns tun
wir zwei werden untergehen.

Wir haben uns überschätzt
Wir haben gehofft
dass aus Differenzen noch Liebe wächst
wir haben befürchtet
dass es irgendwann alles so kommt, wie es kommen muss
und doch kämpfen wir beide bis zum Schluss.

✻ Welche Gefühle und Probleme werden in diesem Lied ausgedrückt?
✻ Kennen Sie ähnliche Gefühle aus eigenen Beziehungen?

EIFER——SUCHT

Aus dem Tagebuch von Anna, 14 Jahre

Sonntag, 18. Oktober

Mein letzter Tagebucheintrag ist ja ewig her. Ich kann einfach nicht mehr. Alles war so schön und jetzt taucht diese Tussi auf. Dauernd lungert sie bei Basti herum. Sie spielt Saxophon und ist bei jeder Probe seiner Band dabei. Ich allerdings werde ausgeschlossen. Manchmal warte ich draußen, um die beiden abzupassen. Mit Basti habe ich auch schon geredet, er findet sie ganz nett. Nett, dieses hohlwangige, blonde, kleine Aas. Ich bin wütend und zugleich gelähmt vor Eifersucht.

Mittwoch, 21. Oktober

Ich habe sie beobachtet und glaube, Basti geht fremd. Sie haben sich zwar nicht erwischen lassen, aber … Na, warte.

Montag, 26. Oktober

Irgendwie ist nur noch Knatsch – zu Hause, in der Schule und mit Basti. Ich gehe ihm auf den Wecker mit meinen Verdächtigungen. Bine ist einfach eine gute Musikerin, basta, sagt er. Wenn ich das nicht verkraften kann, dann ist eben Schluss. Was soll ich nur machen?

Freitag, 27. November

Habe Basti nach fast fünf Wochen wiedergesehen. Er war ganz lieb zu mir. Nach Bine hab ich besser nicht gefragt. Vielleicht wird's ja noch mal was.

Mittwoch, 16. Dezember

Alles wieder okay, nach derWeihnachtsfeier am Sonntag war mir klar, dass es für mich nur Basti gibt und für ihn nur mich. Bine war auch da – mit ihrem Verlobten. Eigentlich ist sie wirklich ganz nett.

An Weihnachten ist Basti bei uns eingeladen. Seine Eltern sind Skifahren.

Ein Jahr und sieben Monate später

Heute ist mir mein Tagebuch in die Hände gefallen, als ich für den Umzug zusammenpackte. Basti und ich haben eine kleine Wohnung gefunden und wollen sie ab 1. August beziehen – endlich eigene vier Wände. Wenn alles klappt, heiraten wir, sobald ich meine Ausbildung beendet habe.

„Eifersucht ist eine Leidenschaft, die mit Eifer sucht, was Leiden schafft."

(Friedrich Schleiermacher, Philosoph, Theologe, 1768 – 1834)

*** Liebe und Eifersucht sind wie Tag und Nacht, eines kann ohne das andere nicht sein. Was sagen Sie dazu?**

DER LEBENSLAUF DER LIEBE

ab 15 Jahre

Die meisten Jugendlichen haben zwischen 14 und 17 Jahren ihren ersten Sex. Laut Bundeszentrale für gesundheitliche Aufklärung sind 40 % der Mädchen in diesem Zeitraum zum ersten Mal mit jemandem ins Bett gegangen, während es bei den Jungen „nur“ 33 % sind. Jeder zehnte der Jugendlichen hat unter 14 Jahren den ersten Intimkontakt. Die heute 55- bis 65-Jährigen hatten ihr „erstes Mal“ mit etwa 18.

91 % der Mädchen und 85 % der Jungen verhüten beim 1. Mal, in den 80er-Jahren waren es nur 80 bzw. 71 %.

25 Jahre

Die ersten Partnerschaftserfahrungen sind gemacht, der Spaß am Sex wächst, die meisten hatten ungefähr fünf intime Freundschaften. Nun wollen viele eine feste Beziehung, Frauen denken allmählich an Kinder.

35 Jahre

Die Ausbildung ist abgeschlossen, doch der Einstieg in das Arbeitsleben ist nicht immer einfach – Niedriglöhne, befristete oder Teilzeitjobs erschweren oft die Lebens- und Familienplanung. Der Nachwuchs stellt sich später ein, es kommen weniger Kinder zur Welt.

Wer es geschafft hat, heiratet, strebt das Eigenheim an.

45 Jahre

Manche Krise hat die Partnerschaft erschüttert: Seitensprünge, unterschiedliche Ansichten in der Erziehung, Geldsorgen, zu wenig gemeinsame Freizeit. Die Kinder werden größer, Frauen wollen wieder stärker beruflich einsteigen, was oft nicht einfach ist. Viele Männer erleben jetzt den Höhepunkt ihrer Karriere.

55 Jahre

Viele sorgen sich um ihren Job - und damit um ihre Rente. Während 1997 12 % der 55-Jährigen in Frührente gegangen sind, trauten sich 2007 diesen Schritt wegen der verschlechterten Bedinungen nur noch 3 %. Dennoch finden die Partner in dieser Zeitspanne wieder neu zueinander: Die Kinder sind meist aus dem Haus, Frau und Mann haben wieder mehr Zeit für gemeinsame Hobbys und Reisen. Viele engagieren sich in Ehrenämtern.

65 Jahre

Laut einer US-Studie sind Paare, die seit mindestens 35 Jahren zusammenleben, offener zueinander. Sie drücken ihre Gefühle direkter aus, sagen öfter „Ich liebe dich“. Und auch das Streiten haben sie gelernt: Bei Auseinandersetzungen rast ihr Herz weniger als in jungen Jahren.

75 Jahre

Krankheiten stellen sich verstärkt ein, z. T. auch Pflegebedürftigkeit, was die Partner überfordern und belasten kann. Aber: Auch über 75-Jährige haben noch intensive Intimkontakte und genießen sie.

✻ „JUNG GEFREIT, NIE GEREUT“
Diskutieren Sie dieses Sprichwort konträr. Wie das am besten geht, erfahren Sie auf der Methodenseite „Pro-und-Kontra-Diskussion“, Seite 258.

1 LIEBE

ALTER KNACKER SUCHT KNACKIGE ALTE

Liebeserklärung. Das Großformat wählte Christian für Liebesbrief und Heiratsantrag an Kirsten. Ob die so umworbene Herzensdame selbst das „Ja" rechts auf die Plakatwand in Bochum gemalt hat, steht in den Sternen.

„Ein honettes Frauenzimmer ledigen Standes, guter Gestalt, sucht … einen guten Doctor oder Advocaten ledigen Standes …"

Dies war die erste deutsche Heiratsanzeige. Sie erschien am 8. Juli 1738. Millionen von Deutschen versuchen mit Singlepartys, Kontaktanzeigen, Partnervermittlungsagenturen und Internet-Flirtseiten den Partner fürs Leben zu finden.

Die Suche des richtigen Partners über Internetagenturen ist vielleicht mittlerweile beliebter als die Methoden Kennenlernen am Arbeitsplatz, im Verein, in der Disco. Bei diesen Anzeigen ist allerdings Originalität und Individualität gefragt, denn mit einem Spruch wie „Topf sucht Deckel" lässt sich heutzutage kaum das Interesse des Bildschirmgegenübers wecken.

Heirat – Hochzeit – Ehe

Ist der richtige Partner gefunden, treffen viele Paare die Entscheidung zur rechtlich anerkannten Lebensgemeinschaft, die auf Lebenszeit gelten soll: zur Ehe. Das Heiratsalter wird übrigens immer höher in Deutschland: Männer sind im Schnitt 31 Jahre, Frauen 28 Jahre alt, wenn sie heiraten.

Seit 2001 können sich homosexuelle Paare in Deutschland als „eingetragene Lebenspartnerschaft" staatlich eintragen lassen. Dadurch sind sie noch nicht gleichrangig verheiratet, aber rechtlich stärker abgesichert. In Schweden und Spanien können gleichgeschlechtliche Paare bereits regulär die Ehe schließen.

Eine Verlobungszeit, die einst der Vorbereitung auf die Ehe diente (die Verlobung galt als festes Eheversprechen), gibt es heute nur noch selten. Viele Paare entschließen sich dazu, erst einmal eine „Ehe auf Probe" zu führen und ziehen in gemeinsame vier Wände.

Leider ist nicht jede Ehe von Dauer: Statistisch gesehen wird in Deutschland jede 3. Ehe wieder geschieden.

Andere Länder – andere Sitten

Für strenge Moslems ist eine voreheliche Lebensgemeinschaft nicht vereinbar mit ihrem Glauben. Die jungen Menschen dürfen sich zwar mittlerweile ihre Partner selbst aussuchen, dennoch gilt das Prinzip der Jungfräulichkeit vor der Ehe.

* **Überlegen Sie, warum gerade das Internetdating in der heutigen Zeit so beliebt ist.**
* **Entwerfen Sie eine Textanzeige, mit der Sie einen Partner suchen würden und eine, auf die Sie antworten würden!**
* **Recherchieren Sie, welche Rechte in Deutschland mit der eingetragenen Partnerschaft für Homosexuelle verbunden sind.**
* **Welche Probleme kommen nach einer Scheidung auf die Betroffenen zu (finanziell, psychisch u.a.)?**

LIEBES——KUMMER

Trennung

Der erste Tag war leicht
Der zweite Tag war schwerer
Der dritte Tag war schwerer als der zweite

Von Tag zu Tag schwerer:
Der siebente Tag war so schwer
dass es schien er sei nicht zu ertragen

Nach dem siebenten Tag
sehne ich mich
schon zurück.

Erich Fried

Ethisches Minimalgebot

Du sollst die Gefühle eines Menschen nicht rücksichtslos ausnutzen
und ihn mutwillig enttäuschenden Erfahrungen aussetzen.
Du sollst unter keinen Umständen fahrlässig die Zeugung eines unerwünschten Kindes riskieren.

Alex Comfort

Befreit?

Du hast dich restlos
befreit von ihm?

Warum zieht dann
während du das sagst
diese Bitterkeit
in dein Gesicht?

Jörn Pfennig

*** Liebeskummer bedeutet Abschied nehmen. Versuchen Sie Ihre Erfahrungen in Form einer Collage auszudrücken.**

2 SEXUALITÄT

WIE MACHE ICH MICH BEGEHRENSWERT?

ERSTE SEXUELLE ERFAHRUNGEN

WIE KOMMT ES ZU BEFRUCHTUNG UND SCHWANGERSCHAFT?

WIE KANN ICH VERHÜTEN?

AIDS – WAS IST DAS?

SCHWUL, LESBISCH ODER BI – NA UND?

WENN SEXUALITÄT ZUM PROBLEM WIRD ...

SEX-SHO
SUPER-SEX
durch
• den Traumpartner Ihrer Wahl
zum „Mit-nach-Hause-nehmen"
• Anleitung zur sexuellen Zufriedenheit
• Test: Welcher Sexualtyp sind Sie?
• Zubehör

WIE MACHE ICH MICH ——— BEGEHRENSWERT?

Lieber Dr. Winter,
ich habe ein Problem. Irgendwie habe ich das Gefühl, dass ich bei Frauen nicht ankomme. Die nehmen mich einfach nicht richtig wahr. Wenn ich mit meinem Freund Enzo unterwegs bin, sehe ich, wie das bei ihm anders läuft. Zugegeben, der ist immer nach der neuesten Mode gekleidet, aber ich möchte mich diesem Konsumzwang nicht unterwerfen, es kommt doch darauf an, wie ich bin, und nicht, was ich anhabe. Auf jeden Fall interessieren sich die Mädchen immer mehr für Enzo als für mich, ich werde nur als „guter Kumpel" angesehen. Was soll ich nur dagegen machen? ***Klaus***

Lieber Klaus,
ich muss dir leider sagen, dass es nicht egal ist, wie du aussiehst, wenn du auf Mädchen wirken willst. Der erste Eindruck von einem Menschen ist nun mal immer ein äußerlicher. Die Art sich zu kleiden, die Frisur, die Farbe der Augen, der Klang der Stimme, auch in welcher Weise du dich bewegst, das alles kann wichtig sein, damit es „funkt". Sich attraktiv zu machen ist doch nichts Verwerfliches, sondern ganz normal, um auf sich aufmerksam zu machen. Außerdem wirst du die Mädchen ja zunächst auch nach solch äußeren Kriterien beurteilen.
Dr. Winter

Sabine *ist total frustriert, weil Enzo auf Nadja steht und nicht auf sie. Sie überlegt sich: „Was hat Nadja eigentlich, was ich nicht habe?*

Sie hat sicher eine bessere Figur, eine schönere Nase, einen größeren Busen.

Aber dagegen kann ich nichts machen, das ist biologisch bedingt. Ja gut, ich könnte abnehmen, aber das ist so anstrengend."

Sie schaut in den Spiegel: „Vielleicht sollte ich mir eine neue Frisur zulegen oder ein neues Top?"

*** Geben Sie Sabine Ratschläge, was sie tun soll. Was würden Sie an Sabines Stelle tun?**

Klaus und Thomas *sitzen in einem Café und unterhalten sich leise über die Mädchen am Nebentisch. „Siehst du die Blonde da drüben? Die schaut dauernd zu dir her." „Meinst du wirklich, die meint mich?" „Na klar, so wie die dich angelächelt hat, als sie mit wiegenden Hüften an dir vorbeigegangen ist, das kann kein Zufall sein." „Die gefällt mir auch, was soll ich denn jetzt tun?" „Setz dich mal etwas lässiger hin und grinse sie mit einem verwegenen Abenteurerlächeln an." „Und du meinst, das bringt's?" „Fürs Erste auf jeden Fall."*

„Sag mal, Enzo, *was findest du denn eigentlich an der Nadja so toll?" „Ach, Michael, das ist die Art, wie sie lächelt, wie sie sich bewegt, und dass sie immer gut drauf ist. Außerdem kann ich mich mit ihr unheimlich gut unterhalten und ihr Körper macht mich einfach unheimlich an." „Und ihre dicken Beine und ihr großer Busen stören dich nicht?" „Der Busen turnt mich total an und ihre Beine – was soll's, ich bin doch auch nicht perfekt!" „Also ich weiß nicht, mir gefällt die Sabine viel besser." „Das ist doch super, stell dir mal vor, wir würden auf die gleiche Frau stehen!"*

Sabine und Petra *sitzen am Nachbartisch und flüstern miteinander. „Schau mal, wie der Dunkelhaarige jetzt rübergrinst. Den würde ich wirklich gern kennenlernen." „Na, dann mach doch!" „Ich? Wie denn?" „Frag ihn doch ganz einfach, wie er heißt." „Das ist doch viel zu plump!" „Dann frag ihn, ob er mal Feuer hat oder dir einen Stift leihen kann oder …" „Danke, es langt, aber meinst du wirklich, ich kann den so einfach anquatschen, soll ich nicht lieber warten, bis er …?" „Quatsch, wir sind doch emanzipierte Frauen!"*

- **Spielen Sie die Szene zwischen Klaus und Thomas nach, indem Sie die „Methoden" der beiden verdeutlichen. Wie kann frau „anmachen"?**
- **Beschreiben Sie Situationen, in denen die Körpersprache von großer Bedeutung ist. Sagen Sie die jeweiligen Reaktionen des Gegenübers voraus.**
- **Was finden Sie an einem Jungen/Mädchen anziehend?**

ERSTE SEXUELLE ERFAHRUNGEN

***„Wenn du mich wirklich liebst,** dann lässt du mehr zu und zierst dich nicht so“, meint Stefan enttäuscht zu Heike.*

„So deutlich hat er es noch nie gesagt!“, denkt Heike verwirrt.

Sie entgegnet: „Ich kann doch einen Menschen lieben, ohne gleich mit ihm ins Bett zu gehen!“

„Aber hör mal, du bist doch schon 16, da haben 40 % der Jugendlichen schon sexuelle Erfahrungen. Meinst du nicht, dass es langsam Zeit wird, oder willst du etwa als Jungfrau in die Ehe gehen?“

***Nadja und Enzo** sind seit längerem miteinander befreundet. Trotzdem ist Nadja auch gern alleine mit sich selbst. Sie macht es sich dann ganz gemütlich in ihrem Zimmer, legt ihre Lieblings-CD auf, zündet eine Kerze an und kuschelt sich in ihre Bettdecke. Sie streichelt ihren ganzen Körper und findet sich schön. Mit der Zeit hat sie es gelernt, sich selbst Lust zu bereiten, und ihre Reaktionen sind ihr jetzt vertraut. Mit einem entspannten und wohligen Gefühl schläft sie anschließend ein.*

***Nadja spricht mit Sabine** über ihre sexuellen Erfahrungen mit Enzo: „Weißt du, wir schlafen noch nicht miteinander, sondern machen ‚nur' Petting. Am Anfang schmusen wir nur, dann streicheln wir uns gegenseitig, ziehen uns langsam aus, schmusen, kuscheln, küssen, streicheln weiter, erst den Körper, dann den Unterleib und so weiter. Ich sage dir, das ist Wahnsinn, wie sich die Erregung allmählich über den Körper ausbreitet. Das ist so zärtlich und ein so tolles Gefühl, dass ich im Moment überhaupt nicht das Bedürfnis habe, mit Enzo richtig zu schlafen.“*

„Macht Selbstbefriedigung nicht krank?“

***Wenn Anke** vom „ersten Mal“ erzählt, bekommt sie strahlende Augen.*

Sie geht schon seit zwei Jahren mit ihrem Freund Kurt. Bis jetzt haben sie miteinander Petting gemacht und sich dabei auch körperlich kennengelernt. Auf dieses Ereignis haben sie sich lange genug vorbereitet, die Wahl des geeigneten Verhütungsmittels gemeinsam diskutiert.

So war das „erste Mal“ für sie beide ein tolles Erlebnis. Aber Anke wagt gar nicht mehr, ihren Freunden davon zu erzählen, weil diese ganz andere Erfahrungen gemacht haben.

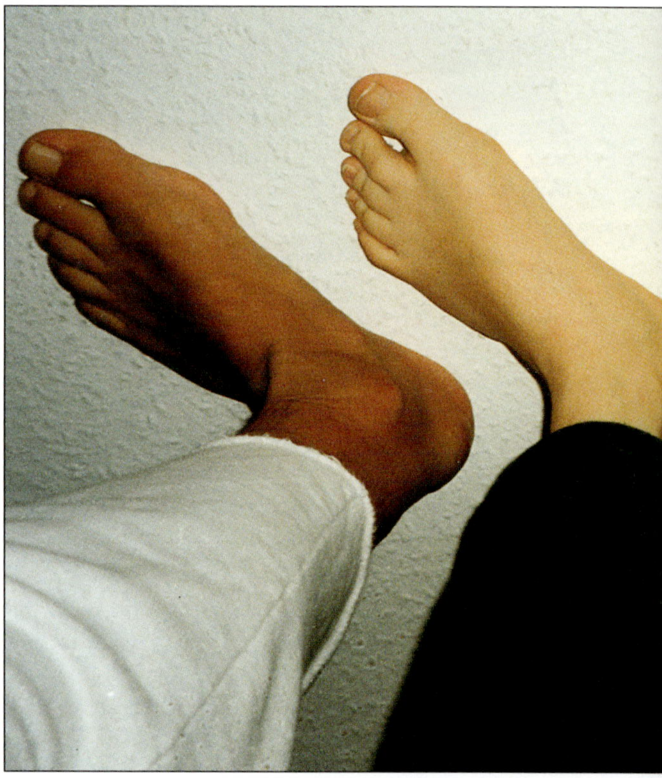

„Sehen Jungen und Mädchen den Zusammenhang von Liebe und Sexualität unterschiedlich?“

***Thomas erzählt Klaus** von seinen Erfahrungen beim „ersten Mal":*
„Petra war so aufgeregt, dass sie am Anfang total verkrampft war. Auch ich war zuerst so nervös, dass ich ein schlappes Glied bekommen habe, als ich das Kondom überrollen wollte. Petra ist gar nicht feucht geworden und ihr Jungfernhäutcben war so fest, dass ich überhaupt nicht in sie eindringen konnte. Als es mir dann endlich gelungen ist und Petra vor Schmerz geschrien hat, habe ich vor lauter Aufregung einen vorzeitigen Samenerguss bekommen."

Liebe Petra,
du fragst, was ein Orgasmus ist. Ich erklär's dir zunächst einmal nur körperlich: Durch die sexuelle Erregung staut sich das Blut in den Sexualorganen und die Muskeln im ganzen Körper spannen sich an. Der Orgasmus ist der Höhepunkt der sexuellen Erregung, bei dem sich die aufgebaute Spannung des Körpers löst.

Aber du musst auch selbst die Fähigkeit haben, dich völlig zu entspannen, dich deinen Empfindungen hinzugeben und nur noch zu fühlen. Dazu musst du erst einmal selbst wissen, was deine Erregung am meisten steigert, und das musst du auch zeigen können. Das geht natürlich nur, wenn du dem Jungen total vertraust.

Dr. Winter

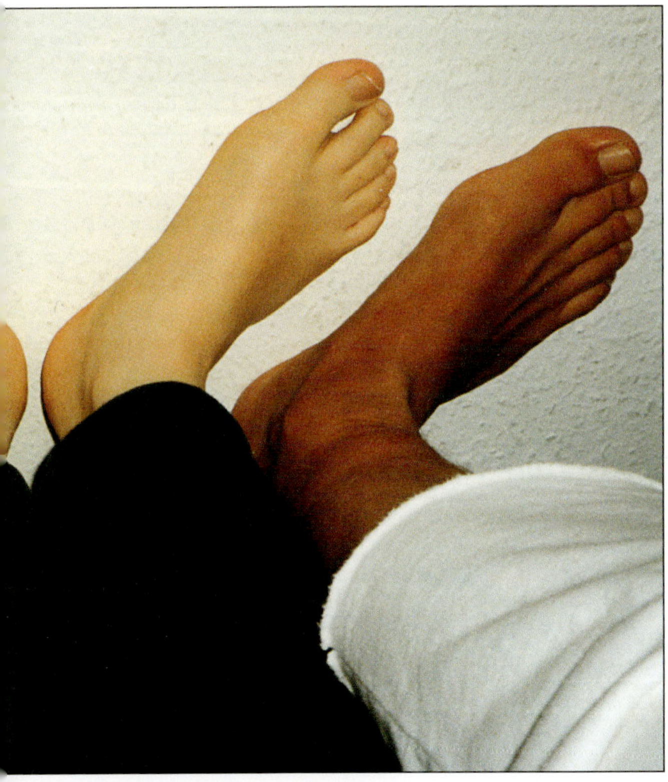

„Früher dachte ich, es kommt einfach so über mich, wenn ich erregt bin: kurzes Vorspiel, rein – raus. wenn ich jetzt daran denke, kommt mir das ziemlich armselig vor. Heute spüre ich erst, wie aufregend es sein kann, ‚es' nicht zu tun."

„Kannst du auch ‚nein' sagen, wenn dir was nicht passt?"

„Können Mädchen sich auch selbst befriedigen?"

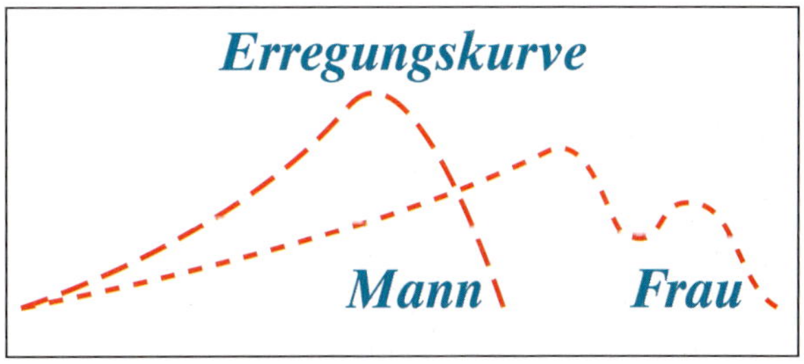

* **Was hätten Petra und Thomas tun können, um positive Erfahrungen zu machen?**
* **Welche Schlussfolgerungen können Sie aus der grafischen Darstellung der Erregungskurve ziehen?**

WIE KOMMT ES ZU BEFRUCHTUNG UND SCHWANGERSCHAFT?

Eine Schwangerschaft kann nur dann entstehen, wenn eine befruchtungsfähige Eizelle und eine Samenzelle zusammentreffen und miteinander verschmelzen. Die männlichen Samenzellen sind bis zu drei Tage befruchtungsfähig, die weibliche Eizelle nur zirka 12 Stunden. Die Befruchtung selbst kann zwar nur am Tag des Eisprungs erfolgen, ein Geschlechtsverkehr einige Tage vorher kann aber durch die längere Lebensdauer der Samenzellen in der Gebärmutter auch zur Schwangerschaft führen. Das ergibt addiert vier fruchtbare Tage, in denen eine Schwangerschaft möglich ist. Da der Eisprung jedoch nur im Nachhinein einigermaßen sicher bestimmt werden kann, rechnet man im Allgemeinen acht Tage im Menstruationszyklus als fruchtbar.

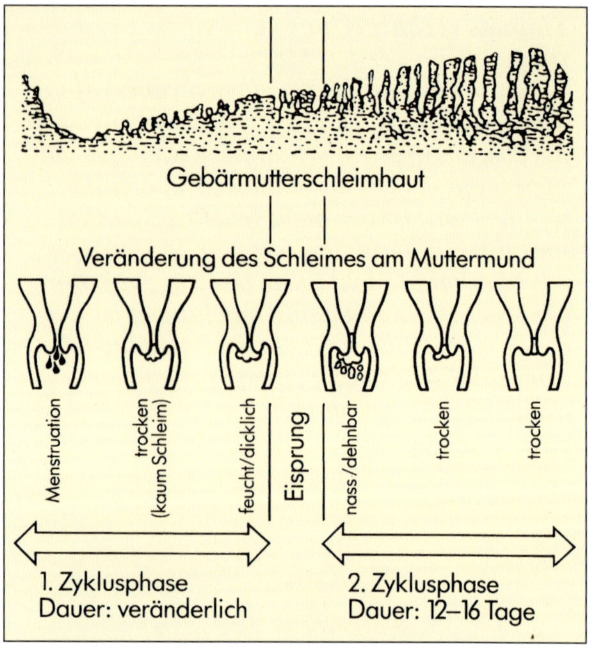

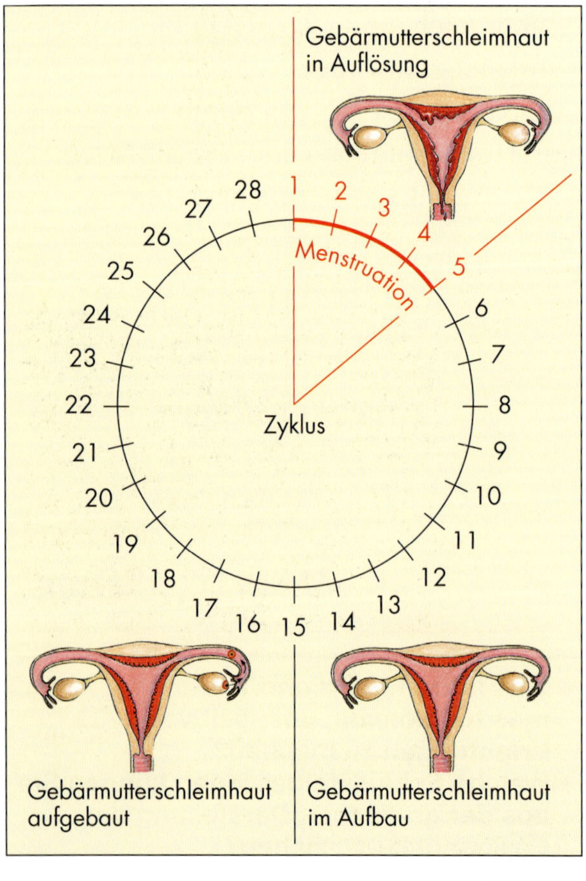

Nach dem Samenerguss des Mannes beim Geschlechtsverkehr wandern die Samenzellen zunächst von der Scheide in die Gebärmutter und später weiter in die Eileiter. Die Befruchtung erfolgt, wenn eine Samenzelle auf ein befruchtungsfähiges Ei trifft und beide dann verschmelzen. Nistet sich das befruchtete Ei anschließend in die Gebärmutterschleimhaut ein, ist die Frau schwanger.

Der Eisprung entsteht bei den meisten Frauen zirka 14 Tage vor der nächsten Periode. Der Abstand zwischen dem ersten Tag der Monatsblutung und dem Eisprung ist bei vielen Frauen unterschiedlich, er kann sich auch durch Krankheiten, Ortswechsel oder Stress von Monat zu Monat verschieben.

*** Diskutieren Sie die Thesen: „Für die Verhütung ist in erster Linie die Frau zuständig, schließlich muss sie ja auch die Folgen tragen." „Alimente zahlt der Mann." Hinweise zur Durchführung einer Diskussion finden Sie auf Seite 258.**

WIE KANN ICH VERHÜTEN?

Bevor Anke und Kurt *das erste Mal miteinander geschlafen haben, diskutierten sie ausführlich, wie sie am besten verhüten wollten. Da Anke gerade erst ihre Berufsausbildung begonnen hat, wollte sie auf „Nummer Sicher“ gehen. Deshalb haben sie sich für die Pille entschieden.*

Petra und Thomas *wollen das Problem auf natürliche Weise lösen.*

Petra misst jeden Morgen vor dem Aufstehen ihre Körpertemperatur und trägt sie in ein Kurvenblatt ein. Wenn nach etwa acht Tagen mit niedriger Temperatur ein Anstieg um 0,2 bis 0,6 °C feststellbar ist, der drei Tage anhält, ist kein befruchtungsfähiges Ei mehr vorhanden.

Zusätzlich kontrolliert sie ihren Vaginalschleim täglich und trägt diese Beobachtungen auch ein. Um die Zeit des Eisprungs herum wird der Schleim dünnflüssig, klar und bildet einen Faden. Dieser „spinnbare Faden“ bedeutet Fruchtbarkeit.

Nadja und Enzo *beschäftigen sich auch mit der Frage der richtigen Empfängnisverhütung. Sie wollen die Verantwortung beide gleichermaßen dafür übernehmen. Nadja wählt das Diaphragma für sich aus. Enzo will ein Kondom benutzen. So können sie sich abwechseln oder an den kritischen Tagen beides verwenden.*

Sabine, der Nadja davon erzählt, kann kaum glauben, dass das wirklich funktioniert. Sie hat bis jetzt keinen Freund gehabt, der so etwas mitmachen würde.

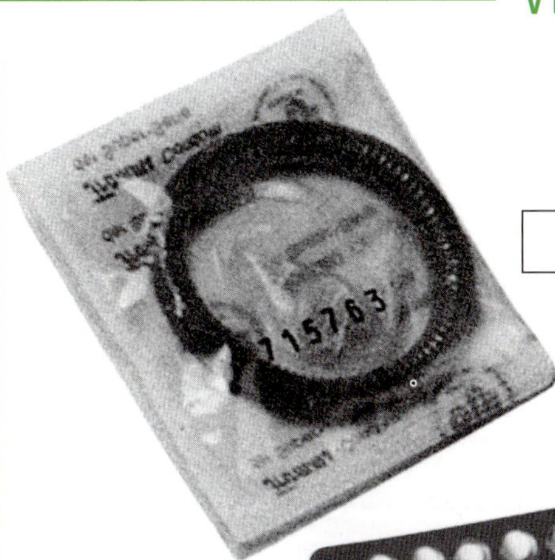

Kondom

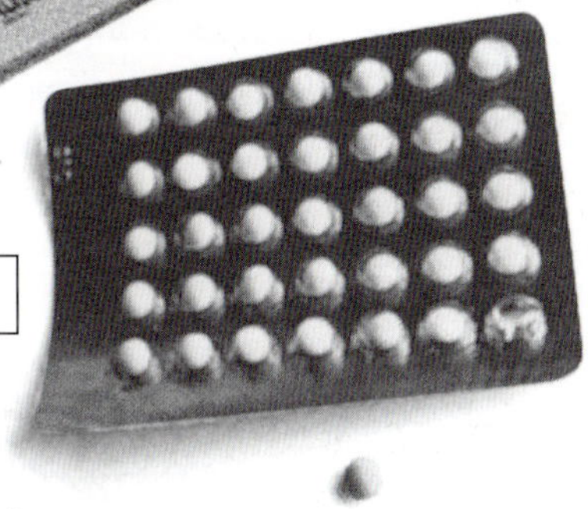

Anti-Baby-Pille

Diaphragma

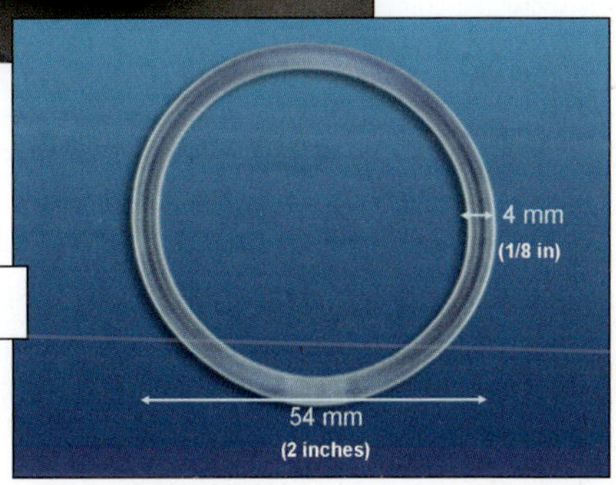

Vaginalring

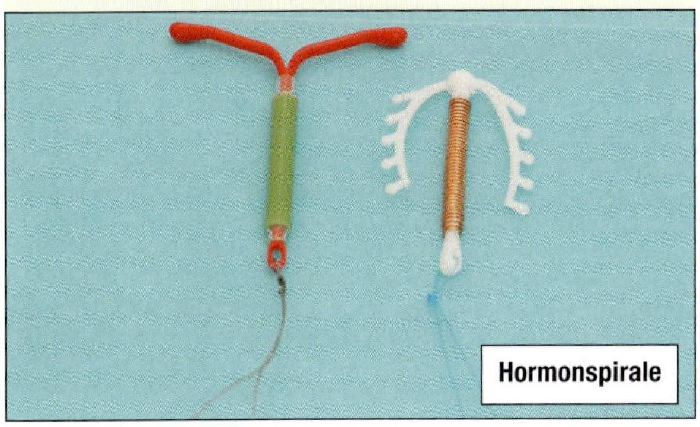

Hormonspirale

- ✻ **Wie wichtig ist Ihnen die Sicherheit bei der Wahl einer Verhütungsmethode?**
- ✻ **Welche gesundheitlichen Risiken birgt die von Ihnen gewählte Verhütungsmethode?**

Hormonpräparate	Was ist es?	Wie wirkt es?	Was muss ich beachten?
Pille	Hormontablette (Östrogen und Gelbkörperhormon), die täglich eingenommen werden muss	Hemmt Eizellenreifung und somit den Eisprung; Veränderung des Schleimes im Gebärmutterhalskanal, sodass Eindringen der Spermien verhindert wird; ungenügender Aufbau der Gebärmutterschleimhaut	Sehr sicheres Mittel, aber nicht frei von Nebenwirkungen, deswegen regelmäßige Kontrolle durch Frauenärztin/-arzt nötig
Vaginalring	Flexibler, transparenter Kunststoffring mit Hormonen, der für drei Wochen in die Vagina eingeführt wird		Sehr einfache Handhabung, geeignet für Frauen, die aufgrund von Magenproblemen mit der Pille Schwierigkeiten haben
Verhütungspflaster	Hautfarbenes Pflaster, das Hormone (Östrogen und Gestagen) enthält und auf die Haut aufgeklebt wird		
Dreimonatsspritze	Hormonpräparat (Gestagen), das alle drei Monate in den Gesäßmuskel eingespritzt wird	Verhindert vor allem den Eisprung	Sehr hohe Sicherheit, häufig Unverträglichkeit aufgrund der hohen Hormongabe, deswegen regelmäßige Kontrolle durch Frauenärztin/-arzt nötig
Hormonimplantat	Plastikstäbchen mit Hormondepot, das unter die Haut eingepflanzt wird und etwa drei Jahre lang wirkt		
Hormonspirale	Spirale mit Hormondepot (Levonorgestrel), die in die Gebärmutter eingesetzt wird; bis zu fünf Jahre wirksam	Veränderung des Schleimes im Gebärmutterhalskanal, sodass Eindringen der Spermien verhindert wird; ungenügender Aufbau der Gebärmutterschleimhaut	Empfiehlt sich nur für Frauen, die bereits geboren haben

WIE KANN ICH VERHÜTEN?

Barrieremethoden	Was ist es?	Wie wirkt es?	Was muss ich beachten?
Kondom für den Mann = Präservativ	Dünner Gummischutz, der über das steife Glied gezogen wird	Samenzellen gelangen nicht in die Scheide, sondern bleiben im Gummi	Zum einmaligen Gebrauch bestimmt! Jederzeit verfügbar, bieten zusätzlich zur Verhütung einen hohen Schutz vor sexuell übertragbaren Krankheiten
Kondom für die Frau = Femidom	Kunststoffhülle mit flexiblen Ringen an jedem Ende		Sehr einfache Handhabung, geeignet für Frauen, die aufgrund von Magenproblemen mit der Pille Schwierigkeiten haben
Diaphragma	Gewölbtes Gummi, von einem elastischem Ring gehalten (Ringdurchmesser 55 – 90 mm)	Versperrt den Zugang zur Gebärmutter und verhindert so ein Eindringen der Samenzellen	Frauenärztin passt die richtige Größe an

Chemische Verhütungsmittel	Was ist es?	Wie wirkt es?	Was muss ich beachten?
	Creme, Gel, Schaum, Zäpfchen oder Schaumzäpfchen	Bilden zähen Schleim vor dem Muttermund und verhindern so das Eindringen der Samenzellen in die Gebärmutter	Als alleiniger Schutz nicht sicher!

Natürliche Verhütungsmethoden	Was ist es?	Wie wirkt es?	Was muss ich beachten?
1. Basaltemperaturmethode 2. Schleimstrukturmethode 3. Kalendermethode	Bestimmung der fruchtbaren und unfruchtbaren Tage durch Messen, Beobachtung und Rechnen	Verhütung an fruchtbaren Tagen mithilfe der Barrieremethoden	Viel Erfahrung nötig, um als sichere Methode zu gelten. Gute Möglichkeit, den eigenen Körper näher kennenzulernen

✻ Befragen Sie einen Experten zu diesem Thema für alle Fragen, die noch offen sind (siehe auch Seite 260).

AIDS – WAS IST DAS?

Aids[1] ist die Abkürzung für eine Krankheit, gegen die es bisher kein Medikament gibt und die deshalb meist zum Tod führt. Das Aidsvirus (HIV) kann etliche Jahre im Körper ruhen, ohne aktiv zu werden. Erst wenn es ausbricht, zerstört es nach und nach das Abwehrsystem des Menschen. Bis dahin fühlt sich der Infizierte nicht krank, er kann jedoch andere Menschen mit dem Virus anstecken. Nur durch einen HIV-Test aus der Blutprobe ist das Virus nachweisbar. Das Krankheitsstadium beginnt mit Fieber, Durchfall, Lymphknotenschwellungen, die Erkrankten sterben meist an Lungenentzündungen oder auch Tumoren.

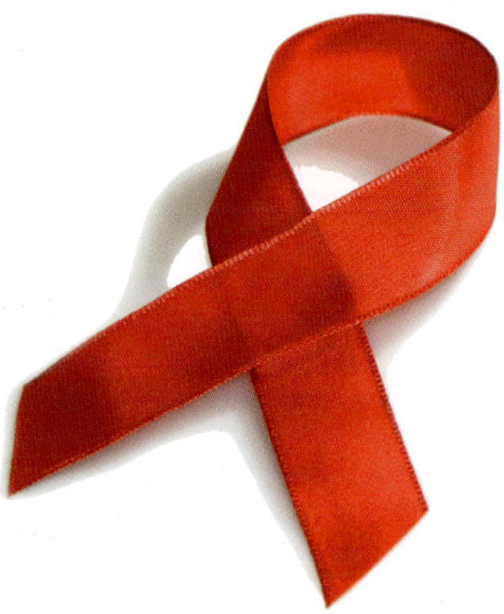

WIE KANN ICH MICH ANSTECKEN?

Eine Ansteckung ist nur durch Blut-, Samen- oder Scheidenflüssigkeit möglich. Das HI-Virus kann nur dann übertragen werden, wenn infizierte Körperflüssigkeit direkt in den Körper eines anderen Menschen gelangt. Durch unverletzte Haut kann das Virus nicht eindringen.

Gefahrensituationen können also auftreten beim Geschlechtsverkehr, bei Bluttransfusionen, bei gemeinsamer Benutzung von Spritzen und Nadeln von Drogenabhängigen sowie während der Schwangerschaft einer HIV-infizierten Frau während der Geburt oder beim Stillen.

***Leo und Klaus** führen ein sogenanntes Männergespräch über ihre sexuellen Erfahrungen. Leo ist der größere Draufgänger von den beiden, er gesteht Max ein: „Also, wenn ein Mädchen die Pille nimmt und ich weiß, dass sie erst einen oder zwei Freunde gehabt hat, dann mach ich es schon mal ohne Gummi. Da hab ich dann ein viel intensiveres Gefühl ohne diese blöde Unterbrechung mit dem Kondomüberziehen."*

Max wendet ein: „Ja, hast du denn gar keine Angst vor Aids?" „Ich sag dir doch, das mach ich nur bei relativ unerfahrenen Mädchen."

- **Wie beurteilen Sie Leos Verhalten?**
- **Ihr Freund oder Ihre Freundin hat sich durch eine Bluttransfusion mit Aids infiziert. Wie verhalten Sie sich?**

[1] Aids: = Acquired Immunodeficiency Syndrome (erworbenes Immundefizitssyndrom)

SCHWUL, LESBISCH ODER BI — NA UND?

Markus *(25): „Fünf Jahre lang hatte ich eine Freundin, wir hatten auch tollen Sex miteinander, aber gegen Ende der Beziehung habe ich mich immer mehr für Männer interessiert. Irgendwie hat mich das plötzlich mehr gereizt. Aber es hat dann noch lange gedauert, bis ich mir selbst und anderen eingestanden habe, dass ich schwul bin.*

Auch heute habe ich noch meine Probleme damit: An meinem Arbeitsplatz soll das keiner wissen. Wenn meine Eltern eine Ahnung davon hätten, dass ich schwul bin, würde eine Welt für sie zusammenbrechen …"

Als Homosexualität bezeichnet man die sexuelle Anziehung zwischen Personen des gleichen Geschlechts. In der Umgangssprache gelten allerdings überwiegend Beziehungen zwischen Männern als homosexuell und die zwischen Frauen als lesbisch.

Heterosexualität bedeutet die Sexualität zwischen unterschiedlichen Geschlechtern. Bisexualität bedeutet, dass ein Mensch sich sowohl zum eigenen als auch zum anderen Geschlecht sexuell hingezogen fühlt. Die Ursachen für die verschiedenen Formen der Sexualität sind nicht eindeutig geklärt. Früher war Homo- und Bisexualität verboten, aus dieser Zeit wirken heute noch Vor- und Werturteile nach.

Armin *ist in seiner Berufsschulklasse als Witzereißer bekannt. Er bringt immer die neuesten Witze aus dem Betrieb mit, die in der Regel unter die Gürtellinie gehen. Besonders gern erzählt er Aids-, Schwulen- und Lesbenwitze. Wenn er dann auch noch mit hämischem Grinsen versucht, über Monika herzuziehen, von der jeder weiß, dass sie lesbisch ist, droht ihm Thilo regelmäßig Prügel an.*

* **Stellen Sie sich Armin in Ihrer Klasse vor: Wie würden Ihre Klassenkameraden und wie würden Sie in dieser Situation reagieren?**
* **Ihr bester Freund gesteht Ihnen, er sei homosexuell. Was würden Sie empfinden?**

2 SEXUALITÄT

WENN SEXUALITÄT — ZUM PROBLEM WIRD

Iris und Manuela *treffen sich, um für den Abend eine Feier vorzubereiten. Doch sie kommen mit der Arbeit nicht so recht voran. Da platzt es aus Manuela heraus: „Ich bin so wütend! Stefan denkt wohl, ich bin eine Maschine! Immer das ewig Gleiche! Rein, raus, rein raus, … fertig! Umdrehen und schlafen! Der hat wohl überhaupt keine Fantasie und wenn ich einen Vorschlag mache, was mir einmal gefallen würde, geht er nicht darauf ein!“*

Hans *berichtet Mike von seinen Problemen mit Silke: „Das hat irre lang gedauert, bis mich Silke überhaupt an sich rangelassen hat. Sie war im sexuellen Bereich total verklemmt. Das ging immer nur bis zu einem gewissen Punkt, dann hat sie total abgeblockt. Als ich mich deshalb von ihr trennen wollte, weil ich das Gefühl hatte, dass sie mich gar nicht liebt, hat sie mir gestanden, dass sie von ihrem Stiefvater lange Zeit missbraucht und vergewaltigt worden ist. Jetzt gehen wir gemeinsam zu einer Sexualberatung, aber es ist trotzdem unheimlich schwierig.“ Mike erwidert: „Also, ich kann mir das gar nicht vorstellen, was einen Mann dazu bringt, eine Frau oder gar ein Kind zu vergewaltigen!“*

Sabine *hat ein Problem mit ihrem Freund, das sie mit ihrer Freundin besprechen will. „Der Michael will dauernd mit mir schlafen, der hat überhaupt nichts anderes mehr als Sex im Sinn. Er will weder in die Kneipe, um sich mit unserer Clique zu treffen, noch in die Disko. Mich langweilt das, ich hab keinen Bock, nur noch das eine zu tun. Und was das Schärfste ist, jetzt behauptet er auch noch, ich wäre frigide.“ „Die drehen sich das doch hin, wie sie es brauchen.* ***Jennifer*** *hat mir von ihrem Freund Rolf erzählt, der konnte wohl nicht so, wie sie wollte. Da hat er zu ihr gesagt, sie sei nymphoman.“*

„Du bist doch frigide!“

„Und du nymphoman!“

- **✻ WelchenTipp geben Sie Manuela?**
- **✻ Was raten Sie Sabine und Jennifer?**

Paula hieß früher Paul. *Sie wurde als Mann geboren, heiratete und zeugte zwei Kinder. Im Laufe der Ehe fühlte Paul sich in seiner Rolle als Mann zunehmend unwohl. Irgendwann merkte er, dass er sich in Männerkleidung komisch fühlte und sich gern als Frau anzog. Es hat lange gedauert, bis er sich selbst und seiner Frau eingestand, dass er transsexuell ist. Nach langwierigen Untersuchungen und Formalitäten unterzog er sich einer Hormonbehandlung und ließ sich operieren. Heute gilt Paula vor den Behörden und in ihrem überwiegend neuen Bekanntenkreis als Frau. Sie zog in eine andere Stadt und möchte nicht, dass ihre alte Identität preisgegeben wird.*

Pornoläden haben Hochkonjunktur. Das Gewerbe gilt als überwiegend krisensicher. In der Regel besteht die Kundschaft nur aus Männern, in einigen Großstädten gibt es auch solche Läden nur für weibliche Kundinnen. Dort werden unter anderem auch Utensilien für diverse Sexpraktiken, wie Sado/Maso, angeboten.

Telefonsex erfreut sich zunehmender Beliebtheit. In den TV-Privatsendern werden ab einer bestimmten Uhrzeit Angebote mit Telefonnummern und Gebührenangaben gesendet. Den allerneuesten Trend nennt man Cybersex, eine sexuelle Stimulation über Computer.

Tausende deutscher Urlauber fliegen jedes Jahr nach Bangkok um der jungen Prostituierten willen, die zum großen Teil noch Kinder ab acht Jahren sind. Das Gewerbe blüht, und viele thailändische Töchter und Söhne unterstützen dadurch ihre armen Familien.

∗ Weshalb hat Paula Angst, dass jemand von ihrer früheren Identität erfährt? Wie würden Sie reagieren, wenn Paula Ihre Kollegin wäre?

∗ Überlegen Sie Ursachen, weshalb Pornoläden, Telefon- oder Cybersex Hochkonjunktur in unserer aufgeklärten Zeit haben.

3 LOS-LÖSUNG

WAS IST BLOSS MIT HELEN LOS?

IRGENDWIE UND SOWIESO

PUBERTÄT

WENN DIE ELTERN SCHWIERIG WERDEN

AUF DIE PLÄTZE — FERTIG — LOS

LÖSUNG? RATSCHLÄGE UND ÜBERLEGUNGEN

GELÖSTE VERBINDUNGEN:
EINE FAST NORMALE FAMILIE

PATCHWORK –
EIN NEUES FAMILIENMODELL

PATCHWORK –
WIE SOLL DAS DENN KLAPPEN?

MISS
LOVEU4EVER
EXKLUSIV: MIT KARL LAGERFELD IN VERSAILLES
128
dent

WAS IST BLOSS MIT HELEN LOS?

Helens Mutter berichtet

Es ist halb drei. Ich sitze im Bett. Helen sollte schon um eins zu Hause sein. Sie ist nicht da, ihr Handy klingelt ins Leere. „Zurzeit nicht erreichbar“: Das könnte das Motto für unsere letzten Jahre sein. Helen ist 15, gefühlte 18. „Du bist erst 15“, sage ich. „Schon 15, Ausrufezeichen“, sagt sie. Ich versuche, klare Absprachen mit ihr zu treffen, bringe logische Argumente, fordere vertraute Umgangsformen ein. Sie hört die Worte, aber es kommt nichts an – so, als würde der Inhalt direkt hinterm Trommelfell zerbröseln.

Doch bisher war sie immer da, wenn wir eine Uhrzeit abgemacht hatten. Jetzt nicht. Ich habe Angst. Gegen drei scheppert die Haustür. Ich heul fast vor Erleichterung. Will sie nicht gleich anspringen mit meiner hilflosen Wut, sage bloß: „So geht es nicht. Wir reden morgen.“ Sie stratzt in ihr Zimmer: „Stress nicht, Mama.“ Beim Frühstück erkläre ich ihr, wie ich mich fühle, wenn ich keine Ahnung habe, wo sie steckt: „Ich war kurz davor die Polizei anzurufen. Ich muss wissen, wo du bist.“ Sie nickt, bedauert: „Kommt nicht wieder vor.“ Ich denke: So funktioniert’s. Nicht meckern, sondern ans Mitgefühl appellieren, Ich-Botschaften senden. Und just am selben Abend passiert das Gleiche wieder. (…)

Was zieht überhaupt noch? Pubertät ist ein ständiges Ausprobieren. Nicht nur meine Tochter übt das Leben in all seinen Facetten, auch ich muss meinem Repertoire immer neue Varianten abringen. Ich könnte auch sagen: Es ist ein ständiges Rumeiern. Nichts geht seinen vertrauten Gang, wenn aus den süßen, verschmusten, mal traurigen, meist fröhlichen Kindern übelriechende, übellaunige Monster werden.

Dabei fing alles ganz lustig an. „Guck mal, jetzt bin ich Frau“, rief Helen eines Tages aus dem Bad. Ich dachte, sie hätte ihre Tage bekommen. Aber nein, es war ein dicker Pickel, den sie unter dem Pony entdeckt hatte. Lachend fragte ich mich: Wieso denkt sie, das sei ein Markenzeichen von Frauen? Was habe ich falsch gemacht? Damals ahnte ich nicht, dass mich genau diese Frage von nun an begleiten würde – leider meist ohne Lachen.

Helen war 13, als ihr Lehrer anrief. Eine Freundin aus der Klasse hatte sich an ihn gewandt. Sie hatte gesehen, dass Helen sich ritzt. „Kann nicht sein“, war meine erste Reaktion. (…) Es stellte sich heraus, dass sieben Mädchen in der Klasse ritzten. Mädchen aus sogenannten heilen Familien und welche, die – wie Helen – die Trennung der Eltern hinter sich hatten. Mädchen mit Freund und ohne,

✻ Stellen Sie in einem Rollenspiel eine oder mehrere Szenen aus der geschilderten Mutter-Tochter-Beziehung nach. **Siehe auch Seite 262.**

Mädchen mit angesagter Figur und welche, die – wie Helen – etwas runder waren. Es gab kein Muster, keine Erklärung. (…) Ein Freund, der mal Psychologie studiert hatte, sagte: „Ich glaube, das ist heute Mode bei Jugendlichen. Sie müssen sich abgrenzen. Und womit sollen sie uns denn schocken? Rauchen, kiffen? Haben wir doch selbst gemacht." Meine Mutter konnte ich noch mit knallblauem Lidschatten aus der Fassung bringen. Ich war elf und hatte ihn ganz dick aufgetragen. Sie erwischte mich in der Stadt. Von ihrer Predigt auf der Rückfahrt weiß ich nur noch, dass sie mir unendlich lang vorkam.

Was hat es gebracht? Als ich 14 und schon ein paar Monate mit Wolle zusammen war, sagte ich zu meiner Mutter: „Entweder erlaubst du mir jetzt die Pille oder du wirst bald Oma." Wieder saßen wir im Auto, wieder kam mir die Fahrt entsetzlich lang vor, wieder erinnere ich kaum etwas, nur die Kurzatmigkeit meiner Mutter, ihre erst schrille, dann bedrohlich leise Stimme: „Ich werde ab jetzt auf dich aufpassen wie ein Luchs." Aber dafür war sie viel zu oft mit meinem Vater auf Geschäftsreisen.

„Wann hast du eigentlich das erste Mal mit einem Jungen geschlafen?" – Ups – die Frage kam überraschend. Eigentlich wollte ich Helen nur gute Nacht sagen. Ich überlegte fieberhaft. Sollte ich die Wahrheit sagen? Verflixt, warum habe ich mich auf diese Frage nicht vorbereitet? „Mit 16", log ich. Mit wem? Wie war's? Aber wie viel erzählt man als Mutter? Ich entschied mich für die geschönte Variante. Und stellte die Gegenfrage. „Und du, hast du schon mal?" – „Nee, ich bin noch Jungfrau", strahlte sie. Helen hat viele Verehrer, aber zurzeit keinen festen Freund. Letzten Sommer war sie total verliebt, nach nur drei Wochen meldete er sich nicht mehr. (…) Gerade als ich endgültig meinen Gute-Nacht-Kuss loswerden will, lädt Helen mich ein: „Willst du mal sehen, mit wem ich schon alles was hatte?" Sie klickt auf SchülerVZ Bilder an von Jack, Timon und Finn und Bob und … „Wie, was hattest du mit all den Jungs?" „Na, was wohl? Alles außer dem." Sie lacht verschmitzt. Ich bin irritiert - und froh. Meine Tochter kann Grenzen setzen, ist klar mit dem, was sie will und sich zutraut. Ich bin stolz auf sie. Wann war ich das zuletzt?

Nur ein paar Tage später ist diese vertrauensvolle Atmosphäre wieder dahin. Helen wollte nachts um zwei noch zu einem Jungen, dem es nicht gut ging. Ich verbot es – und fand morgens um fünf beide bei ihr im Bett. Diese Wechselbäder, wie überlebt man die als Mutter? Habe ich mehr Verständnis für meine pubertierende Tochter, weil ich als Teenie selbst ein Ungeheuer war? Nicht wirklich.

✱ Im Eltern-Kind-Verhältnis treten zwischen dem 11. und 18. Lebensjahr Veränderungen ein. Wie sehen diese aus?

✱ Versuchen Sie zu erklären, warum sich das Verhältnis ändert.

3 LOS-LÖSUNG

IRGENDWIE UND SOWIESO

Schrill und schräg ist o.k. *Es ist für mich der größte Horror, so normal und so spießig auszusehen wie meine Eltern und die meisten Erwachsenen.*
(Roberto, 19)

Ich will Betriebswirtschaft studieren *und ins Management. Das Wichtigste ist Geld. Es ist geil, wenn du in deinen 911er-Porsche einsteigst. Mein Dad ist Sozialarbeiter und fährt nur gebrauchte japanische Autos und meine Mama fährt grundsätzlich mit dem Fahrrad.*
(Dorte, 16)

Ich bin high, wenn ich *körperlich bis an meine Grenzen gehe. Nach Triathlon und Bungeejumping habe ich Parcours entdeckt. Mein Vater bewundert mich. Seine größte körperliche Anstrengung am Tag ist die, sich vom Autositz zum Bürosessel zu bewegen.*
(Charly, 17)

Von Montag früh bis Freitagmittag *bin ich so wie alle anderen, aber ich lebe für die Party am Wochenende, egal, ob in Berlin oder in Osnabrück. Raus aus dem Alltag und Tanzen bis zum Umfallen!*
(Nadja, 18)

Jugendliche versuchen, sich von „den" Erwachsenen abzuheben.

*** Sammeln Sie – mithilfe des Gruppenbildes und der Aussagen – die Unterschiede zwischen Jugendlichen und ihrer Elterngeneration.**

*** Bewerten Sie die Unterschiede.**

3 LOS-LÖSUNG

An meine Alten

1. Ihr sprecht
von der Verantwortung, die ihr für mich habt –
aber ihr wolltet nur,
dass ich so werde wie ihr.

2. Ihr sagt,
ich solle mich mehr für Kultur interessieren –
aber euch interessieren weder
Metallica noch Wir sind Helden.

3. Ihr behauptet,
Videospiele machen blöd –
aber ihr sitzt regelmäßig
vor „TV total".

4. Ihr sagt,
es komme auf den Menschen an –
aber ihr verlangt, dass von
meinem Kopf der „Iro" verschwindet.

5. Ihr beklagt,
dass Punks
Schnorrer und Schmarotzer sind –
aber ihr selbst schafft euer Geld ins Ausland.

6. Ihr verurteilt
jede Art von Gewalttätigkeit –
aber ihr verbietet mir die
Zärtlichkeit mit Daggi.

7. Ihr sprecht
von euren vielen Erfahrungen –
aber euch stört es,
wenn ich meine Kumpels
auf dem Schlossplatz treffe.

8. Ihr wünscht
mir eine bessere Zukunft –
aber ihr foltert mich
mit den guten alten Zeiten.
Tschüß, Zecke

(Schülerarbeit)

- **Diskutieren Sie die Vorwürfe, die Zecke an seine Eltern richtet.**
- **Halten Sie Ihre Gedanken zum Verhältnis Jugendliche und Erwachsene fest**
  – in ähnlicher Form wie Zecke oder
  – in einer Collage bildlich.
- **Versuchen Sie dies in Zusammenarbeit mit einem Partner oder einer Gruppe. Achten Sie darauf, dass alle Gedanken gleichwertig einbezogen werden.**
- **Stellen Sie anschließend nicht nur Ihre Ergebnisse, sondern auch Ihre strittigen Punkte vor.**

PUBER——TÄT

Pubertät beginnt im Kopf

Über Nacht ist noch niemand erwachsen geworden, auch wenn man während der Pubertät ein richtiger „Sprössling" ist und jährlich bis zu zwölf Zentimetern wachsen kann.

Mediziner wissen: Alles beginnt im Kopf und sozusagen fast im Schlaf und früher, als man es sich vorstellt.

Das Zwischenhirn schickt das Gonadotropin-Release-Hormon (GnRH) als Botenstoff an die Hirnanhangdrüse, und die stimuliert dann die Ausschüttung verschiedener Sexualhormone, die den Jungen zum Mann und das Mädchen zur Frau machen. Bei Jungen steigt mit zirka neun Jahren der Testosteronspiegel, der die körperlichen Veränderungen in Gang setzt, bei Mädchen macht sich schon mit acht Jahren die Wirkung des Östrogens bemerkbar.

Welche Prozesse im Körper das GnRH und damit die körperlichen Veränderungen der Pubertät (lat. pubescere = mit Haaren bedecken) auslösen, ist noch weitgehend unerforscht. Pubertäre Anzeichen zeigten sich vor hundert Jahren im Lebenslauf eines Menschen erst zirka fünf Jahre später als heute, was auf Lebensbedingungen und Ernährung zurückgeführt wird.

Erst wenn das Fett ein Viertel des Körpergewichts ausmacht, kann z. B. die erste Regelblutung (Menarche) eintreten.

Bis sich ein Gleichgewicht der Hormone einpendelt, sind einige körperliche Leistungen zu vollbringen.

Das Somatotropin, ein Wachstumshormon, sorgt meist schubweise für das Längenwachstum, während die Sexualhormone die Aufgabe haben, die Knochen reifen und die Wachstumsspalten sich schließen zu lassen.

Hormonschübe sind zur Zeit der Pubertät oft dafür verantwortlich, dass die Heranwachsenden müde sind, einen niedrigen Blutdruck haben, unter Gelenk- und Rückenschmerzen leiden.

Also: Wachsen ist anstrengend und lustloses Herumhängen in der Pubertät normal.

Baustelle – auch im Gehirn

Dass sich der Körper durch die Pubertät verändert, ist eine offensichtliche Tatsache. Doch auch im Gehirn der Teenager passiert einiges. Früher ging die Wissenschaft davon aus, dass das Gehirn eines sechsjährigen Kindes so gut wie ausgewachsen ist. Neue Studien belegen aber, dass das nicht stimmt. Pionier auf dem Gebiet ist der amerikanische Psychiater Jay Giedd. Er hat unter anderem herausgefunden, dass in der Pubertät neue Verbindungen zwischen Nervenzellen geknüpft werden und andere dafür verschwinden. Von diesen Vorgängen sind in erster Linie die sogenannten Stirnlappen betroffen, in dieser Hirnregion befindet sich ein wichtiges Kontrollzentrum. Möglicherweise sind die Launen und die Entscheidungsschwächen, die Vergesslichkeit und die Unberechenbarkeit und nicht zuletzt auch die Lernschwächen vieler Pubertierender Resultate dieser „Umbaumaßnahmen". Und noch etwas kommt hinzu: Weil das Gehirn einer Baustelle gleicht, schaden Alkohol, Nikotin und andere Drogen ganz besonders.

Außerdem ist die Pubertät eine Zeit des Zweifelns und der Unsicherheit. Die Pubertierenden fühlen sich nicht mehr als Kind, aber die Welt der Erwachsenen erscheint oft unverständlich und mysteriös. Es kommt einiges zusammen: das Gefühlschaos der ersten Liebe, Probleme mit dem veränderten eigenen Körper, Sinnkrisen. Fünf Prozent der Pubertierenden leiden unter Essstörungen wie Magersucht oder Bulimie. Viele Jugendliche haben sogar Suizidgedanken.

Weitere Forschungen zeigen, dass die Verarbeitung von Emotionen bei Teenagern und Erwachsenen in unterschiedlichen Hirnarealen ablaufen. Das erklärt auch die sehr unterschiedlichen Reaktionen. In einer Studie wurden Jugendlichen und Erwachsenen Porträtfotos von Menschen mit wütendem, lachendem, ärgerlichem und aggressivem Gesichtsausdruck gezeigt. Sie sollten die Emotionen der jeweiligen Mimik zuordnen. Währenddessen beobachteten die Forscher das „arbeitende" Gehirn. Ergebnis: Die Heranwachsenden nutzten ein Areal namens Amygdala für die Zuordnung. Das ist eine Hirnregion, in der Entscheidungen eher emotional und kurz entschlossen getroffen werden. Bei den Älteren fand derselbe Prozess im wesentlich weiter entwickelten frontalen Cortex, einer übergeordneten Einheit, statt. Wissenschaftler schließen daraus, dass Jugendliche schlichtweg nicht in der Lage sind, Emotionen richtig einzuordnen und deswegen oft impulsiv reagieren.

All diese Erkenntnisse können das Gefühlschaos und die Unsicherheiten und Ängste, die die Veränderungen des Körpers mit sich bringen, natürlich nicht besser machen, aber vielleicht dazu beitragen, dass Kinder und Eltern in dieser schweren Zeit ein bisschen mehr Verständnis füreinander haben.

WENN DIE ELTERN SCHWIERIG WERDEN

FÜR MICH SIND ELTERN …

***E**rzeuger: eine früher notwendige Einrichtung für mein Entstehen.*
(Alice, 12)

***L**eider immer noch „sorgeberechtigt"! Das ist besorgniserregend!*
(Jens, 15)

***T**aube, die durch mich wieder angefangen haben zu hören. Aber ich musste sie ganz schön anbrüllen und ihnen auf den Geist gehen.*
(Joe, 17)

***E**ben Eltern – kein Kommentar.*
(Lore, 14)

***R**ettungsanker in vielen Lebenslagen, wenn meinen Freunden die Erfahrung und die Geduld fehlen.*
(Eric, 21)

***N**ie überflüssig, nie unschlüssig, leider immer beruflich und nicht nur von mir privat gestresst.*
(Sven, 17)

∗ Haben Sie Ähnliches erfahren und erlebt?

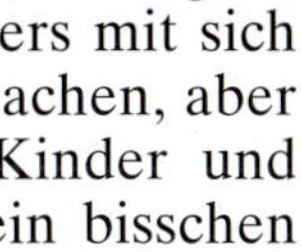

[1] Phallus: männliches Glied

AUF DIE PLÄTZE

So zünden Sie die Bombe!

Teilnehmer
Zwei und mehr

Spielzeit
Variabel, da nicht alle fünf Ⓕ-Felder angelaufen werden müssen (Anzahl zu Spielbeginn vereinbaren)

Material
- Streichhölzer mit Markierungen des Themenfeldes (pro Mitspieler und Themenfeld 1 Holz)
- Würfel
- Spielfiguren
- eventuell Schreibmaterial

Spielverlauf
Die Mitspieler würfeln der Reihe nach.
✷ = eine Runde aussetzen
Ⓕ = Ihre Mitspieler überlegen sich gemeinsam eine Frage zum Themenfeld, z. B.:

Outfit & Lifestyle:
Wie würden deine Eltern reagieren, wenn du mit einem Tattoo auftauchen würdest?

Love & Sex:
Was würdest du unternehmen, wenn dein Freund/deine Freundin dich des Öfteren anlügt?

Sie erhalten ein Streichholz, wenn Sie die Frage Ihrer Mitspieler witzig/ehrlich/ausreichend logisch beantwortet haben. Die Entscheidung treffen Ihre Mitspieler.

Ziel
Mit fünf gesammelten Streichhölzern können Sie am Schluss die Bombe zünden!

Love + Sex + Co.
Alkohol + Co.
Mei is mir schlecht
Du lieferst Zündstoff!
Familie + Co.

„Wir stehen den Jugendlichen im Weg rum“

Silke Pfersdorf interviewt Prof. Gunther Moll (Kinderpsychiater und Leiter der Kinder- und Jugendabteilung für Psychische Gesundheit an der Universität Erlangen) **und Prof. Ralph Dawirs** (Leiter der dortigen Forschungsabteilung) über ihr Buch „Endlich in der Pubertät. Vom Sinn der wilden Jahre“.

P: Meine 14-jährige Tochter ist frech und findet mich superpeinlich. Können Sie mir etwas Tröstliches sagen?

Prof. Dawirs: Ursprünglich ist die Pubertät kein Projekt, bei dem Elternbeteiligung vorgesehen ist – die Probleme, die man heute hat, sind entwicklungsgeschichtlich eher neu. Die ersten sechs Jahre entwickelt sich der Mensch im Rahmen seiner Möglichkeiten, da stellen die Eltern tatsächlich viele Weichen. Aber mit zwölf ist ein Mensch kein Kind mehr, sondern ein junger Erwachsener: Vor Jahrtausenden übernahmen die Pubertisten als nachwachsende Generation das Ruder; wenn einer der Alten die Macht nicht freiwillig abgab, hat man ihn notfalls erschlagen oder nicht mehr gefüttert. Im Laufe der Jahrtausende hat sich unsere Lebensstrecke aber verdreifacht – deshalb stehen wir jetzt den Jugendlichen im Weg rum, behindern ihre Entfaltung und verlangen, dass sie brav Hausaufgaben machen. Statt sie einfach loszulassen.

P: Aber ich muss mein Kind doch erziehen.

Prof. Dawirs: Ab zwölf Jahren noch von Erziehung zu sprechen ist biologischer Unfug. Die meisten Fragen regelt man am besten über die Hausordnung. Indem man sagt: Ihr seid erwachsen, aber in diesem Haus gelten Regeln. Die müssen ausgehandelt werden.

P: Das Aushandeln ist eine Sache – die Regeln durchzusetzen ist oft purer Kampf.

Prof. Dawirs: Normalerweise will der pubertierende Mensch ja keinen wirklichen Krieg. Es gibt also fast immer etwas zu verhandeln. Etwa so: „Du bringst den Müll nicht raus? Dann wasche ich deine Wäsche nicht mehr.“

P: Ich muss jede Stunde verhandeln, wenn meine Tochter bis zwei Uhr feiern will?

Prof. Dawirs: Als Staatsbürgerin können Sie sich auf das Jugendschutzgesetz berufen, an das Sie sich halten. Sie können sogar Solidarität mit ihr zeigen: „Ich finde das auch blöd, aber leider …“

Prof. Moll: Es geht eigentlich auch nicht um 23 Uhr oder zwei Uhr – es geht um die Frage: Was ist da los? Gibt es Alkohol, gibt es Drogen? Wenn die Party nicht zum Besäufnis wird und einfach nur Spaß bringt, warum sollte sie nicht bis zwei Uhr gehen? Wir diskutieren als Eltern zu oft Formalitäten statt Inhalt.

P: Ob Alkohol fließt, weiß ich vorher selten.

Prof. Moll: Kinder müssen lernen, mit Alkohol umzugehen, da kann das Vorbild nur von den Eltern kommen. Die Gefahr, dass mein Kind trotz guter Vorbilder einmal zu viel trinkt, bleibt natürlich – absolute Risikofreiheit gibt es im Leben nicht, auch nicht für Eltern.

Prof. Dawirs: Es gibt gute und weniger gute Ausgangsbedingungen, aber keine Sicherheiten in menschlichen Entwicklungsprozessen. Verbote beeinflussen das Verhalten eines 16-Jährigen nicht. Was zählt, ist die Erziehung, die Beziehung zwischen Kind und Eltern in den ersten sechs Lebensjahren: In dieser Zeit entsteht die Bereitschaft, sich zu kontrollieren, sich nach Erfolgserlebnissen auszurichten. Wenn das gelingt, minimiert sich das Risiko, dass Alkohol als Fluchtweg genutzt wird.

P: Und Drogen?

Prof. Moll: Null.

P: Also doch ein Verbot?

Prof. Moll: Man kann Jugendlichen erklären, was bei Drogenkonsum passiert. Das Gehirn will in der Pubertät etwas erleben, es will Achterbahnfahrten, Eindrücke, Abenteuer, Spannung. Mit Drogen erreicht es das – aber das sind niemals echte Erlebnisse. Genau die müssen wir Jugendlichen aber bieten. (…) Gemeinsame Erlebnisse zu schaffen ist wichtig – ebenso wie zu kapieren, dass es viele Sachen

ÜBERLEGUNGEN

gibt, bei denen man nicht dabei zu sein hat. Bei alledem gilt: Es ist zu spät, erst in der Pubertät damit anzufangen. Die Basis muss schon lange vorher da sein.

Prof. Dawirs: In der Pubertät ist die Schule sozusagen schon aus.

Prof. Moll: Wir plädieren dafür, Jugendlichen mehr Verantwortung zu übertragen. Wir müssen sie in die Mitte der Gesellschaft zurückholen – dorthin, wo sie entwicklungsgeschichtlich früher waren. Ihnen das Wahlrecht geben zum Beispiel. Denn die Jugendlichen gehen Fragen wie diese von uns allen am allermeisten an: Was ist mit dem Klimawandel, wie sieht unsere Welt in fünfzig Jahren aus?

P: Die meisten Jugendlichen können sich nicht einmal vorstellen, 30 zu werden …

Prof. Moll: Wenn wir ihnen Verantwortung übertragen, werden sie sie annehmen.

Prof. Dawirs: Unsere Gesellschaft braucht die Pubertät als Phase, sonst verschenken wir Chancen auf Erneuerung. Der Stress und die Herausforderung für die Eltern sollte nicht sein, sich gegen die Wilden zu wehren, sondern zu sagen: Okay, dann macht ihr mal, wir ziehen uns langsam zurück.

Prof. Moll: Dass der Mensch evolutionär so erfolgreich war, lag auch daran, dass wir so unterschiedlich waren: Spätestens in der Pubertät beginnt naturgemäß jeder seinen eigenen Weg zu gehen. Und wir Eltern stehen da, engen ein und normieren. Ist doch klar, dass das Aggressionen, Gegenwehr und Konflikte provoziert. Wenn wir dagegen als Entwicklungsziel für Jugendliche nicht die Anpasssung, sondern die optimale freie Entfaltung sehen könnten, würde die Post abgehen, da bin ich sicher.

„Die Eltern sind es, die Wut und Konflikte produzieren. Weil sie nicht loslassen.“

3 LOS-LÖSUNG

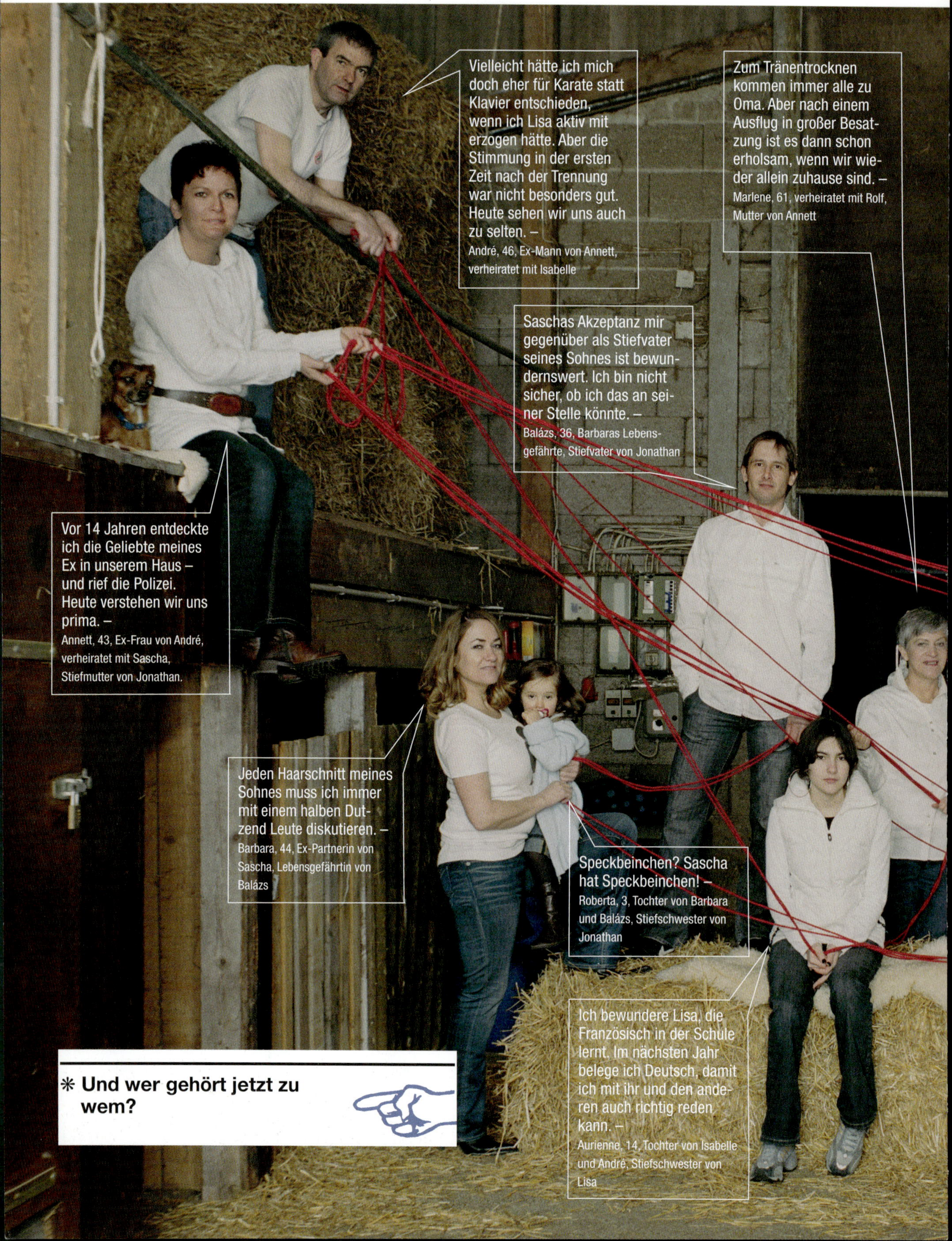

Vielleicht hätte ich mich doch eher für Karate statt Klavier entschieden, wenn ich Lisa aktiv mit erzogen hätte. Aber die Stimmung in der ersten Zeit nach der Trennung war nicht besonders gut. Heute sehen wir uns auch zu selten. –
André, 46, Ex-Mann von Annett, verheiratet mit Isabelle

Zum Tränentrocknen kommen immer alle zu Oma. Aber nach einem Ausflug in großer Besatzung ist es dann schon erholsam, wenn wir wieder allein zuhause sind. –
Marlene, 61, verheiratet mit Rolf, Mutter von Annett

Saschas Akzeptanz mir gegenüber als Stiefvater seines Sohnes ist bewundernswert. Ich bin nicht sicher, ob ich das an seiner Stelle könnte. –
Balázs, 36, Barbaras Lebensgefährte, Stiefvater von Jonathan

Vor 14 Jahren entdeckte ich die Geliebte meines Ex in unserem Haus – und rief die Polizei. Heute verstehen wir uns prima. –
Annett, 43, Ex-Frau von André, verheiratet mit Sascha, Stiefmutter von Jonathan.

Jeden Haarschnitt meines Sohnes muss ich immer mit einem halben Dutzend Leute diskutieren. –
Barbara, 44, Ex-Partnerin von Sascha, Lebensgefährtin von Balázs

Speckbeinchen? Sascha hat Speckbeinchen! –
Roberta, 3, Tochter von Barbara und Balázs, Stiefschwester von Jonathan

Ich bewundere Lisa, die Französisch in der Schule lernt. Im nächsten Jahr belege ich Deutsch, damit ich mit ihr und den anderen auch richtig reden kann. –
Aurienne, 14, Tochter von Isabelle und André, Stiefschwester von Lisa

✻ Und wer gehört jetzt zu wem?

Gelöste Verbindungen:

EINE FAST NORMALE FAMILIE

Acht Erwachsene, fünf Kinder und alle sind irgendwie miteinander verbunden. Für dieses Foto hat sich eine Patchworkfamilie versammelt.

Ich hab mir immer einen Sohn gewünscht. Nun hab ich mehr Schwiegersöhne als Töchter. Alles Gute, Jungs. –
Rolf, 64, verheiratet mit Marlene, Vater von Annett

Für mich ist es ein großes Glück, dass sich die wichtigsten Frauen in meinem Leben so gut verstehen. Das war anfangs kritisch.
–
Sascha, 37, Ex-Partner von Barbara, verheiratet mit Annett

Die Mädchen sind ganz aufgeregt, wenn sie ihre Schwester treffen. Lisa ist ihnen ein großes Vorbild.
–
Isabelle, 38, verheiratet mit André, Stiefmutter von Lisa

Super, dass ich mehrere Anlaufstellen habe: Wenn Mama mich nervt, gehe ich zu Oma. Oder zu Barbara, wenn ich nicht weiß, was ich zur nächsten Party anziehen soll. –
Lisa, 19, Tochter von Annett und André, lebt bei ihrer Mutter und Sascha

An den Papa-Wochenenden, an denen Annett arbeitet, darf ich bei Papa im Bett schlafen. Das mag ich sehr. –
Jonathan, 12, Sohn von Barbara und Sascha, lebt zusammen mit Mutter, Balázs und Roberta

Wenn wir alle zusammen sind, macht Verstecken-Spielen noch mehr Spaß!
–
Eluanne, 8, Tochter von Isabelle und André, Auriennes Schwester, Stiefschwester von Lisa

PATCHWORK – EIN NEUES FAMILIENMODELL

50 Prozent aller in Deutschland geschlossenen Ehen werden innerhalb der ersten sieben Jahre wieder geschieden. Mehr als die Hälfte aller geschiedenen Mütter und Väter haben nach einem Jahr wieder einen Partner: Eine Stieffamilie entsteht, in der mindestens ein Elternteil nicht der leibliche Elternteil eines Kindes ist. Patchworkfamilie heißt das bunte Familienleben neudeutsch, weil die Herkunft der einzelnen Teile ebenso unterschiedlich ist wie bei dem namensgebenden Flickenteppich.

Bis ins 20. Jahrhundert hinein war der Grund für eine Wiederheirat meist der Tod eines Elternteils. Die Wiederheirat war lange selbstverständlich und notwendig, um die Familie sozial und finanziell abzusichern.

Durch den medizinischen Fortschritt ist der Tod eines Elternteils in jungen Jahren heute weit seltener geworden. Die hohen Trennungs- und Scheidungsraten führen jedoch dazu, dass dennoch immer mehr Stieffamilien entstehen. Dabei ist das Bedürfnis nach sozialer und finanzieller Absicherung heute eher selten ausschlaggebend. Die Akzeptanz von alleinerziehenden Eltern ist deutlich gewachsen und bedürftigen Teilfamilien greift nötigenfalls der Staat unter die Arme. Das Bedürfnis nach einer „heilen“ Familie und nach einer glücklichen Partnerschaft ist jedoch auch bei vielen geschiedenen Eltern ausgeprägt.

Frisch verliebte Eltern sind oft überschwänglich, wenn sie einen neuen festen Partner gefunden haben. Oft sind sie fest davon überzeugt, dass ihre Kinder das neue Familienmitglied mit offenen Armen empfangen werden. Aber für Kinder ist es meist schwer, einen neuen Partner der Eltern zu akzeptieren. Dies gilt vor allem dann, wenn das neue Elternteil als „Ersatz“ für das nicht länger im gleichen Haushalt lebende Elternteil präsentiert wird. Die Sehnsucht, wieder eine „richtige“ Familie zu sein, ist auch bei Kindern ausgeprägt, allerdings hoffen diese oft noch auf eine Wiederherstellung des ursprünglichen Zustands. Der Einzug eines neuen Partners macht ihnen schmerzhaft bewusst, dass die erste Familie unwiederbringlich aufgelöst ist.

Vater oder Mutter wird man durch Geburt. Stiefvater oder -mutter zu werden, ist jedoch kein so klarer Prozess. Anders als leibliche Eltern haben Stiefeltern mitunter nicht viel Zeit, um sich auf Kinder einzustellen. Durch die neue Rolle verändert sich auch ihr Leben auf einen Schlag. So wird ein langjähriger Junggeselle vielleicht plötzlich zum Vater zweier Kinder im Schulalter oder die Mutter eines Einzelkindes zum Teil einer Großfamilie mit vier Kindern.

Stiefeltern treffen im neuen Haushalt auf eine mehr oder weniger eingespielte Teilfamilie, in der sie das jüngste Glied sind. Viele fühlen sich zunächst hilflos: Die Erwartungen an ein Stiefelternteil sind gesellschaftlich kaum festgelegt. Das schafft Gestaltungsfreiraum, führt aber auch zu Verunsicherungen.

Die Patchworkfamilie gilt bei vielen Familienforschern als das Familienmodell der Zukunft: Es steht zu erwarten, dass immer mehr Jugendliche nicht nur in einer, sondern in mehreren Familien aufwachsen werden. Schon 1998 sagte die Zeitung SUNDAY TIMES für Großbritannien voraus, dass 2008 mehr Kinder und Erwachsene in Stieffamilien leben werden, als in den sogenannten „Kernfamilien“, solchen mit zwei leiblichen Eltern. Wie viele Stieffamilien es heute in Deutschland gibt, lässt sich kaum sagen, da bei Eheschließungen nur gemeinsame Kinder erfasst werden. Das Bundesministerium für Familie, Senioren, Frauen und Jugend geht jedoch davon aus, dass 2002 jede zehnte deutsche Familie eine Stieffamilie war.

Alternative Familienformen wie Stieffamilien, aber auch Ein-Eltern-Familien oder gleichgeschlechtliche Elternpaare stellen große Herausforderungen an alle Mitglieder der Familie: Sie brauchen Mut, Geduld und viel Toleranz. Gleichzeitig bieten sie jedoch auch eine große Chance: Familienforscher haben festgestellt, dass Kinder, die in alternativen Familienformen aufwachsen, oft eher in der Lage sind, Verantwortung zu übernehmen, sensibler auf gesellschaftliche Diskriminierungen reagieren und über flexiblere Rollenauffassungen von Mann und Frau verfügen, als Kinder aus traditionellen Familien.

3 LOS-LÖSUNG

PATCHWORK – WIE SOLL DAS DENN KLAPPEN?

„Meine Tochter wirft mir vor, dass mein neuer Freund mir wichtiger sei als sie, und will nicht, dass er bei uns einzieht. Soll ich nachgeben?“

„Wenn die Kinder meines Freundes und meine eigenen aufeinandertreffen, fliegen jedes Mal die Fetzen. Was können wir dagegen tun?“

„Ich würde meine Stiefkinder gerne so lieben wie meine eigenen, aber ich schaff das einfach nicht. Muss ich ein schlechtes Gewissen haben?“

„Mein neuer Partner hat ein Kind. Ich möchte so gern, dass es mich mag. Wie schaffe ich es, seine Zuneigung zu gewinnen?“

„Mein Partner und ich haben jeweils Kinder aus erster Ehe – und zwei unterschiedliche Erziehungsstile. Das führt regelmäßig zu Streit. Was können wir tun?“

„Mein Partner und ich haben jeweils eigene Kinder. Würde ein gemeinsames Kind den Familienzusammenhalt stärken oder wird dann alles noch komplizierter?“

„Mein Ex macht meinen neuen Partner vor unseren Kindern schlecht. Wie verhalte ich mich?“

„Ich ertrage es kaum, das die neue Frau meines Ex so gut mit unseren Kindern kann. Wie bekomme ich meine Eifersucht in den Griff?“

„Die Söhne meines Freundes sind oft bei uns. Ich kann mit ihnen nicht viel anfangen und fühle mich oft ausgeschlossen. Soll ich mich aus dem Staub machen, wenn sie kommen?“

„Ich hätte so gern wieder eine richtige Familie. Mein neuer Partner spielt zwar mit meinen Kindern, erziehen muss ich sie aber allein.“

- ✻ **Nutzen Sie zunächst eine Mind-Map, um eine Übersicht Ihrer eigenen Familienkonstellation und -konflikte darzustellen (siehe Seite 259).**
- ✻ **Versetzen Sie sich dann als Gruppe in die Expertenrolle und versuchen Sie die obigen Fragen der „Patchworker“ zu beantworten.**

4 ICH BIN ...

... JUNG, DYNAMISCH UND ERFOLGREICH!

... NO BODY IS PERFECT!

... TYPISCH?!

... WAS MIR WICHTIG IST!

... SINN SUCHEN?!

... AUF DEM RICHTIGEN WEG?!

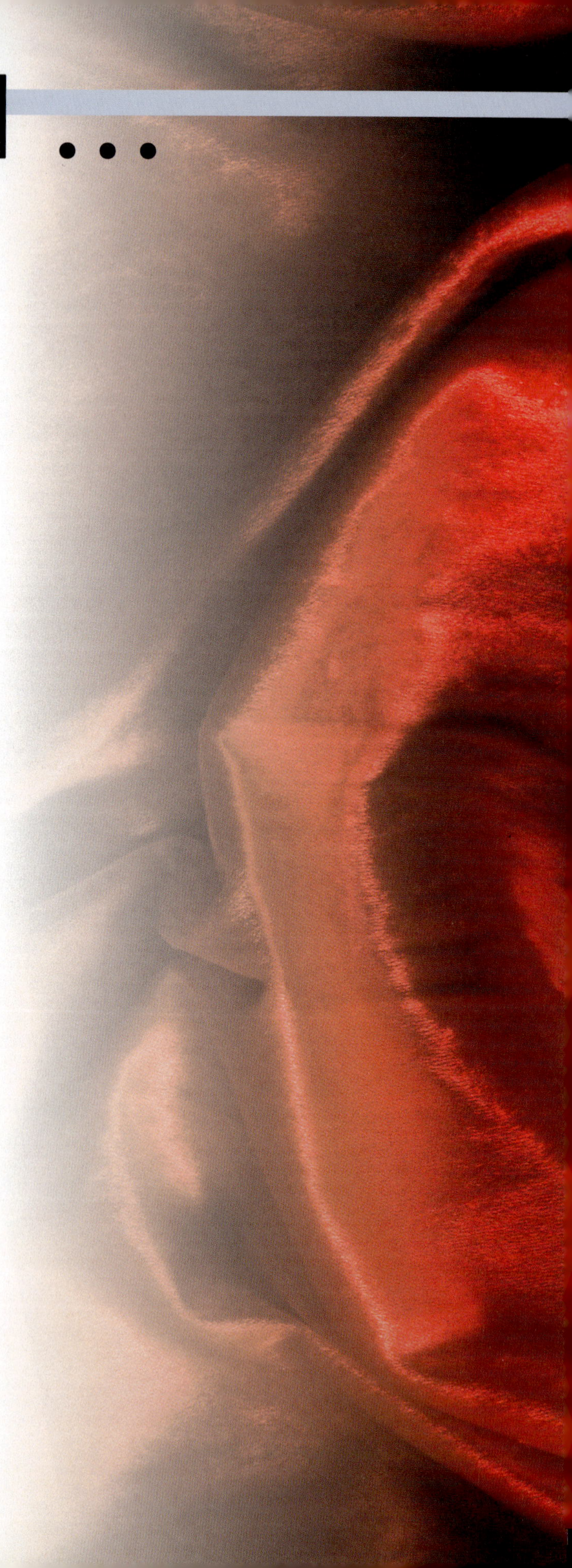

JUNG
DYNAMISCH
FIT UND
erfolgreich...
WAS ZÄHLT
in unserem
LEBEN?

... JUNG,

„Tolle Musik, tolle Leute und Spaß bis zum Abwinken! Die Höhepunkte sind die Raves!“

Man lebt nur einmal. *Und dieses eine Leben, finde ich, sollte möglichst Spaß machen: Das ist für mich schon Sinn meines Lebens.*

Am meisten Spaß macht mir das Wochenende: Freitag und Samstag und Sonntagvormittag gehören dem Rave. Tolle Musik, tolle Leute und Spaß bis zum Abwinken! Die Höhepunkte sind die Raves! Das ist nicht nur „Techno-bumbumbum“ und freiwilliger Schlafentzug, sondern das ist wirkliches Leben. Du freust dich die ganze Woche auf dieses Gefühl und alles wird erträglicher. Vom ersten Beat an vergisst du allen Ärger und irgendwann hebst du ab und landest erst wieder am Sonntagnachmittag in dieser besch... Welt.

Früher war es mit mir noch extremer, denn ich musste mir auf den Raves das gute Gefühl holen, das ich sonst nirgends gekriegt habe: keine Lehrstelle, ständig Stress mit den alten Herrschaften ...

Mit sechzehn bin ich dann ausgezogen und habe mir die Raver als Familie adoptiert. Und das mit allen Konsequenzen, die ein „gutes Raverkind“ zu tragen hat: Weggehrekorde aufstellen, Kreislaufkollapse überstehen, mit Ecstasy, Koks oder Speed immer gut drauf sein, seine Auftritte und sein Outfit gut vorbereiten.

Heute style ich mich nicht mehr so extrem. Ich halte nur noch so lange durch, wie es mein Körper ohne die Dröhnung durch Drogen zulässt, denn einmal hätte ich fast nicht mehr die Kurve gekriegt.

Es gibt doch Unterschiede zwischen Party-Leben und normalem Alltag. Das habe ich inzwischen kapiert. Wie willst du wirklich mit jemandem etwas zu tun haben, wenn du dich wegen der Lautstärke in der Umgebung oder der Chemikalien im Körper nicht austauschen kannst.

Seit einem halben Jahr habe ich eine feste Beziehung und einen festen Arbeitsplatz. Das ist mir wichtig und gibt mir was, aber trotzdem will ich locker bleiben und noch meinen Spaß haben!

(Ingo, 24 Jahre, Metallarbeiter)

4 ICH BIN ...

DYNAMISCH UND EFOLGREICH!

„Geld ist gemünzte Freiheit – und Freiheit ist Leben!"

***Man lebt nur einmal.** Und dieses eine Leben, finde ich, sollte möglichst Spaß machen: Das ist für mich schon Sinn meines Lebens.*

Am meisten Spaß macht mir mein Beruf, seit ich mich vor bald vier Jahren im Bereich Unternehmensberatung selbstständig gemacht habe. Schwerpunkt: maßgeschneiderte Konzepte für professionelle Kundenbetreuung in Dienstleistungsunternehmen. Meistens arbeite ich zehn, zwölf Stunden am Tag, aber das macht mir nichts aus, weil es meine freie Entscheidung ist. Niemand hat mir etwas zu sagen und niemand behindert mich mit irgendwelchen Vorschriften.

Und wenn ich dann noch Erfolg habe mit dem, was ich tue – dann macht das einfach Spaß!

Erfolg bedeutet für mich: Selbstbestätigung, Selbstverwirklichung, natürlich auch Geld. An meinem Kontostand lese ich ab, wie gut ich gearbeitet habe. Geld, hat der deutsche Schriftsteller Erich Maria Remarque mal gesagt, ist gemünzte Freiheit – und Freiheit ist Leben.

Das Geld, das ich erarbeite, erlaubt es mir nicht nur, ein luxuriöses Leben zu führen … mit Kleidern nicht von der Stange, Reisen nicht nur nach Italien und mit Schmuck, der nicht nur teuer aussieht.

Der größte Luxus, den Geld mir bietet, ist der Luxus, völlig unabhängig zu sein und nur das zu tun, was ich wirklich selber will.

Toll, mal ganz andere Teile des Gehirns zu aktivieren, in fast dreißig Metern Tiefe eine Welt zu erleben, die einem verborgen bleibt, wenn man nur so ein bisschen an der Wasseroberfläche herumpaddelt …

Auch darin sehe ich durchaus einen Sinn: alles zu tun, um mir selbst und meiner näheren Umgebung das Leben so angenehm wie möglich zu machen. Mich ab und zu mal zu belohnen. Das können Kleinigkeiten sein: ein richtig tolles Essen für Freunde zubereiten, ein Konzert besuchen oder bei den Kindern meiner Sekretärin Babysitter spielen.

(Christina, 27 Jahre, Unternehmensberaterin)

... NO BODY — IS PERFECT!

57 %

aller erwachsenen Frauen in Deutschland halten sich für übergewichtig und fühlen sich deswegen in ihrem Körper nicht wohl. Vier von fünf Frauen mögen sich nackt nicht leiden.

Zwei von drei Frauen

denken ständig ans Essen: Wann sie wieder essen werden, was sie dann essen werden, was sie nicht essen dürfen usw.

70 bis 80 % aller Frauen

aus den reichen und von Nahrungsmitteln überschwemmten Industrienationen essen sich nie wirklich satt. Aus Angst um die Figur.

400 000 Frauen

jährlich lassen sich die Nase, den Busen oder einen anderen Körperteil chirurgisch verändern.

„Gutes Essen entstellt die Linie, *Wein verdirbt den Teint, viel Lachen macht das Gesicht runzlig, die Sonne schadet der Haut, Ruhe macht dick. Arbeit verbraucht, Liebe bringt Ringe unter die Augen, Liebkosungen verformen den Busen, Umarmungen erschlaffen den Körper, Mutterschaft entstellt Gesicht und Leib."*
(Simone de Beauvoir, Schauspielerin)

„Ich wiege 46 kg, *aber ich habe einen kleinen Bauch. Was soll ich tun?"*
(Frau, 28 Jahre)

„Tiere haben es gut. *Kein Schwein macht sich Gedanken, ob es was für seine Schenkel tun muss."*

„Schön, dass auch Männer heute *ängstlich ihre schwammigen Körper beäugen und mit den knackigen Kerlen aus der Werbung vergleichen!"*

„Nur wenn eine Frau *mit einem Schönheitsproblem nicht fertig wird, macht sie das unattraktiv. Dass sie eines hat, ist nämlich egal."*
(Jean-Luc Bredel von einer Modeagentur)

4 ICH BIN ...

*„**Mein Körper und ich.** Wenn ich ihn nicht hätte. In meinem Pass, immerhin Nachweis meiner Identität, spielt er die Hauptrolle: sein Alter, seine Größe, seine Augenfarbe und wo er wohnt. Selbst die Rubrik „Besondere Kennzeichen“ interessiert sich nicht für meine inneren Werte, sondern bloß dafür, was merkwürdig an Ohr, Knie oder sonst einem Körperteil ist. Mein Körper macht, dass man mich erkennt und von anderen unterscheidet. Mein Körper und ich gehen vor einen Spiegel. Mein Blick auf ihn verrät mir, wie andere mich sehen … Mittelgroß. Wie noch? Wie noch? Ein bisschen … ? Heute etwa verklemmt? Oder doch attraktiv? Für wen?*

Es gibt keinen neutralen Blick. Ich will das Bild wiedererkennen, das ich mir von mir gemacht habe. Aber mein Körper ähnelt mir heute nur mäßig.“

D**ie Unzufriedenheit mit dem Körper** hat auch die Männer erreicht. Für ihre Schönheit geben sie mittlerweile schon sehr viel Geld aus. Sie bevölkern Fitnessstudios und Tennisplätze, kennen Magersucht und Bulimie, und jährlich lassen sich schon 100 000 Männer von Chirurgen verschönern.

Ein Mensch, der sündigt, verstößt heute nicht mehr gegen die herrschende Sexualmoral: Er isst. Er isst Pommes und Eis mit Schokoladensoße.

Viele fühlen sich nicht mehr wohl in ihrer Haut und kämpfen mit Sport und Diäten gegen ihren Körper. Aber mit dem Kummerspeck verschwindet eben nicht das schlechte Gewissen, das sich dahinter versteckt. Einen liebevollen Blick auf den eigenen Körper kann sich niemand mehr leisten. Nur noch prüfende und vergleichende Blicke sind gestattet, denn durch eine Reihe von Studien wurde zweifelsfrei belegt:

Gut aussehende Menschen haben es leichter im Leben.

✻ Die Werbung präsentiert uns heutzutage eine Reihe von Schönheitsidealen, an denen wir uns orientieren sollen. Wenn Sie die geheimen Tricks der Werbemacher erkennen wollen, schauen Sie auf Seite 256.

4 ICH BIN ... TYPISCH?!

Von Geburt an werden wir in „bestimmte Schubladen gesteckt“ – sei es vom Sternzeichen, vom Körperbau, von der Stimmungslage oder von der Stellung in der Geschwisterreihe her.

*** In welche „Schubladen“ werden Sie von anderen gesteckt?**

*** An den „Schubladen“ kleben nicht nur „Etiketten“, sondern sie sind auch mit Erwartungen belegt. Diskutieren Sie das Für und Wider des „Schubladendenkens“. Tipps für die Diskussion erhalten Sie auf Seite 258.**

4 ICH BIN ...

... WAS MIR — WICHTIG IST!

Werteorientierung nach Geschlecht
Jugendliche im Alter von 12 bis 25 Jahren
(Mittelwerte 1 – 7)

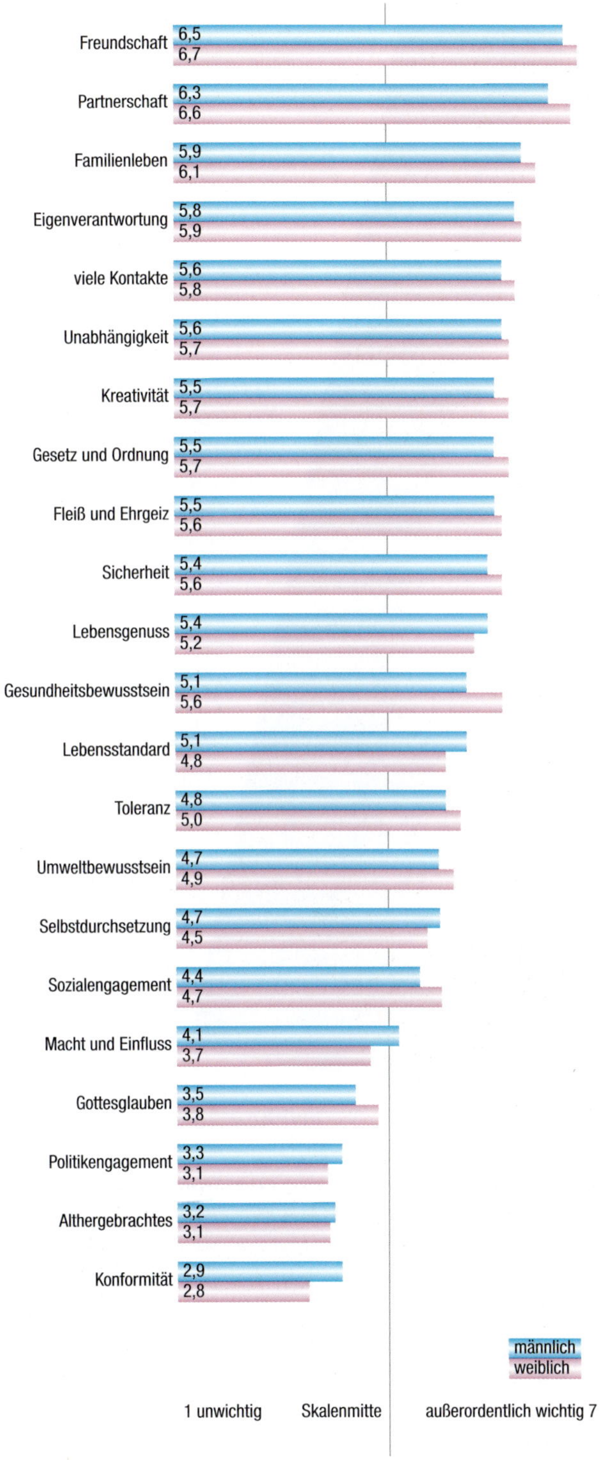

Die Jugend ist, wie sie ist –

und vor allem ist sie ein Kind ihrer Zeit,

ein Produkt der Erziehung ihrer Eltern,

der Vorbilder,

die die Gesellschaft ihr geliefert hat.

(Journalistin Susanne Gaschke)

Was für Jugendliche ein großes Problem ist, was ihnen Angst macht
Jugendliche im Alter von 12 bis 25 Jahren, in %

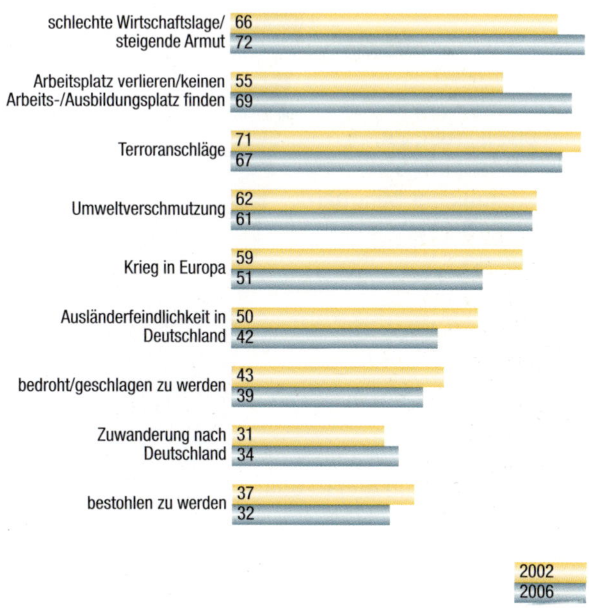

(Shell-Jugendstudie 2006)

✻ Ordnen Sie sich selbst ein und erstellen Sie eine eigene absteigende „Angstpyramide".
✻ Erstellen Sie eine eigene Wertepyramide.

SINN — SUCHEN?!

***„Ich habe nicht mehr viel Zeit.** Es geht mir nur noch darum: Wo kann ich helfen?“*
(Rolf Erdorf, 39, Übersetzer, HIV-positiv)

***„Je mehr ich mit Gott zusammen bin,** desto mehr bin ich mit mir im Reinen.“*
(Maria Ancilla, 26, Nonne im Kloster der Servitinnen)

***„Wenn wir einen Verletzten** aus einem Wrack schneiden und der kommt durch – dann war mein Leben nicht umsonst.“*
(Michael Wüst, 24, Vertriebskaufmann, ehrenamtlicher Mitarbeiter beim Technischen Hilfswerk)

***„Wir sind dazu da zu zeigen,** dass ein behindertes Leben ein schönes Leben ist.“*
(Christina Jahn, alleinerziehende Mutter von Anna-Lotta, 11, und von Pflegetochter Deborah, 9. Anna-Lotta leidet von Geburt an unter Spina Bifida [offenem Rücken])

***„Hilfe für die Dritte Welt –** darin liegt für mich die Hoffnung auf mehr Gerechtigkeit.“*
(Dr. Marie Coen, Kinderärztin und zweite Vorsitzende des Komitees „Ärzte für die Dritte Welt“)

***„Ich lebe nur noch für meinen Hund –** der wärmt mich, der ist mein bester Kumpel.“*
(Norbert Weiss, gelernter Koch, obdachlos)

***„Im Krieg stellt man sich keine Fragen,** Leben und Überleben – das ist der einzige Sinn.“*
(Friedhelm Brebeck, ARD-Korrespondent und Fernsehjournalist)

***„Ich stelle den Kontakt** zu den Geistern her. Von dort bekommen wir Rat und innere Kraft.“*
(Katharina Kaestner, 55, Schamanin)

***„Ich habe kein Privatleben** und kein gesichertes Einkommen, aber ich habe mein Theater!“*
(Sylvia Panter, Schauspielerin und Regisseurin)

***„... dass ich alles erleben kann,** Trauer, Freude, Hoffnung und Leid. Einfach alles. Ob ich dieses Ziel, dass ich alles erlebe, auch erreiche, kann ich natürlich erst sehen, wenn ich am Ende des Lebens bin ... Der Sinn des Lebens besteht für mich vor allem darin, dass ich mich kennenlerne und mit mir mein Leben gestalte.“*
(Benni, 14, macht Aktionen zum Schutz der Haie)

Drei Hauptstraßen zum Sinn
Das Streben nach Glück, Selbstverwirklichung und Sinnerfüllung bleibt erfolglos, wenn es dem Menschen nicht gelingt, seinen ganz persönlichen, unverwechselbaren Sinn zu finden:

1. Erleben statt konsumieren
Bewusst Natur oder andere Menschen zu erleben … jeden Tag als Geschenk zu begreifen, das ist der erste Weg zum Sinn.

2. Ein Werk schaffen
Das Leben wird sinnvoll, wenn es gelingt, sich einer Aufgabe völlig hinzugeben. Werk ist alles, was wir mit Freude und Kreativität schaffen. Ein Werk vollbringt auch der Müllmann, der aus den Abfallbergen weggeworfenes Spielzeug heraussucht, in seiner Freizeit repariert und an bedürftige Kinder verschenkt.

3. Hinnehmen, was nicht zu ändern ist
Selbst in hoffnungslosen und unabänderlichen Situationen (unheilbare Krankheiten, Tod) sind Menschen doch fähig, ihre Einstellung zum Geschehenen zu verändern oder, wie der Psychologe Viktor Frankl es ausdrückt, „Leiden in eine menschliche Leistung umzugestalten“, d. h. ihm Sinn zu geben.

„Wer ein Warum zu leben hat,
der erträgt fast jedes Wie.“

Viktor Frankl, Psychologe

„Wer weiß, warum er leidet,
wozu er lebt, kann auch die schwierigsten
Situationen ertragen.“

„Das Leben ist sinnvoll,
wenn es darin Ziele gibt,
wenn es von festen Wertvorstellungen
geprägt wird und Menschen das
Gefühl haben, ihr Leben zu
kontrollieren.“

4 ICH BIN ...

... AUF DEM RICHTIGEN WEG?!

Was zählt in unserem Leben?

Jung, dynamisch und erfolgreich – so lautet der Slogan unter der Jugend seit den 1980er-Jahren. Viel Geld, ein schönes Auto, eine eigene Wohnung sind heute die wichtigsten Dinge im Leben. Wer jung ist, will sein Leben ohne Einschränkungen in vollen Zügen genießen. Heute Snowboarding in Österreich, dann zum Bungeejumping ins Allgäu und morgen zum Strandurlaub in die Türkei.

„Ich mache, wozu ich Bock habe", ist die Devise und manchmal lässt man auch mal „die Sau raus". Warum auch nicht, man ist schließlich jung! Hin und wieder danced man im Technodom die ganze Nacht durch und säuft sich durch einige Flaschen Mixgetränke. Alles kein Problem …

Ehrlichkeit und Einsatz für andere können durchaus noch einen Platz in unserem Leben haben. Erfolg und Spaß im Job ist nicht alles. Natürlich ist es toll, wenn der Job, den du machst, super ist und du Erfolg darin hast. Aber viel mehr Spaß macht es doch, wenn ich nicht Tag für Tag mit meinen Ellbogen gegen die anderen ankämpfen muss. Jeden Tag von neuem beweisen, dass ich der Bessere bin.

… Das eigene Ich mal hinten anstellen und gucken, was die anderen so machen, wie es denen so geht: Was hat deine Freundin noch mal heute morgen zu dir gesagt? Oder dein Freund: Warum hat er gestern so komisch dreingeschaut? Erwischt: Auf Liebe und Freundschaft wollen wir hinaus!

Endlich eine Sache, die wir nicht mit Geld kaufen können. Tatsache ist, dass es einem einen ganz schönen Kick geben kann, wenn man merkt, dass man gebraucht wird.

Die Idee, Hilfsbereitschaft und Freundschaft neben unseren „gewöhnlichen" Werten nicht zu vernachlässigen, ist nicht neu, aber auch nicht unmodern.

Auch prominente Schauspieler und Musiker setzen sich immer wieder für Werte ein, z. B. Bono von U2 für die Welthungerhilfe oder den Schuldenerlass für die Dritte Welt, Bob Geldof,

Bruchstücke
(Dietlinde Heckt-Albrecht)

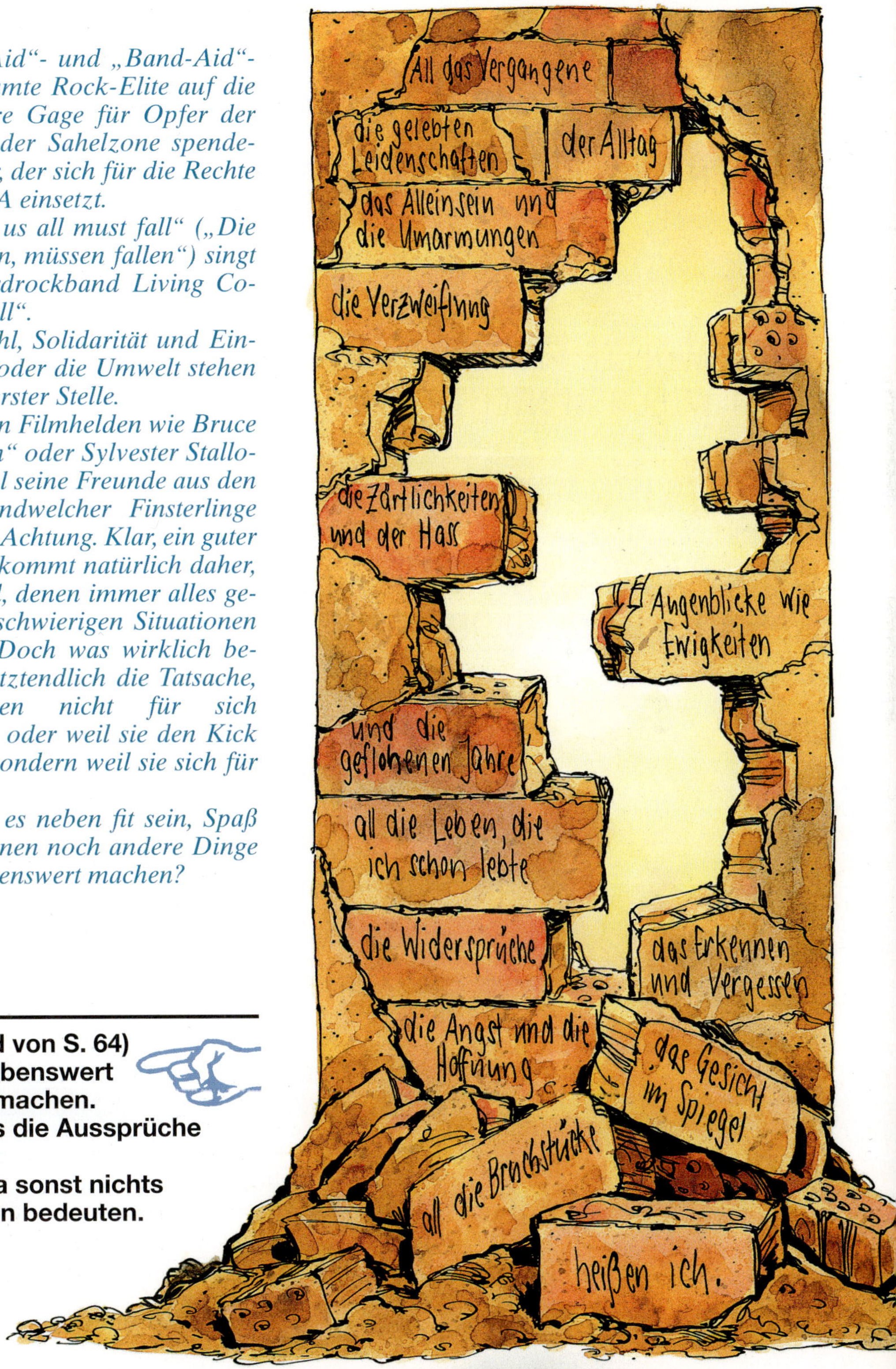

der mit seinen „Live-Aid"- und „Band-Aid"-Konzerten fast die gesamte Rock-Elite auf die Bühne brachte, die ihre Gage für Opfer der Hungerkatastrophe in der Sahelzone spendeten; oder Kevin Costner, der sich für die Rechte der Indianer in den USA einsetzt.

„The walls between us all must fall" („Die Mauern, die uns trennen, müssen fallen") singt die amerikanische Hardrockband Living Colors in ihrem Song „Wall".

Verantwortungsgefühl, Solidarität und Einsatz für Benachteiligte oder die Umwelt stehen auch bei Rockstars an erster Stelle.

Und mal ehrlich: Den Filmhelden wie Bruce Willis in „Stirb langsam" oder Sylvester Stallone, der zum fünften Mal seine Freunde aus den brutalen Händen irgendwelcher Finsterlinge befreit, gilt unsere volle Achtung. Klar, ein guter Teil der Bewunderung kommt natürlich daher, dass sie tolle Kerle sind, denen immer alles gelingt und die sich aus schwierigen Situationen heraushauen können. Doch was wirklich bewundernswert ist, ist letztendlich die Tatsache, dass sie ihr Leben nicht für sich selbst aufs Spiel setzen oder weil sie den Kick der Gefahr brauchen, sondern weil sie sich für andere einsetzen.

Scheint also, als ob es neben fit sein, Spaß haben und Geld verdienen noch andere Dinge gäbe, die das Leben lebenswert machen?

✻ Vieles (vgl. das Bild von S. 64) soll unser Leben lebenswert und uns glücklich machen. Überlegen Sie, was die Aussprüche
• Weniger ist mehr
• Man gönnt sich ja sonst nichts
für Ihr Glücklichsein bedeuten.

5 WENN ...

WENN ICH EINMAL REICH WÄRE, DANN ...

MENSCHENRECHTE – WIRKLICHKEIT

WENN ARBEIT FEHLT ...

JEDER WOLLTE ETWAS VON MIR ...
JETZT WILL ICH NICHT MEHR

WENN NICHTS MEHR GEHT

WENN MAN WÜSSTE ...
WAS AUF EINEN ZUKOMMT

5 WENN …

WENN ICH EINMAL ——— REICH WÄRE, DANN …

… aber so lange kann ich, glaube ich, nicht mehr warten. Ich bin einer der Glücklichen in meinem Jahrgang, die nach der Prüfung eine Ausbildungsstelle bekommen haben. Kfz-Mechatroniker hätte es sein sollen … Jetzt lerne ich Maler und Lackierer im zweiten Lehrjahr. Eigentlich bin ich ganz zufrieden, dass ich weiß, wo ich meine Brötchen verdienen kann, aber ich kann mir nicht vorstellen, dass das mein Ziel war.

Alle sagen: ‚Sei froh, dass du eine Ausbildungsstelle hast! Jeder Zweite aus deiner ehemaligen Klasse steht auf der Straße … Denk doch nur mal an Daggi, Ingo und die anderen, die im wahrsten Sinne des Wortes auf der Straße stehen und trotz aller Bemühungen noch immer keinen Job bzw. keine Lehrstelle bekommen haben!' Natürlich denke ich an sie, aber wenn ich jeden Werktag aus dem Bett steige, dann frage ich mich, ob das alles ist: 38,5 Stunden die Woche und das mindestens 35 Jahre lang, um Wände und Fenster zu bepinseln.

Ich schleppe mich manchmal nur so zur Bushaltestelle und habe oft tagelang eine Laune, dass selbst Moni, meine Freundin, die Kurve kratzt oder den Telefonhörer aufknallt. Klar kriege ich Geld für meine Arbeit, und später sind meine Chancen für eine feste Arbeitsstelle in meiner jetzigen Firma auch nicht schlecht, aber dieser Job ist nicht mein Ding. Ich habe schon ein paar Mal krankgemacht, weil ich absolut keinen Bock hatte. Meine Eltern und Moni sind mir ganz schön aufs Dach gestiegen … von wegen Lehrstelle verlieren in diesen Zeiten, wo jeder fünfte Jugendliche Hartz IV bekommt und die Zukunft auch nichts Besseres erwarten lässt. Manchmal träume ich so in den Tag: Mensch Olli, wenn du einmal reich wärst, dann wäre alles ganz anders! Dann könntest du bestimmen, was du wo, wann und wie machst, und keiner dieser Fuzzis in der Firma hätte dir etwas zu sagen!

(Olli, 18 Jahre)

5 WENN ...

„Wenn ich einmal meine Prüfung geschafft habe, dann bin ich schon ein Stück weitergekommen. Ich bin wie mein Freund Olli im zweiten Ausbildungsjahr als Maler und Lackierer. Mein Traumjob war das wirklich nicht, aber ich wollte unbedingt eine Ausbildung machen, damit ich mal was in der Hand habe. Meine Eltern sagten: ‚Moni, Maler und Lackierer ist doch nichts für dich! Nimm doch irgendeine Arbeit an, da verdienst du dann gleich mehr!' Friseurin hätte ich gerne gemacht, aber da hat's mit einer Ausbildungsstelle nicht geklappt. Hier in Rostock hat man im Moment nur im Bereich Bau oder Dienstleistung eine Chance auf eine Ausbildung.

Erst war ich nicht so begeistert von meiner Arbeit, aber mittlerweile kann ich einige Dinge schon ganz gut, und man kann so ziemlich alles lernen, wenn man sich dahinter klemmt. Wenn mir etwas gut gelingt, dann bin ich schon mal stolz auf mich. Ich hätte gute Lust, wenn ich meine Gesellenprüfung bestanden habe, später auch noch die Meisterprüfung zu machen. Der geborene Maler bin ich nicht, aber ich sehe, dass ich Fortschritte mache, und schließlich will ich mir meine Brötchen selber verdienen.

Mit Olli bin ich zusammen in der Firma und manchmal sogar auf derselben Baustelle. Er macht mir echt Kummer, denn er will jetzt schon das tolle Leben und alles selbst bestimmen, frei sein usw. Frei sein kannst du doch nur, wenn du unabhängig bist von anderen, und dazu brauchst du erst Geld, um dir ein eigenes Leben zu finanzieren. Ich träume auch von einem schicken Auto, einer tollen Wohnung und einem schönen Urlaub …, aber ich kann gut abwarten und mich freuen, wenn ich mir das alles erarbeitet habe. Immer diese miese Laune von Olli, weil er machen muss, was andere ihm sagen, und sich an bestimmte Regeln halten muss. Das muss man aber nicht nur bei der Arbeit, sondern auch sonst."

(Moni, 18 Jahre)

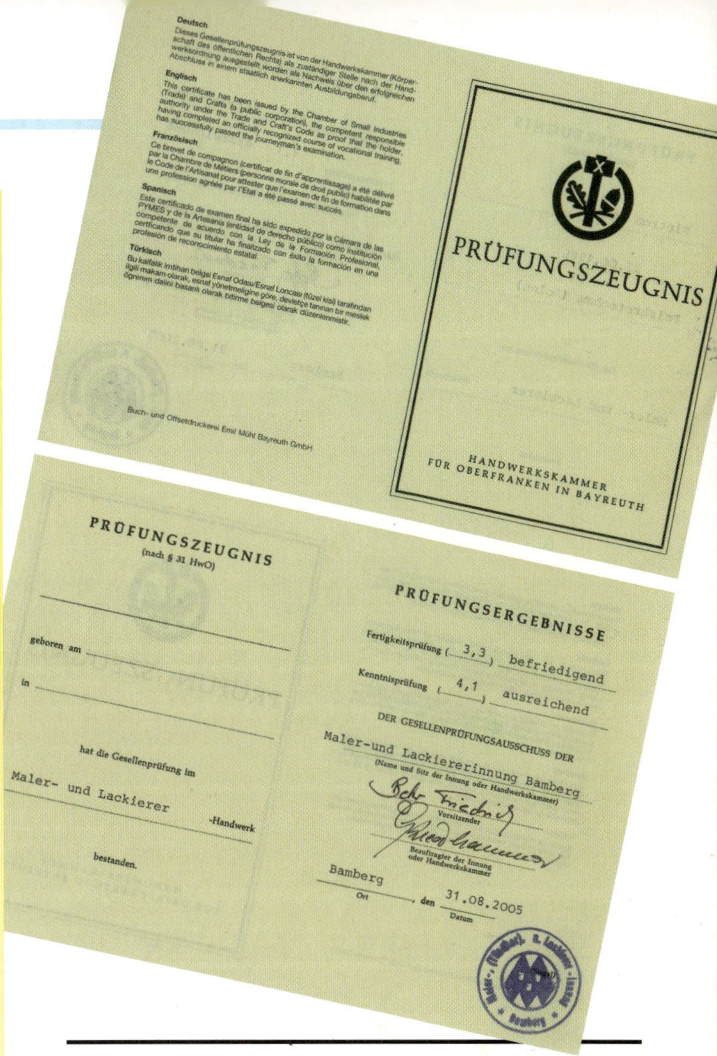

✻ Olli und Moni machen zwar die gleiche Ausbildung mit ähnlichen Anforderungen, aber ihre Einstellungen zu ihrer Tätigkeit unterscheiden sich. Versuchen Sie die unterschiedlichen Einstellungen zu beschreiben.

✻ Führen Sie in der Schule unter den Auszubildenden, den Lehrern, dem sonstigen Personal eine Befragung durch. Erfragen Sie,
- **ob jemand seinen Traumjob hat;**
- **warum gerade dieser Beruf ergriffen wurde bzw. diese Arbeit verrichtet wird;**
- **ob diese Arbeit/dieser Beruf bis zum Rentenalter beibehalten wird.**

Tipps für eine Befragung erhalten Sie auf Seite 260.

✻ Welchen Wunsch würden Sie sich gerne einmal erfüllen?

MENSCHENRECHTE — WIRKLICHKEIT

Resolution 217 A (III) der UN-Generalversammlung vom 10. Dezember 1948

Allgemeine Erklärung der Menschenrechte

Artikel 2

1. Jeder hat das Recht auf Arbeit, auf freie Berufswahl, auf gerechte und befriedigende Arbeitsbedingungen sowie auf Schutz vor Arbeitslosigkeit.
2. Jeder, ohne Unterschied, hat das Recht auf gleichen Lohn für gleiche Arbeit.
3. Jeder, der arbeitet, hat das Recht auf gerechte und befriedigende Entlohnung, die ihm und seiner Familie eine der menschlichen Würde entsprechende Existenz sichert, gegebenenfalls ergänzt durch andere soziale Schutzmaßnahmen.
4. Jeder hat das Recht, zum Schutze seiner Interessen Gewerkschaften zu bilden und solchen beizutreten.

(United Nations Human Rights/www.ohchr.org/)

Arbeitsplatzverluste

Krise bei Werften

Der Tiefpunkt ist erreicht

Wann ist die Krise endlich vorbei?

Umsatzeinbruch in der Metallbranche

Hoher Quartalsverlust

- Vereinbaren Sie einen Termin im Berufsinformationszentrum BIZ, bei einem Berufsberater der Agentur für Arbeit oder bei einem Kundenbetreuer im Jobcenter. Tipps und Hinweise auf Seite 260.

BiZ Berufs Informations Zentrum

- Verschaffen Sie sich einen Überblick über das regionale Ausbildungsstellen- bzw. Arbeitsplatzangebot.
- Überlegen Sie, wie Sie die Ergebnisse auch anderen zugänglich machen wollen. Tipps für die Präsentation finden Sie auf Seite 261 und 255.

WENN ARBEIT ——— FEHLT ...

Jonas und Micha treffen sich in der Fußgängerzone.

Micha: *Hallo Jonas, schon lange nicht mehr gesehen! Und, wie geht's?*
Jonas: *Grüß Dich, Micha! Wie soll's schon gehen? Es könnte besser sein. Ich bin schon wieder auf dem Weg zum Arbeitsamt.*
M: *Arbeitest du nicht mehr bei Riepl-Bau?*
J: *Nee, schon seit einem Jahr nicht mehr. Entlassen wegen Auftragsmangel.*
M: *Und was machst du jetzt?*
J: *Zuerst habe ich mich bei anderen Firmen beworben, aber alles tote Hose. Für vier Wochen hatte ich einen Job bei Kroppfelder, der die Reihenhäuser draußen in Medersdorf auf Termin fertig kriegen musste.*
M: *Und weiter nichts?*
J: *Bei Kroppfelder habe ich einen Maurer kennengelernt, der feierabends und samstags 'ne Menge zu tun hat und mich gefragt hat, ob ich mir nicht noch etwas extra leisten wolle. Seither bin ich von Freitagnachmittag bis Samstagabend unterwegs und mache mit ihm Innenumbau und Garagenrohbauten. Wenn er mit seiner Arbeit unter der Woche aufhört, kann es sein, dass auch nach Feierabend noch schwarz was ansteht.*
M: *Ich würde mich das nicht trauen. Mich arbeitslos zu melden und gleichzeitig unter der Hand schuften, was das Zeug hält.*
J: *Was heißt schon trauen? Wir sind vorsichtig – außerdem, mit dem bisschen Stempelgeld vom Arbeitsamt komme ich nicht über die Runden.*
M: *Geld ist Geld und Schnaps ist Schnaps! Ich weiß Bescheid. Aber überleg doch mal: Wenn jeder das so macht wie ihr, dann kann's doch auch mit neuen Jobs auf dem Bau nicht klappen, weil die Arbeit von irgendjemandem gemacht wird, der das Sozialversicherungs- und Steuersystem unterhöhlt.*
J: *Jetzt komm mir bloß nicht auf die moralische Tour! Wer kann sich denn heute noch eine Maurerstunde über eine Firma leisten. Jetzt sei doch mal ehrlich!*
M: *Du bekommst Arbeitslosengeld aus dem System, in das momentan die anderen für dich einbezahlen …*
J: *Ach, hör doch auf! Das machen doch alle so!*
M: *Aber ich nicht!*

✻ Erörtern Sie in einer Pro-und-Kontra-Diskussion die Einstellungen und die daraus entstehenden Folgen zum Thema „Schwarzarbeit". Tipps zur Pro-und-Kontra-Diskussion erhalten Sie auf Seite 258.

JEDER WOLLTE ETWAS — VON MIR

Margareta Marek, genannt „Pizza“, berichtet von ihrer Lebenssituation:

*„**Mit zwölf** kam ich mit meinen Eltern und meinen beiden Brüdern von Kasachstan nach Deutschland. Wir hatten in Kasachstan schon immer Deutsch gesprochen und ich hatte auch den Deutschunterricht besucht, aber ich hatte mir alles ganz anders vorgestellt. Meine Zeugnisse fielen immer besser aus, weil ich mich besonders anstrengen wollte, um mir auch einmal all die schönen Dinge leisten zu können, die es hier in Deutschland gab. Dass es hier auf Leistungen und ‚Arbeitstugenden' ankam, hatte ich schnell kapiert. Ich passte mich an und wurde mit guten Noten belohnt und einer wohlmeinenden Zeugnisbemerkung aus der Hauptschule entlassen. Trotz der schlechten Wirtschaftslage fand ich relativ schnell eine Ausbildungsstelle als Verkäuferin.*

In meiner Firma hatte ich anfangs keinerlei Schwierigkeiten, bis die Abteilungsleiterin aus dem Urlaub zurückkam. Es war schrecklich! Ständig schaffte sie mir Sachen an, die nicht zu meiner Ausbildung gehörten, wie Botengänge für irgendwelche Angestellten in der Abteilung. Das, was die Arbeit einer Verkäuferin ausmacht, brachte sie mir nicht bei, denn ständig hatte ich das Gefühl, dass sie mich nicht mag und mich deshalb schikanierte. Runter ins Lager und Spinnweben fegen, dazu hatte ich keinen Ausbildungsvertrag. Als ich mich beschwerte, wurde es noch schlimmer. Ich war oft abends so deprimiert, dass ich mich nur noch ins Bett legte und heulte.

Manchmal habe ich gedacht, wenn ich jetzt vor Kummer sterben würde, müsste die Alte wenigstens auf meine Beerdigung. Vielleicht hätte sie dann geheult und ich hätte gewusst, dass sie gar nicht so eine schlechte Person ist. Mir ging es körperlich dann auch schlecht, sodass ich mehrmals auf der Arbeit fehlte. Gekündigt habe ich dann aber selbst, weil ich es nicht mehr ausgehalten habe.“

5 WENN …

… JETZT WILL ICH ——— NICHT MEHR

***„Das war vor zwei Jahren.** Inzwischen hatte ich schon eine Lehrstelle als Friseurin, aber da ging's genauso ab wie bei der Verkaufslehre. Ständig war ich nur zum Haarekehren und Waschbeckenputzen dran. Da habe ich gejobbt, denn meine Eltern wollten mir keine weitere Gelegenheit geben, mich mit einer Ausbildung zu beweisen. All meine Vorstellungen vom schönen Leben in Deutschland, wenn man nur fleißig ist, sind im …! Heute lebe ich auf der Straße und bei anderen Punkies. Das ist meine Familie! Du freust dich auf die Party und schnorrst deshalb die Leute am U-Bahn-Ausgang an. Es macht mir nichts mehr aus zu sagen: ‚Haste mal Geld für mich?' Ich brauche keinen mehr, der mir sagt, wo's langgeht. Nur Cola, mein Schäferhund, der muss regelmäßig was zum Fressen kriegen, sonst hat er so traurige Augen! Ich kann jetzt alles genießen: das Liegen in der sonnigen Fußgängerzone, das Bier mit den Kumpels und meine Freiheit. Das ist mein Weg!"*

Ich weiß nicht,

wohin der Weg führt. Aber ich will darauf vertrauen, dass er ein Ziel hat. Ich will darauf vertrauen, dass es sich lohnt weiterzugehen. Ich will mich überraschen lassen von dem, was der weitere Weg mir an Möglichkeiten schenkt. Und ich will nicht warten auf die Dinge, die es vielleicht nur an einem ganz anderen Weg gibt. Ich will mich freuen über das, was sich mir schon heute in den Weg stellt: Blumen am Wegrand, Zäune, Hindernisse, Menschen, die mir begegnen oder mich begleiten. Ich will mich freuen, solange ich weitergehen kann und sehen kann und hören und riechen. Und dann eines Tages weiß ich hoffentlich, dass es der richtige Weg war, mein Weg.

Text von einer Schulentlassungsfeier

Die Verwandlung von Margareta zu Pizza scheint überraschend.

- **Versuchen Sie, Gründe für diese Verwandlung zu finden.**
- **Erstellen Sie einen stichpunktartigen Lebenslauf für Pizza.**
- **Führen Sie den Lebenslauf fort (bei mehreren Möglichkeiten eventuell in Gruppenarbeit).**

WENN NICHTS MEHR ——— GEHT

Hartz-Infarkt

Die drei Angestellten der Posteingangstelle, Zimmer 13, haben einander, obwohl sie am selben Schreibtisch sitzen, schon lange nicht mehr gesehen. Aktenstapel verstellen den Blick. Gerade kommen wieder acht Kisten im Rollwagen herein. Jeden Tag rund 2.000 Schriftstücke, Briefe, Faxe, Bescheinigungen, Atteste. Meist legen die drei Angestellten die Schreiben zwischen grüne Aktendeckel. Grün bedeutet „Hartz IV". Die Pappen umschließen akute Notfälle, Eilanträge, Schicksale von Menschen, die sich im Paragrafenwirrwarr eines Gesetzes verlaufen haben, das auch einige Jahre nach seiner Einführung mehr Fragen aufwirft als Antworten gibt. Hilfeschreie an eine höhere, neutrale Instanz. (...)

Und irgendwie stranden sie auf dem Schreibtisch von Michael Kranert, Richter am größten deutschen Sozialgericht, das zu ertrinken droht in der Flut von Hartz-IV-Klagen. Zwei Drittel aller neuen Verfahren haben mit dem „Vierten Gesetz zur modernen Dienstleistung am Arbeitsmarkt" zu tun – jeden Monat im Schnitt 1.800. (...)

Die Grundidee war nicht schlecht: Alles sollte einfacher werden. Arbeitslosen- und Sozialhilfe gebündelt. Kein Streit mehr um Waschmaschine oder neue Schuhe, stattdessen 351 Euro für jeden zuzüglich Miete und Heizung. Schneller, effizienter, übersichtlicher. Alles aus einer Hand. Leider können sich Bund und Kommunen nicht darüber verständigen, aus wessen Hand. (...) Es gibt eine Vielzahl nahezu undurchschaubarer Regelungen. Ein Horror für alle Beteiligten: für den Hartz-IV-Empfänger, der sein Einzelschicksal nicht mehr gewürdigt sieht. Für die Mitarbeiter im Jobcenter, die mit einem fehlerhaften Computerprogramm arbeiten und, da sie das Gesetz gelegentlich selbst nicht verstehen, ihren Kunden empfehlen, „einfach zu klagen". Immer mehr Bescheide, Widersprüche, Abweisungen. Am Ende der Kette stehen Michael Kranert und seine Kollegen – als eine Art Supersachbearbeiter.

Schulschulden. Eine Fachhochschülerin hofft auf Geld für ihren Abschluss, seit einem halben Jahr vergeblich. Sie lebt von dem, was Freunde ihr leihen. Nun stellt sie einen Eilantrag wie ein Viertel der Antragsteller.

Abgearbeitet und abgelehnt. Ein Hartz-IV-Empfänger streitet um Umbaukosten. Er habe ein neues Bad gebraucht, weil er sich in seinen 38 Jahren auf dem Bau den Rücken ruiniert hat. Das Gericht weist die Klage ab.

Mit schwarzer Robe und Gesetzbuch. Michael Kranert ist seit 13 Jahren Richter und bemüht sich trotz Überlastung um Neutralität.

✱ Informieren Sie sich über die wichtigsten Hartz-IV-Regelungen und bewerten Sie diese aus Ihrer eigenen, aktuellen Lebenssituation heraus.

Ein Job genügt nicht

Gabriele Heewig beschreibt ihre aktuelle Lebenssituation:

„Armut ist keine Schande“ sagte meine Großmutter. Kriege, Wirtschaftskrisen und Missernten führten dazu, dass viele Menschen hungerten, krank oder obdachlos wurden. Doch Armut ist nicht nur eine Erscheinung vergangener Zeiten. Armut betrifft mich heute - und das mitten in Deutschland. Ich bin jetzt 39 Jahre alt und muss mir eingestehen, dass ich und meine drei Kinder von Armut betroffen sind.

Tja, wann ist man arm? Natürlich sind wir nicht so arm, wie man das aus Entwicklungsländern vor Augen hat, denn wir können mehr als den einen US-Dollar täglich ausgeben, den die Weltgesundheitsorganisation (WHO) als Marke für die absolute Armut angibt. In einem Industrieland wie Deutschland heißt das für meine Kinder Kevin (17), Linda (13), Erik (7) und mich „relative Armut“. Die „relative Armutsgrenze“ bezieht sich auf statistische Zahlenwerte wie das durchschnittliche Einkommen. Die WHO bezeichnet denjenigen als arm, der monatlich weniger als die Hälfte des Durchschnittseinkommens seines Landes zur Verfügung hat. Diese schönen Definitionen nützen uns im Moment nichts. Ich muss den Kinder so vieles abschlagen, was für die meisten in ihren Klassen eine Selbstverständlichkeit ist. Es geht dabei überhaupt nicht um Markenklamotten oder Handyverträge, sondern um die Kosten für die Kinokarte, wenn der Deutschkurs von Kevin gemeinsam in eine Literaturverfilmung geht oder eines von meinen drei Kindern neue Winterschuhe braucht. Das bringt meine gesamte Finanzplanung durcheinander.

Meine Arbeit als Krankenschwester hatte ich nach Lindas Geburt aufgegeben, und alleinerziehend und mit drei Kindern ist eine Vollzeitstelle nicht drin.

Ein Job genügt einfach heute nicht mehr zum Unterhalt einer Familie. Ich habe eine Ein-Drittel-Stelle bei einem Pflegedienst. Mit einer Putzstelle in einer benachbarten Schule und als Aushilfe an der Rezeption einer internistischen Praxis kommen wir gerade so über die Runden. Unser altes Auto hat vor zwei Jahren den Geist aufgegeben, jetzt machen wir alles mit dem Fahrrad. Besonders bei den Einkäufen für einen Vier-Personen-Haushalt vermisse ich das Auto sehr. Hoffentlich hält unser altersschwacher Kühlschrank noch ein bisschen durch, denn sonst muss ich mein Konto überziehen. Außerdem müssten wir dann für eine längere Zeit an anderer Stelle sparen. Aber wo können wir uns den überhaupt noch einschränken?

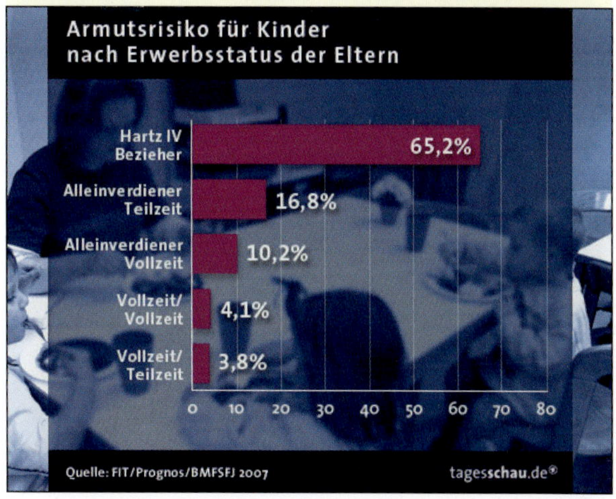

2,4 Millionen Kinder, also jedes sechste Kind ist armutsgefährdet. (UNICEF, Bericht zur Lage der Kinder in Deutschland 2007)

2007 lebten mehr als 1,7 Millionen Kinder auf dem Niveau der Sozialhilfe. Weitere 200.000 Kinder hätten theoretisch Anspruch auf Hartz IV, nehmen aber keine Leistungen in Anspruch. (Paritätischer Wohlfahrtsverband)

Rund sechs Millionen Kinder lebten 2007 in Haushalten mit einem Jahreseinkommen von bis zu 15.300 Euro. (UNICEF)

Unter 800.000 Bedürftigen, die von uns 2007 regelmäßig kostenlos Essen und Lebensmitteltüten erhielten, waren ein Viertel Kinder. (Wohltätigkeitsorganisation „Die Tafel“)

WENN MAN WÜSSTE ... ——————— WAS AUF EINEN ZUKOMMT

Stefan, 24 Jahre, berichtet:

*„**Ich glaubte, das Glück** gepachtet zu haben! Es lief alles wunderbar. Erst hatte ich mit 18 Jahren einen Superabschluss als Kfz-Mechatroniker, wurde von meiner Firma übernommen und meine Fähigkeiten und mein Wissen wurden geschätzt. Privat ging es mir auch sehr gut. Mit Evi bin ich jetzt fast fünf Jahre zusammen. Wir haben viele gemeinsame, vor allem sportliche Interessen. Evi und ich haben uns im Basketballverein kennengelernt. Irgendwann so vor drei Jahren sind wir dann zusammengezogen, weil wir uns einiges gespart hatten und wir uns die Einrichtung leisten konnten. Auch ans Heiraten haben wir gedacht. Wir waren schon am Planen – und dann kam der Unfall dazwischen. Wenn ich fünf Minuten später aus dem Haus gegangen wäre, könnte ich mich auch heute noch auf zwei Beinen fortbewegen.*

Am Fußgängerüberweg hat der eine Pkw gehalten und wollte mich über den Zebrastreifen lassen, und ein anderer Pkw kam von hinten zu schnell, wollte nicht auffahren und überrollte mich auf der zweiten Spur. Ich hatte keine Chance. Der Unfallverursacher beging Fahrerflucht, er konnte auch durch Zeugenaussagen nicht ermittelt werden.

Heute sitze ich meist im Rollstuhl, weil beide Beine gelähmt sind. Meinen Beruf als Kfz-Mechatroniker konnte ich vergessen. Nach fast einem Jahr im Krankenhaus und Reha-Aufenthalten bin ich ein Schwerbehinderter zu 100 Prozent. Aufzugeben wäre das Letzte. Evi ist bei mir geblieben. Nicht aus Mitleid. Sie hat mir viel Mut gemacht und die Agentur für Arbeit hat mir eine Umschulung angeboten. Schon während der Reha habe ich mit dem ‚Versehrtensport' begonnen und spiele jetzt bei uns in der Stadt bei einer Rollstuhlsportgruppe Handball – und das nicht schlecht! Viele sagen: Der arme Kerl hat sein Leben schon hinter sich!, aber ich sage dann: ‚Ich habe mindestens zwei Drittel noch vor mir!'“

***Z**weifle nie an deinen Fähigkeiten!*

***U**m Erfolg zu haben, muss man erst wissen, was man will!*

***K**ämpfe für deine Auffassung vom Leben!*

***U**m weiterzukommen, darf man auch andere um Hilfe bitten!*

***N**ichts kann dich aufhalten, wenn du Optimist bist!*

***F**inde dein(e) Ziel(e) selbst!*

***T**räume vom besseren Morgen, aber arbeite heute schon daran!*

(Aus einem Seminar für arbeitslose Jugendliche)

5 WENN ...

* Entwerfen Sie ein „Spiel des Lebens“. Überlegen Sie,
- welche Ereignisse – gut oder schlecht – die Mitspieler aus der Bahn werfen können,
- wie viele Chancen jemand bekommt, um das „Lebensziel“ zu erreichen,
- wie Sie die nebenstehenden Anweisungen aus dem Seminar für arbeitslose Jugendliche einbauen können.

Tipps zum Entwerfen von Spielen finden Sie auf Seite 252.

6 FREI-ZEIT-GESTALTUNG

MIT ANDEREN
ZUSAMMEN SEIN

FREIZEIT AUF RÄDERN

DIE MEDIEN NUTZEN

ARBEIT –
MEHR ALS NUR EIN JOB?

UND AM 7. TAG
SOLLST DU RUHEN

7 TAGE RUHEN?

WIRTSCHAFT UND ETHIK –
EINE SINNVOLLE KOMBINATION?

Du gehst jetzt stempeln? Hast du's gut. So viel freie Zeit möchte ich auch haben!

6 FREI-ZEIT-GESTALTUNG

MIT ANDEREN —— ZUSAMMEN SEIN

Freundschaft bezeichnet eine positive Beziehung und Empfindung zwischen zwei oder mehreren Menschen, die sich als Sympathie und Vertrauen zwischen ihnen zeigt. In einer Freundschaft schätzen und mögen die Menschen einander um ihrer selbst willen: Sie basiert auf Zuneigung, Vertrauen und Wertschätzung.

Freundschaften werden von familiären Beziehung und Partnerschaften abgegrenzt, da sie zwar auch dauerhaft und emotional sind, aber frei gewählt sind bzw. keine sexuelle Ausprägung zeigen.

Freunde

Einmal werde ich unter den vielen
einen Freund finden, der bei mir bleibt,
der auf mich wartet, wenn ich fortgehe,
der noch da ist, wenn ich zurückkomme.
Er hat Zeit für mich, wenn ich ihn brauche,
er hört zu, unabgelenkt,
er ist mir zugewandt in Distanz und Liebe.
Er hat Vertrauen zu mir, er erwartet Gutes
und lässt sich nicht beirren durch mein Versagen.
Er gibt mir Spielraum und Freiheit
zu sein, der ich bin,
er knüpft seine Freundschaft nicht an
Bedingungen.
Er ist wahrhaftig und täuscht mich nicht,
er sagt mir meine Fehler und Schwächen
zur richtigen Zeit, behutsam und hilfreich.
Er wird mir verzeihen.
Er hat Sorge und Angst um mich,
wenn ich verzweifelt bin
und nicht den richtigen Weg gehe.
Er behält die Hoffnung,
auch wenn ich sie aufgebe.
Wenn ein anderer solch einen Freund sucht,
will ich für ihn dieser Freund sein.

Ingeborg Kiefel

*** Einzelarbeit: Lesen Sie die beiden Texte und beschreiben Sie anschließend, was Freundschaft für Sie bedeutet.**

*** Nehmen Sie die Karikatur als Ausgangspunkt und spielen Sie die Szene weiter. Tipps zum Rollenspiel finden Sie auf Seite 262.**

FREIZEIT — AUF RÄDERN

In dieser nachgestellten Situation ist es nur ein Dummy, der aus dem Autowrack geborgen wird.

Tödlicher Unfall nach Disko-Besuch

Halle/Burgried ***Drei Jugendliche verunglückt nach Disko-Besuch, einer erlag den Verletzungen***

Auf der Heimfahrt von einer Diskothek in Kandelbach ist am Sonntagmorgen gegen 4:15 Uhr auf der Landstraße nach Burgried ein 20-Jähriger tödlich verunglückt. Er saß als Beifahrer in einem schwarzen Golf, der wegen überhöhter Geschwindigkeit auf regennasser Fahrbahn ins Schleudern geriet und mit der rechten Fahrzeugseite gegen einen Brückenpfeiler prallte. Zwei nicht angeschnallte Insassen wurden aus dem Fahrzeug geschleudert.

Ein 17-jähriges Mädchen, das auf dem Rücksitz saß, musste von der Feuerwehr mit der Rettungsschere aus dem Fahrzeug befreit werden. Sie wurde mit schweren Verletzungen ins Krankenhaus eingeliefert. Während der Fahrer, ein 19-jähriger Mechatroniker, mit Knochenbrüchen davonkam, erlag der Beifahrer noch an der Unfallstelle seinen schweren Kopfverletzungen. Ob Alkohol oder Drogen im Spiel waren, wird noch geprüft. Die Polizei sucht Unfallzeugen.

- **Die Polizei versucht, durch gezielte Informationsveranstaltungen Diskounfällen vorzubeugen. Was halten Sie davon?**
- **Schockieren Sie solche Bilder wie links abgebildet?**
- **Viele Partys und Veranstaltungen dauern oft das ganze Wochenende, sodass die Teilnehmer am Montag teils immer noch beeinträchtigt sind. Was halten Sie von dieser Einstellung?**

DIE MEDIEN NUTZEN

*„**Am Nachmittag, wenn ich** von der Berufsschule oder Arbeit nach Hause komme, brauche ich erst einmal Entspannung. Ich setze mich dann an meinen Computer und spiele erst mal einige Stunden „Counter-Strike“. Dabei kann ich alles um mich herum total vergessen und in eine absolut krasse Welt eintauchen und all meine Aggressionen loswerden. Oft ist es so spannend, dass ich keine Zeit und Lust habe, zum Abend zu essen oder noch Freunde zu treffen. Ich höre das Schießen und fühle mich wie der Größte, wenn ich Feinde eliminieren kann und so viel in meiner Macht liegt. Hinterher bin ich geschafft, so als ob ich selbst alle Abenteuer bestanden hätte.“*

Counter-Strike schuld am Amoklauf in Erfurt?

Der Amoklauf des 19-jährigen Robert S. in einem Gymnasium in Erfurt bietet Anlass für Politiker, über ein Verbot von diesen Spielen zu diskutieren.

Laut der FAZ sei der Amokläufer ein begeisterter CS-Spieler gewesen. Laut FAZ geht es in um folgendes Spielprinzip: „Es geht um die Besetzung von Gebäuden, die Sprengung von Fahrzeugen, um die Befreiung von Geiseln – oder deren Gefangennahme. Das Waffenarsenal ist gewaltig. Man soll vom Polizisten über Passanten und Schulkinder jeden erschießen, ehe man selber erschossen wird …“

Wie auch in diesem Spiel habe sich Robert S. mit einer Primär- und Sekundärwaffe ausgestattet und seine Maskenverkleidung sei ebenfalls dem Spiel entnommen. „Die Empfehlung von diversen Internetseiten, man solle, wenn man in dem Spiel VIPs erschieße, an Leute denken, die man nicht mag, hat der Täter ebenfalls wörtlich genommen“ so die Zeitung weiter.

Wie viele Stunden sitzen Sie jeden Tag am Computer?

✻ Wie stehen Sie zu der Annahme, dass die Medien bzw. Computerspiele das Verhalten von jungen Menschen derartig beeinflussen können?

Luna

*„Ich schreibe seit fast drei Jahren in diesem Chatroom. Habe diesen Chat mit Höhen und Tiefen erlebt! Wollte fort und bin doch immer noch hier *lächel*. Wer einmal in diesem Chat ist, kommt so schnell nicht wieder davon los! Kein anderer Chat wird ihn wohl jemals übertreffen! Verbringe viele Stunden hier mit dem Gestalten meiner Räume und dem Herstellen von ‚Acts'! Aber ich unterhalte mich auch sehr gerne *smile*. Im Chat kann ich so richtig abschalten und den Alltagsstress vergessen."*

Mino

„Mir gefällt, wie man hier im Chatroom seine virtuelle Welt selbst völlig frei gestalten kann. Man kann Räume dazu nehmen, wenn man mehr Platz braucht, und auch wieder löschen, wenn man nicht mehr so viele braucht. Wenn einem gerade mal ein neues Thema einfällt, baut man eben einen Raum oder seine ganze virtuelle Welt entsprechend um. Außerdem sind die User hier irgendwie netter als in anderen Chats :-)."

MUSIKINDUSTRIE

Mehr illegale Downloads

In Deutschland ist die Zahl der illegalen Musik-Downloads erstmals seit Jahren angestiegen. Nach einer Studie des Bundesverbands der Musikindustrie hervorgeht, wurden 2008 316 Millionen Titel unrechtmäßig heruntergeladen. „Viele Staatsanwaltschaften haben eine Bagatellgrenze eingeführt und ein völlig falsches Zeichen gesetzt. Wer eine CD im Laden klaut, wird bestraft, wer 100 Musikalben herunterlädt, kommt ungeschoren davon", sagt Dieter Gorny, Vorsitzender des Verbands. Nur sehr langsam steigt die Zahl der im Netz verkauften Titel - nicht einmal ein Viertel der Musik-Downloads im vergangenen Jahr war legal. Was populär ist, wird wie wild raubkopiert: Lady Gaga, Beyoncé oder Lily Allen stehen ganz oben auf illegalen Plattformen. Die CD und DVD hat als Datenträger indes immer mehr ausgedient. 26 Milliarden Musikdateien landeten im letzten Jahr direkt auf Festplatten, MP3-Spielern und Handys, rund 30 Prozent mehr als noch im Jahr zuvor. „Mit der Einführung der Privatkopie in den 1960er-Jahren wird der Gesetzgeber wohl kaum gemeint haben, dass 40 Jahre später auf organisierten Partys ganze Festplatten mit Tausenden Musikdateien getauscht werden", sagt Gorny.

Gefahren im Chat und beim Dating

Auch wenn die meisten Chats und Dates harmlos verlaufen, gibt es doch Gefahren. Selbst erfahrene Chatter wurden in der Vergangenheit Opfer von Abzocke oder Gewaltverbrechen, denn die Betrüger wissen genau, wie man sich das Vertrauen erschleicht. Beispiele: auf SMS zu antworten, die extrem überteuert sind, vermeintlich vertrauenswürdigen „Chatfreunden" Geld zu leihen oder auf falsche Identitäten hereinzufallen. Sich auf ein Date mit Unbekannten ohne Vorsichtsmaßnahmen einzulassen ist ein Leichtsinn, der schwere Folgen haben kann. Infos zu allgemeinen Gefahren im Chat und beim Dating findet man z. B. hier:
www.fakeschutz.de/gefahren.htm

- **Welche Vorteile/Nachteile bzw. Gefahren kann das Chatten im Internet mit sich bringen?**
- **Wie ist Ihre Meinung zum illegalen Download von Musiktiteln?**
- **Welche Rollen spielen Filmen und Fotografieren (auch mit dem Handy) im heutigen Alltagsleben? Nennen Sie positive und negative Aspekte.**
- **Nicht alle Jugendliche gehen in Konzerte. Können Sie sich vorstellen, warum?**

ARBEIT — MEHR ALS NUR EIN JOB?

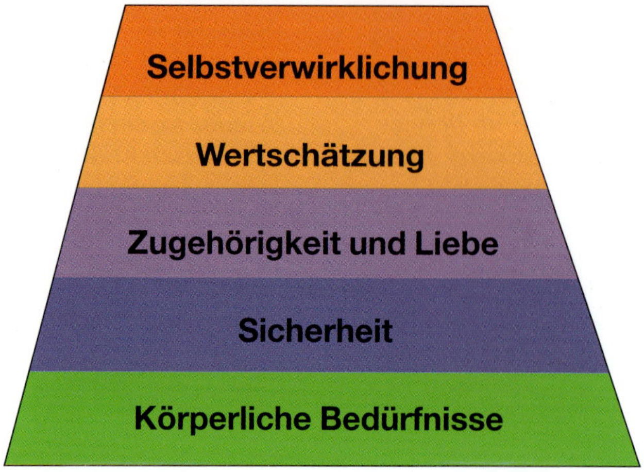

Die sogenannte Bedürfnispyramide
zeigt die Bedürfnisse des Menschen. Die Reihenfolge gibt die Wichtigkeit der einzelnen Bedürfnisgruppen wieder.
(Abraham Maslow, amerik. Psychologe)

Körperliche Bedürfnisse
Dies sind existenzielle Bedürfnisse, wie die Notwendigkeit zu atmen, zu trinken, zu essen, zu schlafen, das Bedürfnis nach einer relativ konstanten Körpertemperatur.

Sicherheitsbedürfnisse
Sicherheitsbedürfnisse haben zu tun mit Stabilität und Konstanz in einer zum Teil chaotischen Welt. Angst, Furcht, Bedrohungen sind die Auslöser von Sicherheitsbedürfnissen, der Suche nach Schutz vor Gefahren und der Vorsorge für eine unsichere Zukunft.

Zugehörens- und Liebesbedürfnisse
Menschen haben den Wunsch, einer Gruppe anzugehören: einer Familie, einer Arbeitsgemeinschaft, einem Verein, einem Club, einer Religionsgemeinschaft, einer Clique, einem Freundeskreis oder einer Gang. Man will von anderen Menschen akzeptiert, geliebt werden.

Wertschätzungsbedürfnisse
Hier gibt es zwei Arten: die Selbstachtung und die Wertschätzung durch andere. Das Bedürfnis, sein eigenes Selbstbewusstsein aufzubauen und zu stärken geht zusammen mit dem Wunsch nach Beachtung und Anerkennung durch andere.

Bedürfnis nach Selbstverwirklichung
Jeder Mensch möchte so handeln und leben können, wie es seinem inneren Drang entspricht. Ein Musiker will musizieren, ein Kunstmaler malen, ein Poet dichten. So sein, wie man ist, sich nicht verstellen, sich mit sich eins fühlen, sich einzubringen, den eigenen Frieden zu finden, glücklich sein. Darüber steht nur noch der Drang nach höherem Wissen, nach tiefem Verständnis, nach großem Können, nach dem Schönen und Guten, nach dem Vollendeten.

- **✻ Überlegen Sie, welche Folgen es hätte, wenn die einzelnen Bedürfnisse nicht erfüllt werden können.**
- **✻ Welche Ziele sind für Sie in den jeweiligen Stufen besonders wichtig?**
- **✻ Inwiefern würde sich diese Pyramide ändern, wenn Sie keine Arbeitstelle hätten?**

6 FREI-ZEIT-GESTALTUNG

Jonas (Metallbauer)
„Ich habe meinen Beruf immer geliebt, habe versucht, immer auf dem neuesten Stand zu sein, hatte viele kreative Ideen, die ich auch umgesetzt habe und für die mich viele bewundert haben. Oft habe ich auch nach der Arbeit nach innovativen Ideen gesucht, man möchte sich ja weiterbilden. Klar gab es Neider, für sie war ich nur der ‚Streber', der beim Chef punkten wollte, und das habe ich auch deutlich zu spüren bekommen, aber das hat mich nicht belastet.

Jetzt fühle ich mich nur noch müde, ausgelaugt, habe keine Kraft mehr. Nachts kann ich nicht schlafen, wache oft schweißgebadet auf und habe Alpträume."

Michaela (Erzieherin)
„Meine Arbeit ist zwar manchmal anstrengend, denn bei 20 kleinen Kindern, die die volle Aufmerksamkeit fordern, ist es oft sehr stressig. Aber im Gegenzug bekomme ich so viel durch das Kinderlachen und ihre Fortschritte zurück, dass ich die Momente, wo ich mir denke, ‚ich packe das hier nicht mehr', vergesse.

Durch eine Fortbildung habe ich neue Methoden kennengelernt, wie kleine Kinder lernen, und wenn ich sehe, wie meine neuen Erkenntnisse bei den Kindern ankommen, bin ich auch stolz auf mich.

Trotz Stress – ich fahre jeden Tag mit einem Lächeln auf den Lippen nach Hause."

- **Welche Faktoren sind im Berufsleben ausschlaggebend, dass man sich wohl fühlt?**
- **Der Beruf ist oftmals ein Wechselbad der Stimmungen:**
  Fertigen Sie ein Tagesdiagramm an, das die positiven und negativen Erlebnisse beschreibt.

6 FREI-ZEIT-GESTALTUNG

UND AM 7. TAG —— SOLLST DU RUHEN

Jeder Mensch, der arbeitet, braucht Zeit, sich zu erholen und Kraft zu tanken, um seinem Beruf gerecht werden zu können.
Die Freizeitgestaltung bietet somit für berufstätige Menschen und Schüler die Möglichkeit:

- nach anstrengender Tätigkeit Kräfte zu sammeln
- für sich selbst da zu sein
- neue Leistungsfähigkeiten im Hobby oder Sport zu entdecken
- Glückserfahrungen zu sammeln
- Zeit zu finden, um über sich und die Zukunft nachzudenken

* **Erstellen Sie eine Liste, was Sie in Ihrer Freizeit gerne machen.**
* **Nennen Sie Gründe, weshalb auch Freizeitgestaltung zu einer guten Lebensführung gehört.**

6 FREI-ZEIT-GESTALTUNG

7 TAGE — RUHEN?

Frau K.
„Als ich urplötzlich die Mitteilung erhalten habe, dass ich ab nächstem Monat ohne Job sei, war ich erst einmal geschockt. Ich habe mich immer über meine Arbeit definiert, habe meinen Lebensunterhalt damit finanziert, hatte dadurch Kontakt zu anderen Menschen und ein geregeltes Leben. Ich habe nun schon viele Bewerbungen geschrieben, diese sogar persönlich abgegeben, aber es gab immer nur Absagen. Einige Freunde sind auch plötzlich nicht mehr erreichbar oder machen sich rar. Na klar, ich kann ja jetzt auch nicht mehr einfach mal abends ausgehen, sonst kann ich meine Miete nicht mehr bezahlen.“

Herr M.
„Also, wenn ich das Gehalt anschaue, das ich in meinem gelernten Beruf bekommen würde, bin ich doch froh, dass ich von Hartz IV leben kann. Da habe ich zumindest keinen Stress und kann so lange ausschlafen, wie ich möchte und muss nicht hart arbeiten oder mich an Termine halten. Da kann ich meine Kumpels treffen und wir können den Tag gemeinsam verbringen.

Wofür sollte ich also malochen gehen, wenn doch der Staat genauso oder sogar besser für mich zahlt?

Ich wäre doch blöd, so kann ich den ganzen Tag mit Freizeit genießen!“

---

* **Wie beurteilen Sie diese beiden Meinungen?**
* **Würden Sie diese „freie Zeit“ als „Freizeit“ benennen? Gibt es zwischen diesen beiden Begriffen einen Unterschied?**

WIRTSCHAFT UND ETHIK

Wirtschaftsethik – was ist das?
In der Wirtschaftsethik geht es darum, auf welche Weise und mit welcher Konsequenz ethische Gesichtspunkte und Prinzipien in der modernen Wirtschaft zur Geltung gebracht werden können.

Die Wirtschaft darf allgemeine gesellschaftliche Problemstellungen nicht außer Acht lassen, wenn es darum geht, wie die Gestaltung der Gegenwart und der Zukunft aussehen soll.

Einige Fragen sollen die Weite und Vielfalt der Anwendungsfelder einer Wirtschaftsethik veranschaulichen:

Auf der betrieblichen Ebene
- Wie wird mit der Beteiligung der Arbeitnehmer im Betrieb und in kirchlichen Einrichtungen umgegangen?
- Wie können christliche Werte und Wirtschaftlichkeit in Einklang gebracht werden mit Interessen der betroffenen Arbeitnehmer, z.B. bei der Wochenendarbeit und Sonntagsarbeit?
- Was tun Unternehmen, um ihre Mitarbeiter für ethische Entscheidungen zu qualifizieren?

Auf der überbetrieblichen Ebene
- Welche Bedeutung haben für die Wirtschaft soziale Gesichtspunkte der Arbeitsplatzbeschaffung in der Dritten Welt?
- Wie kann den Arbeitnehmern in Deutschland das Anliegen der internationalen Solidarität vermittelt werden?

Auf der gesellschaftspolitischen Ebene
- Wie nutzen Wirtschaft und Kirche ihre Position als gesellschaftliche Gruppen, um Politik menschlicher werden zu lassen, z.B. im Blick auf Familie, Gemeinschaft, Interessenvertretung?

6 FREI-ZEIT-GESTALTUNG

EINE SINNVOLLE KOMBINATION?

„Es gibt Wirtschaft, es gibt Ethik - aber es gibt keine Wirtschaftsethik.“

(Niklas Luhmann, Soziologe und Systemtheoretiker)

„To be ethical because it is profitable, is not ethical. But to be ethical is profitable.“

(Norman E. Bowie, University of Minnesota)

„Auch im Wirtschaftsleben sind die Würde der menschlichen Person und ihre ungeschmälerte Berufung wie auch das Wohl der gesamten Gesellschaft zu achten und zu fördern, ist doch der Mensch Urheber, Mittelpunkt und Ziel aller Wirtschaft.“

(aus dem Gaudium et Spes, einem Lehrdokument des Zweiten Vatikanischen Konzils, mit Wegweisungen für das Zusammenleben der Menschen; 1965)

* **Versuchen Sie die Fragen auf der linken Seite anhand von eigenen Erfahrungen zu beantworten.**
* **Erklären Sie die Zitate und die Zeichnung.**

7 ER SIE ES SUCHT ...?

KAUFEN MACHT SO GLÜCKLICH ...

WENN ESSEN ZUR QUAL WIRD

TRINKEN BIS DER ARZT KOMMT

VERLOREN IM KREIS DER SÜCHTE

DENN MAN ZERSTÖRT SICH SELBST

VIEL RAUCH UM NICHTS?

ERST DIE MENGE MACHT DAS GIFT

TECHNO – DIE LAUTESTE DROGE DER WELT

SUCHT – PROTEST ODER FLUCHT?

Wir werben für mehr Zärtlichkeit.

SUCHT HAT VIELE URSACHEN.

7 ER SIE ES SUCHT ...?

Sein Kaufrausch brachte Nürnberger Ehepaar vor Gericht

Süchtig nach Möbeln

Rechnung über 40 000 Euro nicht bezahlt – Zwei Jahre Bewährung

Berta G. ist ärmlich gekleidet. Sie hat tiefe Augenringe und ein blasses Gesicht. Kein Wunder, denn die 46-Jährige arbeitet von früh bis spät in drei verschiedenen Jobs. Zusammen mit ihrem Mann Hugo erwirtschaftet sie so gut 5 000 Euro im Monat.

Trotzdem ist das Paar hoch verschuldet. Der Grund: Berta G. leidet unter Kaufzwang. Doch seit die Bank ihr kein Geld mehr gibt, kann sie die Rechnungen nicht mehr begleichen. Die Sucht der zweifachen Mutter ist nicht mehr finanzierbar. Und deswegen sitzen sie und ihr Mann jetzt vor dem Amtsrichter.

An einem Samstag im Juli war es wieder so weit: Berta G. (alle Namen geändert) hatte das Gefühl, unbedingt einkaufen gehen zu müssen. Allerdings nicht im Supermarkt um die Ecke. Mit ihrem Mann fuhr sie nach Würzburg, in ein großes Möbelkaufhaus. „Wir ließen uns von einem Verkäufer durch den Laden führen", sagt sie vor Gericht.

In den verschiedenen Abteilungen griff Berta G. zu: hier ein paar Lampen, dort einige Teppiche. Auf die Schnelle eine Einbauküche, ein Arbeitszimmer für die Tochter – bald waren Möbel für über 40 000 Euro geordert. Der Verkäufer listete alles fein säuberlich auf, Hugo G. unterschrieb die Bestellung. „Leider", fügt er bei Gericht leise hinzu. Denn mit den Möbellieferungen kamen auch die Zahlungsaufforderungen und denen konnten weder Berta G. noch ihr Mann, ein pensionierter Beamter, nachkommen.
„Wie hoch waren Sie damals verschuldet?", möchte Richter Bernd Held wissen. Berta G. darauf: „Ich denke mit 100 000 bis 150 000 Euro."

Das Möbelhaus schrieb mehrere Mahnungen, erstattete schließlich Anzeige und holte sich einen Teil der Ware wieder zurück: Die stand originalverpackt im Keller der Familie G. Der psychiatrische Gutachter hat dafür eine Erklärung: „Frau G. hat eine Kaufsucht. Sie muss immer wieder kaufen, doch wenn die Sachen ihr gehören, interessieren sie sie nicht mehr. Deswegen kommen sie unbenutzt in den Keller."

„Sie ist krank"

Der Sachverständige betont, dass ihre Kaufleidenschaft für Frau G. selbst sehr unangenehm sei: „Sie leidet unter der Sucht, ist depressiv und fühlt sich minderwertig. Ihr Verhalten hat Krankheitswert, sie ist vermindert schuldfähig."

Das gelte auch für Hugo G. „Er hat zwar keine Kaufsucht, aber er widersetzt sich seiner Frau nicht, weil er Angst hat, sie sonst zu verlieren." Hugo G. sei schwer an Depressionen erkrankt, so der Gutachter.

Das Schöffengericht verurteilt das Paar wegen Betrugs zu je zwei Jahren Bewährungsstrafe. Außerdem müssen die Angeklagten dem Möbelhaus ihre Schulden in Raten zurückzahlen.

- ✻ **Inwieweit provoziert die Konsumgesellschaft die Kaufsucht?**
- ✻ **In welchen Situationen erliegen Sie Ihren Versuchungen?**

KAUFEN MACHT SO ——— GLÜCKLICH ...

„Kaufsucht ist meist unauffällig, weil Kaufen gesellschaftlich akzeptiert ist.“

In Slowenien redete das Oberhaupt der katholischen Kirche allen Europäern ins Gewissen

Papst warnt vor dem Götzen Konsum

Egoismus und den Niedergang der Kultur angeprangert

„Ich bin heute so schlecht drauf. Lass uns in die Stadt gehen, einkaufen. Das baut mich wieder auf.“

Kaufen

Ich hab schon alles, ich will noch mehr
alles hält ewig, jetzt muss was Neues her

Ich könnt im Angebot ersaufen
mich um Sonderposten raufen
Hab diverse Kredite laufen, oh was geht's mir gut

Oh, ich kauf mir was
kaufen macht so viel Spaß
ich könnte ständig kaufen gehn
kaufen ist wunderschön
ich könnte ständig kaufen gehn
kaufen ist wunderschön
ich kauf, ich kauf, was, ist egal

Hat das Fräulein dann bei mir abkassiert
was jetzt meins ist, schon nicht mehr interessiert

Bin ich erst im Kaufrausch
frag ich gleich nach Umtausch
weil ich an sich nichts brauch, kaufen tut gut

Oh, ich kauf mir was ...

Vor lauter Augenweiden
kann ich mich nicht entscheiden
was muss ich Qualen leiden, oh, was soll ich tun

Oh, ich kauf mir was ...

Herbert Grönemeyer

WENN ESSEN – ZUR QUAL WIRD

***Clara hat Angst.** Sie hat Angst zuzunehmen, wenn sie weiterhin so viel isst.*
Auf keinen Fall möchte sie dick werden. Aber gegen ihre Heißhungerattacken kann sie nichts machen. Ihr Körper und ihre Seele verlangen nach einer Auszeit, in der sie Mengen an Kalorien verschlingt, heimlich und in kurzer Zeit.

Dann fühlt Clara sich schrecklich.

Sie hasst sich, denkt: „Warum bin ich nur so schwach?"

Nach dem Fressanfall ist es immer das Gleiche. Clara steckt sich den Finger in den Hals, will nur noch dass „all das Zeug wieder rauskommt". Sie weiß, dass Essen und wieder Erbrechen keine Lösung ist, aber sie kommt aus dem Teufelskreis nicht allein raus:

Clara ist ernsthaft essgestört – sie hat Bulimie.

- **Von Magersucht oder der Bulimie sind wie früher nicht mehr nur Frauen betroffen. Worin sehen Sie die Ursachen?**
- **Was könnte man tun, um diesen Krankheiten vorzubeugen?**
- **Schaubild Seite 95: Worauf führen Sie die unterschiedlichen Gewichtsprobleme in den Altersgruppen bei Männern und Frauen zurück?**

- **Wenn Sie noch mehr über eine bestimmte Sucht erfahren möchten, so führen Sie doch eine Erkundung zu einer Selbsthilfegruppe durch. Hinweise zur Durchführung einer Erkundung finden Sie auf Seite 253.**

WENN ESSEN — ZUR QUAL WIRD

Das Körpergewicht der Deutschen

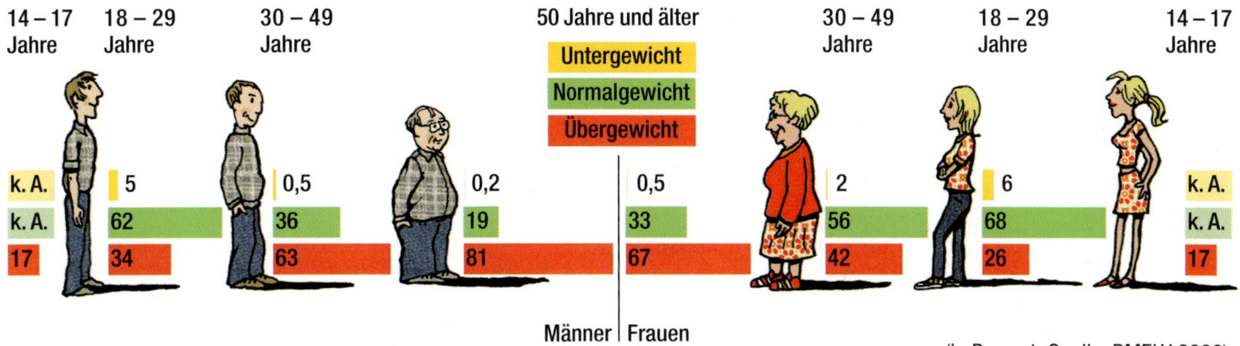

(in Prozent; Quelle: BMELV 2009)

„Die Waage beherrschte mein Leben“

Eine ehemals Magersüchtige berichtet

Als ich in die Pubertät kam, hatte ich eigentlich keine Probleme mit Übergewicht. Aber ich hatte Schwierigkeiten in der Schule und nach einem Umzug meiner Eltern in eine andere Stadt auch Schwierigkeiten, neue Freunde zu finden.

So begann ich, viel Sport zu treiben, um meinen Frust abzubauen. Das war wie ein Ventil für mich. Mit der Zeit machte ich die Erfahrung, dass ich, wenn ich wenig esse, sehr leistungsfähig bin.

Das war ein richtiges „High-Gefühl“ und zudem habe ich noch abgenommen. Ich hatte zwar Hunger, aber ich konnte ihn kontrollieren und ihn überwinden. Zu allem kam noch die Bewunderung von anderen, dass ich so schlank sei. Ich fühlte mich toll und anerkannt. Da war ich eigentlich schon mitten drin in der Magersucht, ohne dass ich das richtig wahrgenommen hatte.

Ich stellte mich jeden Tag, oft mehrmals, auf die Waage und machte mir gewisse Vorgaben. „Bis 40 kg musst du es schaffen, dann hörst du auf“, sagte ich mir, und wenn ich dann 40 kg wog, versuchte ich, ob ich es doch noch auf 39,5 kg schaffen könnte. Mir war nichts anderes mehr als mein Gewicht wichtig. Die Waage beherrschte mein Leben. Die Ermahnungen meiner Eltern „iss doch mehr“ verhallten ungehört. Ich wurde immer dünner und nach einiger Zeit blieb auch meine Periode aus.

Als ich mit einer Verletzung bei einem Arzt war, kippte ich um und wurde ins Krankenhaus eingeliefert. Ich musste eine Therapie machen, aber um dieser so schnell wie möglich zu entgehen, habe ich einfach wieder angefangen zu essen. Meine Probleme hatte ich damit nicht aufgearbeitet und mit 22 hatte ich wieder Magersucht. Ich merkte selbst, dass ich so nicht weiterleben konnte und entschloss mich, weil ich es selbst wollte, zu einer Therapie. Mithilfe dieser Therapie habe ich die Magersucht überwunden.

Inzwischen habe ich gelernt, mich so anzunehmen, wie ich bin, auch wenn ich nicht Konfektionsgröße 38 trage. Ich stehe auf dem Standpunkt, dass ein Gewicht, bei dem ich mich wohl fühle, ohne übergewichtig zu sein, und nicht jede Kalorie zählen muss, sehr viel besser für mich ist, als ein von der Gesellschaft vorgeschriebenes Idealgewicht. Denn ein Mensch ist mehr als nur ein der gesellschaftlichen Norm angepasster Körper.

TRINKEN – BIS DER ARZT KOMMT

1. Wann trinken Sie alkoholische Getränke?
2. Warum trinken Sie Alkohol?
3. Was ist Ihr Lieblingsgetränk? Weshalb bevorzugen Sie dieses Getränk?
4. Haben Sie Trinkrituale? Wenn ja, welche?
5. Belohnen Sie sich manchmal mit einem Glas? In welchen Situationen?
6. Trinken Sie immer das, was Sie trinken möchten?
7. Inwieweit verändert das Trinken Ihr Verhalten und Erleben?

*„**Jeden Freitag war Treffpunkt** in unserer Stammkneipe, um das Wochenende zu feiern. Da haben wir erst einmal ein paar Bier gekippt, bevor wir unseren Kneipenbummel richtig angefangen haben. Mit der Zeit haben wir unseren Bierkonsum ganz schön gesteigert, wir waren stolz darauf, immer mehr vertragen zu können, ohne betrunken zu sein. Wir hatten immer eine tolle Stimmung und viel Spaß miteinander.“*
(Tobias, 15 Jahre)

*„**Als der Stress dann** auf der Arbeit immer mehr geworden ist, habe ich mir nach dem Heimkommen immer erst einmal einen Kognak eingeschenkt, um mich entspannen zu können. Erst durch die wohlige Wärme des Alkohols konnte ich abschalten. Im Laufe des Abends habe ich natürlich noch ein paar Kognaks oder Biere getrunken.“*
(Bettina, 25 Jahre)

Immer mehr Kinder saufen bis zum Umfallen

Erschreckendes Ergebnis einer Krankenkassen-Studie: Demnach sind im Jahr 2008 fast 20.000 minderjährige Komatrinker in Deutschland im Krankenhaus gelandet – unter ihnen immer mehr Kinder unter 15 Jahren. Die SPD fordert jetzt eine grundsätzliche Ausweispflicht für Alkoholkäufer.

Der Alkoholmissbrauch durch Jugendliche nimmt nach Angaben der Techniker Krankenkasse zu.

„Wir beobachten mit Sorge, dass die Alkoholpatienten immer jünger werden und bereits Kinder unter 15 Jahren mit einem Vollrausch ins Krankenhaus kommen“, sagte der Chef der größten deutschen Krankenkasse der „Frankfurter Rundschau“.

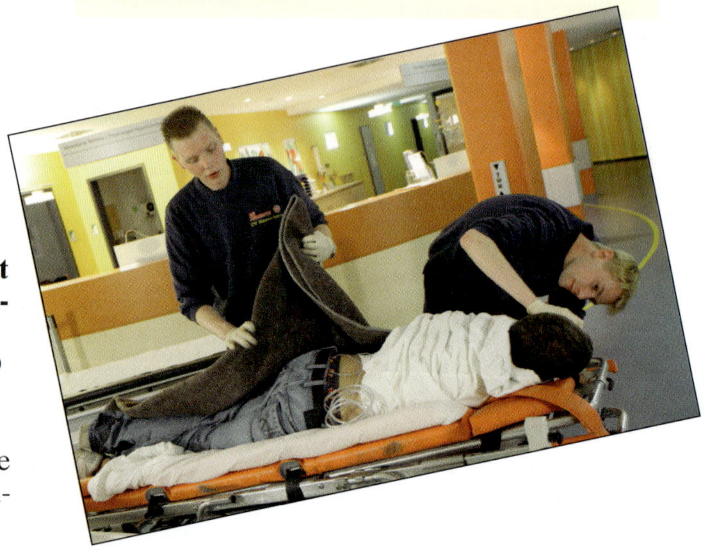

* Stellen Sie sich vor, Ihre Clique drängt Sie zum „Komasaufen“. Wie reagieren Sie?
* Nennen Sie Gründe für den hohen Alkoholkonsum bei Jugendlichen.

Wie sich Alkoholabhängige im Beruf verhalten

• Verhalten • Typische Krisen während des Abstiegs

Frühphase – Mittlere Phase – Spätphase – Endphase

- *Trinkt zur Entlastung*
- *Die Alkoholverträglichkeit steigt*
- *Beginn von Blackouts (Gedächtnislücken)*
- *Kritik vom Vorgesetzten*
- *Verheimlicht die tatsächliche Trinkmenge*
- *Trinkmenge steigt*
- *Familiäre Probleme*
- *Die größere Trinkmenge wird hastig gekippt*
- *Kein berufliches Fortkommen mehr*
- *Zittern vorm Trinken*
- *Es kommt zu finanziellen Problemen*
- *Es stellen sich wegen des Trinkens Schuldgefühle ein*
- *Erste Verwarnung vom Vorgesetzten*
- *Interessenverlust*
- *Geht Gesprächen übers Trinken aus dem Wege*
- *Kollision mit dem Gesetz*
- *Verkrampfungen und Fehler beim Bemühen, die Kontrolle zu behalten*
- *Disziplinarische Maßnahmen durch die Personalabteilung*
- *Unregelmäßiges Essen*
- *Ernsthafte Probleme mit der Familie und mit der Arbeitsgruppe: Beginn der absoluten Isolation*
- *Fängt an, allein zu trinken*
- *Richtet alle Aktivitäten auf die Beschaffung von Alkohol*
- *Ernsthafte Finanzprobleme: Schulden*
- *Alle anderen Interessen sind abhanden gekommen*
- *Kündigungsandrohung durch Vorgesetzten*
- *Isolation und Einsamkeit*
- *Endgültiger Zusammenbruch: Entscheidungsgrundlage für das Leben, das Sterben oder die Einweisung in die Psychiatrie*

Leistung: 90 % – 50 % – 25 %

✻ **Rollenspiel:**
Spielen Sie einzelne Phasen des Schemas „Wie sich Alkoholabhängige im Beruf verhalten“ nach.
Bereiten Sie den Dialog in Gruppenarbeit vor.
Berichten Sie anschließend, wie Sie sich in Ihrer Rolle gefühlt haben. Schauen Sie aber vorher auf Seite 262.

✻ **Diskutieren Sie, wie sich Kollegen und Vorgesetzte eines Alkoholabhängigen am besten verhalten sollten.**
Pro-und-Kontra-Diskussion: Seite 258.

VERLOREN — IM KREIS DER SÜCHTE

Die Skandale der Amy Winehouse

- 2003: Bereits für ihr erstes Album „Frank" erhält die junge Soul-Sängerin ihre erste Brit-Award-Nominierung
- 2006: Großer Durchbruch mit dem Album „Back to Black"
- Frühjahr 2007: Dem künstlerischen und privaten Glück stehen aber permanente Skandale gegenüber, die sie mit Drogen- und Alkoholexzessen und Haftaufenthalt in Verbindung bringen.
- Mai 2007: Schuld an der ganzen Misere der Sängerin soll ihre große Liebe und seit Mai 2007 auch Ehemann Blake Fielder-Civil sein.

- Juli 2007: Immer seltener schafft die Sängerin, Live-Auftritte zu absolvieren.
- August 2007: Auch sonst kommt es immer wieder zu „Zwischenfällen", wie im August 2007, als Amy Winehouse ins Krankenhaus eingeliefert werden muss.
- Herbst 2007: Seitdem ihr Ehemann Blake Fielder-Civil sich wegen Behinderung der Justiz verantworten muss und in Untersuchungshaft sitzt, scheint die Sängerin vollkommen entwurzelt. Als Stütze bezeichnete sie Frontmann der „Babyshambles" Pete Doherty, ebenso drogensüchtig.
- November 2007: Die letzten Konzerte der Künstlerin in diesem Jahr sind bereits sehr peinlich und sie handelt sich Buhrufe ein, nachdem sie mehrfach Songs abbrach und von Bandmitgliedern gestützt werden musste. Sogar ihr Manager Thom Stone gibt auf und kündigt, nachdem er im Tour-Bus der Sängerin passiv Heroin-Rauch inhalieren musste.
- Ende November 2007: Einige Tage darauf ist es soweit: Die skandalumwitterte britische Soulsängerin Amy Winehouse sagt wegen „Gesundheitsproblemen" alle Konzerte bis zum Ende des Jahres ab.
- Dezember 2007: Nach ihrem Ehemann wird auch Amy in derselben Affäre kurzzeitig inhaftiert, nach wenigen Stunden aber wieder auf freien Fuß gesetzt.
- Februar 2008: Amy muss sich vor Gericht wegen Drogenbesitzes verantworten.
- Juni 2008: Aufgrund des Crack-Konsums leidet die Sängerin an einem Lungenemphysem im Anfangsstadium.
- Juni 2009: Amy wird angeklagt, einen Fan verprügelt zu haben und macht im Urlaub aufgrund permanenter Alkoholexzesse Schlagzeilen.
- Juli 2009: Scheidung von ihrem Ehemann Blake Fielder-Civil

*** Jugendliche orientieren sich gerne an Idolen. Sind demzufolge Amy-Winehouse-Fans stärker suchtgefährdet?**

DENN MAN ZERSTÖRT SICH SELBST

Die Auswirkungen von Drogen auf Körper und Psyche

Die Auswirkungen von Drogen auf Köper und Psyche sind fast so zahlreich und verschieden wie die Vielzahl an Drogen selbst.

Fest steht, der „Genuss" von Drogen führt u.a. zu Krankheiten wie Krebs, Nierenversagen, Leberzirrhose, dauerhaften starken Kopfschmerzen und Bluthochdruck. Ganz abgesehen davon, dass bei einer Überdosierung in vielen Fällen eine Rettung zu spät kommt.

Vom psychischen Standpunkt sei gesagt, dass auf jeden „Höhenflug" ein „Absturz" folgt - und je nach Stärke der Abhängigkeit und Suchtmittel erholt sich mancher nicht mehr davon. Die Sucht ist auch nicht der Ausweg, die Erleichterung, die Entspannung oder Ablenkung (als die sie vielen erscheint), die Probleme sind nach dem Trip noch da! Ganz sicher!

Suchen Sie sich Bestätigung, Nähe oder auch Hilfe bei Ihrer Familie und Ihren Freunden, die Drogen werden Ihnen dies nicht geben können.

Vielmehr ist es so, dass viele Menschen, die unter einer Sucht leiden, immer einsamer werden durch die Sucht. Es dreht sich alles nur noch um die Beschaffung des „Stoffs" bis hin zur Beschaffungskriminalität.

Durchbrechen Sie den Teufelskreis:
- Machen Sie sich Ihre Situation bewusst.
- Stellen Sie sich Ihren Ängsten und Problemen.
- Haben Sie keine Angst um Hilfe zu bitten, nur die Allerwenigsten schaffen den Entzug allein.

Sucht kommt immer aus einer
Seh**nsucht**
nach:
Mut
Lust
Spiel
Spaß
Liebe
Erfolg
Risiko
Ekstase
Freiheit
Zukunft
Vertrauen
Vergessen
Ablenkung
neuen Rollen
Anerkennung
Geborgenheit
Gemeinschaft
......?......

Glück

- ✻ **Erstellen Sie eine Liste mit den körperlichen und psychischen Auswirkungen von Drogen.**
- ✻ **Entwerfen Sie eine Anti-Drogen-Kampagne, die junge Leute ansprechen würde. Seien Sie kreativ!**

7 ER SIE ES SUCHT ...?

VIEL RAUCH — UM NICHTS?

Tabakrauch

Raucherkarrieren beginnen oft schon im frühen jugendlichen Alter. Viele Menschen kompensieren mit dem Griff zur Zigarette Unsicherheiten, Einsamkeitsgefühl oder Langeweile. Erst nach und nach wird der Glimmstängel in der Hand zur Sucht.

Nikotin ist ein starkes Gift. Es greift das gesamte Gefäß- und Nervensystem an. Durch den Nikotinkonsum wird unter anderem die Herztätigkeit beschleunigt, die Blutgefäße verengen sich und somit wird das Durchblutungssystem gestört. Die schwerwiegendsten gesundheitlichen Folgen für starke Raucher sind chronische Bronchitis, Arteriosklerose und Krebs.

Doch schon lange vorher kündigen sich die Folgen an:

- häufiger Husten mit Auswurf
- Luftnot bei körperlicher Anstrengung
- schmerzhafte Beine beim Gehen
- Herzstiche oder Herzschmerzen bei Anstrengungen

Im Tabakrauch finden sich neben Nikotin und Teerstoffen noch Kohlenmonoxide und über 4000 weitere chemische Substanzen. Viele davon erzeugen Krebs. 20 bis 80 Prozent dieser Stoffe dringen tief in die Lungen ein und werden unterschiedlich vom Körper eingelagert oder abgebaut. Im Laufe eines Raucherlebens bekommt die Lunge durch die Teerstoffe die typisch schwarzen Flecke.

- ✱ **Die negativen Auswirkungen des Rauchens sind allseits bekannt. Weshalb rauchen dennoch so viele Menschen?**
- ✱ **Hat sich seit dem Rauchverbot in der Gastronomie etwas geändert, was denken Sie?**
- ✱ **„Ich kann auch von einem Auto überfahren werden." Beurteilen Sie diese Aussage.**
- ✱ **Nennen Sie weitere negative, nicht gesundheitliche, Auswirkungen des Rauchens.**

? ER SIE ES SUCHT ...?

ERST DIE M … MACHT DAS GIFT

Rund 50 Millionen Deutsche von der Volkskrankheit geplagt

Kopfschmerz durch Stress

Gegenmittel sind die am häufigsten geforderten Medikamente – Zwei Drittel der Betroffenen sind zwischen 18 und 35 Jahre alt (Stand: 2007)

Weißt du überhaupt, wie das alles *angefangen hat? Der Arzt hat mich danach gefragt. Machen Sie mir doch nichts vor, hat er gesagt, mir können Sie doch nichts erzählen. Irgendeiner hat das Zeug mal mitgebracht, Sie wollten auch kein Feigling sein oder waren nur neugierig … oder stimmt das nicht?*

Ich habe Ja gesagt, mein Ja stimmte ihn freundlich. Hätte ich sagen sollen, wie es wirklich war?

Dass da die Kopfschmerzen gewesen sind; immer diese verdammten Kopfschmerzen, gegen die mich meine Mutter mit Mützen und immer neuen Mützen, unter denen ich mir lächerlich vorkam, versah.

Und dann war da Bollerer.

Der hat mir Tabletten gegeben. Ich hab sie heimlich genommen, denn meine Mutter war so stolz, das ganze Leben noch nie eine Tablette genommen zu haben. Ich hatte auch da ihr Sohn zu sein. Kopfschmerzen, ich?

Meinem Vater glaubte sie das ja noch; er hat immerhin eine Kriegsverletzung.

Aber mir?

Ich hab die Tabletten von Bollerer genommen. Und die Kopfschmerzen waren weg.

Dann habe ich einmal drei Tabletten kurz hintereinander genommen, weil ich noch schneller keine Schmerzen haben wollte.

Da habe ich es gespürt.

Plötzlich dieses Gefühl, dieses für dich vielleicht so selbstverständliche Gefühl: Ich fühlte, dass ich jemand bin. Ich fühlte, dass alle anderen auch wissen, dass ich jemand bin. Ich hatte keine Angst mehr vor den anderen. Ich hatte es plötzlich nicht mehr nötig, Nachhilfeunterricht anzubieten, nur um ins Gespräch zu kommen, und lief auch nicht mehr weg, wenn sie in der Pause mit Worten Mädchen auszogen und Schlüpfer hinter Büschen vergessen hatten. Nein, jetzt blieb ich stehen.

Jetzt redete ich mit.

(Peer, 17 Jahre)

*** Welchen Stress am Arbeitsplatz haben Sie? Wie versuchen Sie damit fertig zu werden? Spielen Sie eine typische Situation im Rollenspiel mit verschiedenen Handlungsalternativen.**
Sehen Sie sich vorher Seite 262 an.

TECHNO — DIE LAUTESTE DROGE DER WELT

Jedes Wochenende stürzen sich fünf Millionen deutsche Jugendliche freiwillig in ein Inferno: ohrenbetäubende Musik aus Lautsprechern, so groß wie Fahrradschuppen. Rasende Rhythmen. Lichtblitze mit einer Million Watt. Und das bei einer Raumtemperatur von 65 Grad.

Die Techno-Technik der Ekstase ist uralt. In fast allen Kulturen wird sie angewandt, meist im Gewand eines Rituals, bei dem Tanzen, schnelle rhythmische Stimulierung und Hyperventilation (zu schnelles Atmen) eine große Rolle spielen. Die Musik ist bei den Ekstase-Techniken überaus wichtig. Stets muss sie rhythmusbetont, konstant, lang andauernd und möglichst laut sein. [...]

Vor den Basslautsprechern wird nicht nur das Trommelfell, sondern der ganze Körper in Schwingungen versetzt. Nahezu alle Nervenfasern in der Hörbahn und viele Nerven im Körper feuern in diesem Zustand ununterbrochen Alarmsignale ins Gehirn. Diese sogenannten Aktionspotenziale summieren sich zu einem elektrischen Gewitter unter der Schädeldecke des Ravers. Schließlich setzt sich auch hier die regulierende Wirkung des Rhythmus durch. Die Stromstöße im Gehirn passen sich dem stampfenden Inferno aus den Lautsprechertürmen an. Im 4/4-Takt laufen Aktionspotenziale durch die Milliarden Gehirnzellen. Die Wirkung gleicht der von aufputschenden Drogen.

Gleichzeitig wird das körpereigene Hormon Adrenalin von den Drüsen der Nebennierenrinden in den Blutkreislauf gepumpt.

Adrenalin ist eigentlich dafür gedacht, den Menschen in Lebensgefahr darauf vorzubereiten, sofort fliehen oder angreifen zu können. Es sorgt dafür, dass noch mehr Blut in das Gehirn und die Muskeln geschafft wird. Die Pupillen weiten sich, um besser zu sehen. Der Magen-Darm-Trakt wird abgeschaltet – er verbraucht nur Energie, die der Körper jetzt dringend woanders benötigt. Gleichzeitig baut der Organismus in dieser Stresssituation die Zuckervorräte ab und wandelt sie in zusätzlichen Brennstoff um. Vermutlich sind Techno-Tänzer deshalb so gierig nach klebrigsüßen Energiedrinks. Damit füllen sie ihre leer gebrannten Zuckerdepots wieder auf.

Weil dieser Zustand im monotonen Techno-Gewitter über Stunden aufrechterhalten wird, entwickelt sich bei vielen Ravern ein Phänomen, das Psychologen ASC nennen (altered states of consciousness = veränderte Bewusstseinszustände). Dazu zählt Ekstase ebenso wie Trance.

Während sich der Mensch bei Trance still nach innen richtet, die Körperfunktionen bremst und Halluzinationen erlebt, braucht die Ekstase den Lärm, die Bewegung in Gemeinschaft und sensorische Überstimulierung. […]

Tatsache ist, dass bei Techno-Tänzern eindeutig Blutzuckerwerte, Adrenalinspiegel und Gehirnaktivitäten einer Veränderung unterworfen sind. Techno ist deshalb für die Forscher nichts anderes als die Fortsetzung uralter Ekstase-Rituale mit modernen Mitteln.

Die Hamburger Populärmusikforscherin Alenka Barber-Kersovan glaubt sogar, dass für Raver die Musik gar nicht die entscheidende Rolle spielt:

Für sie sind die DJs nichts anderes als „Schamanen, die genau wissen, wie sie die Raver manipulieren müssen, um Wirkung zu erzielen". Die Kombination von Lautstärke und stampfender Monotonie sei sogar in der Lage, beim Publikum Angst auszulösen wie in der Geisterbahn oder beim Bungeespringen. „Das ist eine Grenzerfahrung", sagt die Forscherin, „dabei entsteht ein Lustgefühl, das von kribbelnder Furcht begleitet sein kann."

Die wahre Angst der Jugendlichen allerdings betreffe nicht Techno, die Musik, sondern Techno – die Maschinenwelt, in der wir leben. Wer einen Rave besuche, gebe sich die Furcht erregende Industriegesellschaft in einer gleichsam homöopathischen Dosis. Alenka Barber-Kersovan formuliert das so: „Ich eigne mir diese fremde, technische Umwelt an, indem ich mich freiwillig zum Teil einer menschlichen Megamaschine mache, wenn ich zu einer Techno-Party gehe."

Schamanen beim Ritual?

Mädchen starb auf Ecstasy-Trip

Tanz in den Tod

Leipzig – Ein 17-jähriges Mädchen ist an Silvester in Leipzig nach einer Einnahme von Ecstasy-Drogen gestorben.

Die 17-Jährige hatte mit ihrem Freund und einer Freundin auf einer Raveparty Ecstasytabletten mit dem Symbol Hammer & Sichel geschluckt und anschließend gesundheitliche Probleme bekommen. Da sich der Körper durch das stundenlange Tanzen bis auf 42 Grad aufheizte und zugleich massiv Wasser verlor, konnte es zu Hitzschlag mit Herz- und Kreislaufversagen oder Schockzuständen kommen. Der Körper reagierte unter Drogeneinwirkung nicht auf die Warnzeichen. Das Mädchen wurde von einem Notarzt in die Klinik gebracht. Dort starb es am frühen Morgen, ohne noch einmal das Bewusstsein erlangt zu haben.

- **Techno wird einerseits als ein Ekstase-Ritual und andererseits als die Überwindung einer fremden, technischen Umwelt dargestellt. Demnach wäre Techno zeitlos und keine Modeerscheinung. Können Sie dem uneingeschränkt zustimmen?**
- **Diskutieren Sie die Gefahren der Droge Techno.**

Stehlen als Sucht

Kleptomanie, die rätselhafte Krankheit

VON JOSEF AMREIN

„Wenn jemand bei mir ist, passiert nichts, aber wenn ich allein bin, kommt es plötzlich. Dann überfällt mich ein Zittern und ein Drang, so etwas zu tun. Ich trampe dann in die Stadt. Den Autofahrern fällt auf, wie aufgeregt ich bin, und auch in den Geschäften wird man sofort auf mich aufmerksam. Ich werde immer erwischt. Ich bekomme dann Schweißausbrüche, Zittern und Angstzustände. Werde ich ins Büro gebeten, mache ich in die Hosen. Wenn der Drang mich überfällt und eines der Kinder da ist, ruft es meinen Mann an und schließt mich ein, bis er eilends von der Arbeit nach Hause kommt."

Die 42-jährige Vroni K. leidet unter Kleptomanie, welche sich durch dranghaftes, suchtartiges, wiederholtes und (scheinbar) motivationsloses Stehlen charakterisiert: Die Gegenstände werden weder zum persönlichen Gebrauch noch wegen ihres Geldwertes entwendet. Die Art der Beute ist oft unwichtig: Die Kleptomaninnen und Kleptomanen erfahren und realisieren häufig erst nach der Tat oder beim Ertapptwerden, was sie genau zusammengerafft haben. Paradox mutet auch die Tatsache an, dass das Diebesgut oft verschenkt, vernichtet, gehortet oder den Bestohlenen wieder zugespielt wird. Und: Der dilettantisch[1] ausgeführte Diebstahl ruft geradezu nach seiner zwangsläufigen Entdeckung.

Das von Vroni K. geschilderte Spannungsgefühl vor dem Diebstahl ist typisch; vielfach folgt nach der Tat eine Art Erleichterung. Gelegentlich kommt es zu sexuellen Sensationen, welche bis zu Orgasmen reichen können. In der Literatur werden meist Männer beschrieben, die in Warenhäusern (über den Gegenständen) masturbieren. Wird das sexuelle Erleben im Stehlen höher geschätzt als beim Geschlechtsverkehr, rechnet man die Kleptomanie den eigentlichen sexuellen Perversionen zu.

Der Heidelberger Psychiater Hans Ludwig Kröber ist überzeugt, dass die Ursache der Kleptomanie sehr oft in einem Familienkonflikt beziehungsweise in einem „Familienspiel" zu suchen sei. Die Taten bildeten eine Art Protest, eine aggressive Abwehr gegen das Schicksal des oder der chronisch Benachteiligten, ganz nach dem Motto von Kindern, die sich von ihren Eltern ungerecht behandelt fühlen:

„Ich nehme halt wieder etwas weg, wenn dies so weitergeht." Stehlen bekommt so den Charakter der Rache und kann bis zur (öffentlichen) Brüskierung oder Peinigung des Partners bzw. der Partnerin gehen.

Kröber will die Kleptomaninnen und Kleptomanen nicht als willenlose Opfer einer Krankheit sehen, wie dies lange Zeit die vorherrschende Fachmeinung war: Sie sollten Verantwortung für sich und ihr Tun sowie ihre Partner und die Familie übernehmen. Eine geeignete Behandlungsform sieht er in einer Paar- oder Familientherapie.

---

* **Wie kann ein Richter feststellen, ob ein Angeklagter kriminell oder kleptomanisch veranlagt ist?**
* **Die Entstehung von Kleptomanie kann vielfältige Ursachen haben. Versuchen Sie einen Fall zu konstruieren und überlegen Sie, wie die Therapie aussehen könnte.**

[1] dilettantisch: laienhaft

* Ergänzen Sie die Übersicht durch andere oder neue Suchtarten.
* Suchtgefährdete oder Süchtige suchen durch die Sucht etwas. Was könnte das jeweils sein?

8 OKKULTISMUS — ZWISCHEN WAHN UNDWIRKLICHKEIT

DER GLAUBE VERSETZT BERGE

DIE KARTEN LÜGEN NICHT

WENN MAN VOM TEUFEL SPRICHT

SCHWARZE UND WEISSE MAGIE

UND ES BEWEGT SICH DOCH!

WUNDER, TRICK ODER ...?

Hemphta
Numen Triforme
et
Aries
Pisces
Aquarius
Capricornus
Scorpius
Libra
Virgo
Leo
Taurus
XIII

8 OKKULTISMUS — ZWISCHEN

DER GLAUBE — VERSETZT BERGE

Schuhe auf den Tisch stellen

Lieber Dr. Winter,
Ich habe ein Problem, das mir wahnsinnige Angst macht. Ich glaube fest an Horoskope und andere Voraussagungen. Sind diese schlecht, traue ich mich kaum noch außer Haus, denn meistens passieren diese Dinge dann auch. Das macht mich fix und fertig. Können Sie mir einen Rat geben, wie man Unglück in Glück umwandeln kann?
Sandra, 16 Jahre

Mit dem linken Fuß aufstehen

Ich halte dir die Daumen

ZWILLINGE

21.-31. Mai Ihre Gewinnchancen sind hoch. Aber das Risiko ist weit größer. Steigen Sie lieber aus.

1.-11. Juni Ihr Anspruch ist zweifellos berechtigt. Aber Sie müssen ihn auch durchsetzen. Darin besteht das eigentliche Problem.

12.-21. Juni Sie haben wirklich keinen Anlass zur Unzufriedenheit. Jammern Sie also nicht ständig herum.

---

* **Welche Symbole und Redewendungen kennen Sie noch?**
* **Warum glauben viele Menschen an diese Symbole und Voraussagungen?**
* **Horoskope treffen immer wieder zu. Überlegen Sie sich Gründe, weshalb.**

Oje: Kommende Woche ist wieder der 13.!

In diesem Jahr haben wir nur einmal den Schlamassel, und zwar kommende Woche: Freitag, der 13. Mai. Besonders abergläubische Zeitgenossen verlassen an einem solchen unheilschwangeren Tag erst gar nicht das Bett. Recht haben sie. Jesus wurde an einem Freitag gekreuzigt. Der Sündenfall Adams und Evas fand an einem Freitag statt. Kommt die Zahl 13 hinzu, nimmt das Desaster unweigerlich seinen schlimmen Lauf. Denn Judas, der Verräter, war der 13. Jünger.

Wurde früher ein Kind an einem Freitag, dem 13., geboren, legten es die Eltern auf die Familienbibel. Gangsterboss Al Capone wurde an einem Freitag, dem 13., verhaftet. In Krankenhäusern sind die Räume mit der Zahl 13 meist Abstellkammern. In Hotels ist die Nummer 13 häufig eine 12 a, in Flugzeugen sucht man die Reihe 13 oft vergebens.

Man muss sich seines Aberglaubens nicht schämen. Abergläubische befinden sich in prominenter Gesellschaft. Bismarck unterzeichnete an besagten Tagen keine Verträge (Schauspielern sagt man Ähnliches nach). Napoleon zog nicht in die Schlacht, und Matrosen heuerten an Tagen mit dem Teufelsdatum kaum an.

Britische Wissenschaftler waren sich nicht zu schade, das schicksalsträchtige Datum unter die Forscherlupe zu nehmen. Die Ergebnisse veröffentlichte unlängst das Fachblatt *British Medical Journal*. Danach scheint Freitag, der 13., tatsächlich ein Unglückstag zu sein. An Freitagen in den Jahren 1990, 1991 und 1992, die jeweils auf einen 13. fielen, stieg die Zahl der Verkehrsunfälle um bis zu 52 Prozent. Als „Teststrecke“ diente den Forschern die Londoner Ringautobahn M 25. Die Zahl der Verkehrsopfer in den Krankenhäusern nahm zu, aber auch die Zahl anderer Unfallopfer.

Nur Zufall? Der ADAC errechnete, dass sich in Deutschland an den bewussten „schwarzen Freitagen“ durchschnittlich 30 Prozent mehr Unfälle ereignen. Am Freitag, dem 13. Januar 1989, soll die Zahl der Schwerstunfälle sogar um 51 Prozent gestiegen sein.

Psychologen sprechen von einer sich selbst erfüllenden Prophezeiung. An den sogenannten Unheiltagen, so eine Interpretation, seien viele abergläubische Autofahrer nervös und würden zu einer hektischen Fahrweise neigen. Unfälle seien geradezu programmiert.

Also bitte: Am Freitag ruhig bleiben und aufpassen!

*„**Eine ganze Zeit lang** hatte ich schon diese merkwürdigen Telefonanrufe. Erst klingelte es immer nur, bis ich ranging. Später waren komische Geräusche in der Leitung zu hören. Nach ein paar Wochen meldete sich eine heisere Stimme, die mir prophezeite, dass mir bald etwas Schlimmes passieren würde.*

Dann fand ich einen zerbrochenen Spiegel mit einem aufgeklebten Symbol vor meiner Wohnungstür. Bei diesem Anblick überkam mich auf einmal panische Angst. Wenn das Telefon klingelte, begann ich nun zu zittern. Ich konnte nachts nur noch schlecht schlafen, hörte Schritte und Klopfen. Ich bekam Migräneanfälle, litt unter Schlaflosigkeit. Kein Arzt und kein Medikament konnte mir helfen. Am Schluss bin ich durchgedreht und von der Brücke gesprungen …“

(Marlene, 23 Jahre)

*** Die Psychologie bezeichnet dieses Phänomen als „sich selbst erfüllende Prophezeiung“. Schildern Sie andere Beispiele.**

8 OKKULTISMUS — ZWISCHEN DIE KARTEN — LÜGEN NICHT

Tarotkarten

Einführung

Eine Anleitung zur bildhaften Meditation unter Berücksichtigung des eigenen Seelenbildes. Tarotkarten muss man sich selbst erarbeiten. Diese Anleitung kann nur eine Starthilfe für den eigenen Weg sein.
Im Spiel mit den Tarotkarten erhält der Mensch die Antwort, denn durch die geheimnisvolle Entsprechung zwischen dem Seelenzustand und der Karte, die gerade aufgedeckt wird, entdeckt der Mensch sich selbst. Er hebt ins Bewusstsein, was verborgen ist. Die Karten werden zum Spiegelbild seiner Seele.
Mit diesem Tarot können Sie für sich selbst oder einen anderen Menschen die Karten legen, ohne Vorkenntnisse in Astrologie oder Erfahrung mit der Interpretation von Tarotkarten zu besitzen.

Verschiedene Legemodelle

Ich-Findung

Mischen Sie die Karten gut durch und legen Sie sie in einem Halbkreis aus, sodass keine Karte völlig verdeckt ist. Ziehen Sie sieben Karten. Zur Ich-Findung werden beim Ziehen und Legen die folgenden Sprüche gedacht:

1. Mein Ich
2. Was mich deckt
3. Was mich schreckt
4. Was mich treibt
5. Was mir bleibt
6. Was mir die Zukunft bringt
7. Was mich zu Boden zwingt

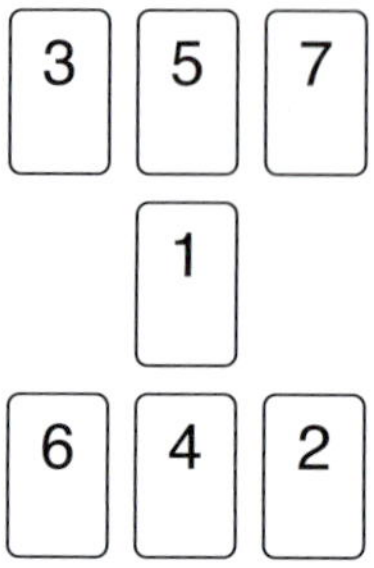

Entscheidungsspiel

Dieses Legemodell zeigt Tendenzverläufe an. Mögliche Fragestellungen: Was passiert, wenn ich X tue, was passiert, wenn ich Y tue? Es werden insgesamt sieben Karten gezogen. Legen Sie sie folgendermaßen aus:

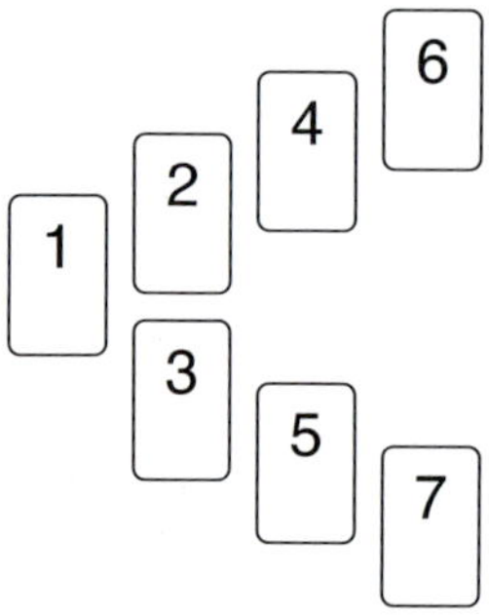

Karte 1 steht für die Situation, in der sich der Fragende befindet. Die beiden Wege zeigen die jeweiligen Verläufe in zeitlicher Reihenfolge an.

WAHN UND WIRKLICHKEIT

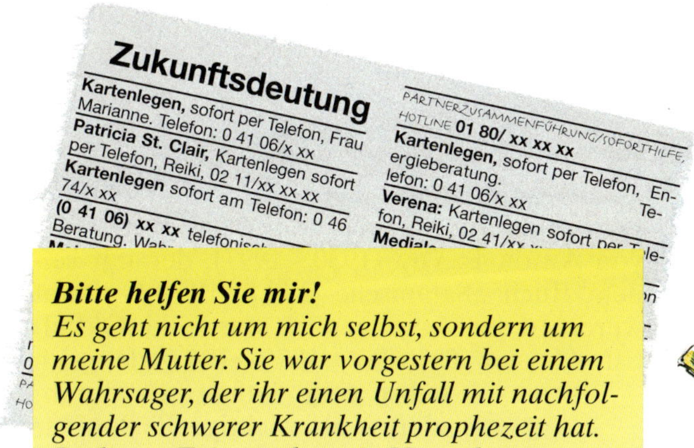

Zukunftsdeutung

Kartenlegen, sofort per Telefon, Frau Marianne. Telefon: 0 41 06/x xx

Patricia St. Clair, Kartenlegen sofort per Telefon, Reiki, 02 11/xx xx xx

Kartenlegen sofort am Telefon: 0 46 74/x xx

(0 41 06) xx xx telefonisch Beratung. Wah…

PARTNERZUSAMMENFÜHRUNG/SOFORTHILFE, HOTLINE **01 80/ xx xx xx**

Kartenlegen, sofort per Telefon, Energieberatung. Telefon: 0 41 06/x xx

Verena: Kartenlegen sofort per Telefon, Reiki, 02 41/xx …

Medial…

Bitte helfen Sie mir!

Es geht nicht um mich selbst, sondern um meine Mutter. Sie war vorgestern bei einem Wahrsager, der ihr einen Unfall mit nachfolgender schwerer Krankheit prophezeit hat. In dieser Zeit würde mein Vater dann fremdgehen und seine Geliebte ein Kind von ihm bekommen. Jetzt ist meine Mutter voll in Panik und hat entsetzliche Angst, wenn sie an die für nächsten Monat geplante Urlaubsreise denkt. Meinen Vater schaut sie nur noch misstrauisch und mitleidsvoll an. Was kann ich für sie tun?

(Stefan, 18 Jahre)

„Aber das konnte der Wahrsager doch gar nicht wissen“

Gründe für „richtige“ Wahrsagungen:

Gute Menschenkenntnis und scharfe Beobachtungsgabe, gepaart mit der Kunst des Muskellesens, ermöglichen sichere Rückschlüsse auf den Kunden. Unbewusste Muskelzuckungen wie Kopf- oder Augenbewegungen erkennt ein geschulter Wahrsager sofort.

Selbsttäuschung entsteht durch die sich selbst erfüllende Prophezeiung und selektive Wahrnehmung.

Zufall spielt bei allgemeinen Vorhersagen eine große Rolle.

Vieldeutigkeit von allgemeinen Aussagen erzielt eine hohe Trefferquote.

Bewusste Täuschung erfolgt durch Tricks, um den Kunden übersinnliche Fähigkeiten vorzuspiegeln.

Mögliche Folgen der Wahrsagerei:

Beruhigung
Problem: unterlassene Vorsorge im Gesundheitsbereich.

Fehlhandlungen
Problem: Vorbereitung auf vorausgesagte, aber nicht tatsächlich eintreffende Situationen.

Unterlassungen
Problem: mangelnde Absicherung für Gefahrenfall.

Zerwürfnis
Problem: Partner wird Fehlverhalten in der Zukunft unterstellt.

Abhängigkeit
Problem: Der Kunde macht seine Entscheidungen von den Prognosen des Wahrsagers abhängig.

- **Wo ziehen Sie die Grenze zwischen harmloser Freizeitbeschäftigung und gefährlichem Spiel?**
- **Suchen Sie konkrete Beispielsituationen.**

8 OKKULTISMUS — ZWISCHEN WENN MAN — VOM TEUFEL SPRICHT

Satanismus – ein geschichtlicher Rückblick
Ursprünglich verstand man unter Satanismus die Verehrung eines höheren Wesens, welches die christliche Religion als absolut böse ansah. Man nimmt an, dass mit der Verehrung nur eines Gottes der Gedanke entstand, dass es auch eine andere Macht geben müsse; diese Macht wurde als „widergöttlich“ und damit böse verstanden.

Mit der Ausbreitung des Christentums wurden die alten Gottheiten (Zeus, Pan, Wotan oder Thor) zu Teufeln oder Dämonen erklärt. Das Mittelalter war voll von Vorstellungen von Dämonen, schwarzer Magie und Hexen. Im Zeitalter der Aufklärung wurde der Satan (der Teufel) zum Sinnbild für die Freiheit von veralteten, engen, kirchlichen Vorstellungen. Dies war ein Grundgedanke des „alten“ Satanismus.

Satanismus heute – ein egoistisches Weltbild
Der „moderne“ Satanismus wurde verbreitet von Anton LaVey (1930 – 1997), der mit seinem Buch „Satanische Bibel“ 1969 berühmt wurde. In der Vergangenheit wurde der Okkultist Aleister Crowley (1875 – 1947, der sich selbst vom Satanismus distanzierte) als wichtige Person für die moderne Form der satanistischen Strömung gesehen.

Wesentlich für diesen „neuen“ Satanismus ist, dass es nicht mehr um die Anbetung einer höheren Wesens geht, sondern darum, selbst Gott zu werden – der Satanist will Macht über andere erlangen und stellt sich selbst in den Mittelpunkt. Früher wurde Satanismus häufig als Gegenpol zum Christentum verstanden; von dieser Abhängigkeit wollte sich der Satanismus lösen.

Nicht jeder, der schwarze Kleidung trägt oder einschlägige Symbole verwendet, ist ein Satanist. Meistens ist es nur eine Rebellion gegen Erwachsene.

Vor allem sind es Jugendliche, die aus Neugier, Protest oder Erhöhung des Selbstwertgefühls die Bücher von Crowley oder LaVey lesen, Rituale durchführen und mithilfe von schwarzer Magie versuchen, Stärke zu gewinnen.

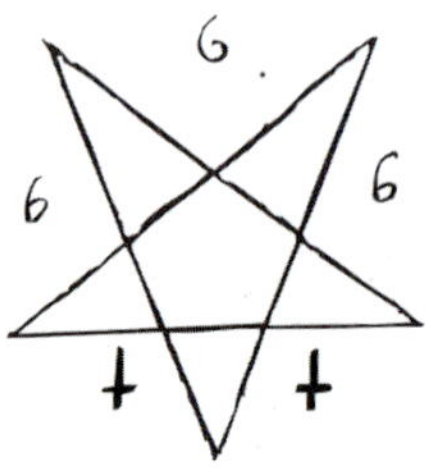

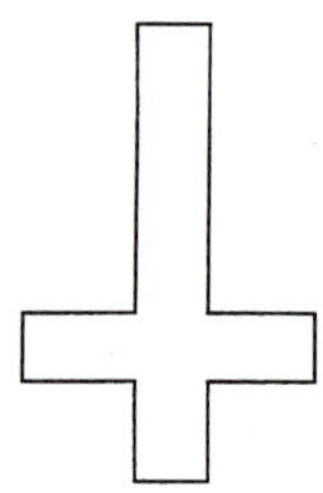

„Satanismus ist eine radikal egoistische, brutale Philosophie“

Burton H. Wolfe, in Satanische Bibel

Gefahrenpotenzial heute

Es ist festzuhalten, dass es *den* Satanismus, als eine fest strukturierte weltanschauliche Organisation mit einer gemeinsamen Zentrale nicht gibt. Der Theologe Ruppert schlägt daher vor, von einem „Satanismus-Syndrom“ zu sprechen. Dieser Begriff macht deutlich, dass es sehr viele unterschiedliche Ausdrucksformen des Satanismus gibt. Dazu gehören Jugendliche, die sich um Mitternacht auf dem Friedhof treffen und in „schwarzen Messen" das Vaterunser rückwärts beten (Jugendsatanismus), genauso wie Erwachsene, die sich in privaten Zirkeln treffen und „Sexualmagie“ ausführen.

Aufgrund der hohen Vielfalt an satanistischen Gruppen ist es schwierig, eine exakte Einschätzung des Gefahrenpotenzials zu geben. Da es beim Satanismus um das Erlangen von eigener Macht geht, kommt es in Einzelfällen auch zu kriminellen Handlungen. Beobachter der Szene sagen, es gebe keine völlig harmlose Gruppe. Problematisch ist weniger die Mitgliedschaft an sich, als vielmehr die Tatbeteiligungen, die sich aus der Mitgliedschaft einer echten satanistischen Gruppierung ergeben.

Die Gothic-Szene ist eine ausgesprochen friedliche und tolerante Jugendkultur, die sich über die Musik, die Kleidung und den Lebensstil definiert.

Ein erfolgreiches Mittel, einem Neuzugang Geheimhaltung aufzuerlegen, ist das Aufnahmeritual: Der Proband wird zu einer Straftat genötigt. Die Tat wird dokumentiert und kann als Druckmittel eingesetzt werden. Ein Schritt zur persönlichen „Gottwerdung“ besteht notwendigerweise darin, andere Menschen als minderwertig anzusehen – eine Sichtweise, die zunächst erlernt werden muss und anhand von menschenverachtenden Praktiken „geprüft“ wird. Dazu gibt es einen großen Führer (unter unterschiedlichen Titeln), dem absoluter Gehorsam geschuldet wird – Kritiker merken an, dass dies allein einen krassen Widerspruch zur eigenen Gottwerdung darstellt.

Abgrenzung zur Gothic-Szene

Gothics (auch Goths, früher auch Grufties genannt) gehören nicht in den Bereich des Satanismus. Durch ihr Erscheinungsbild (schwarze Kleidung, geschminkte Gesichter) werden sie aber oft damit verwechselt. Die meisten Gothics distanzieren sich jedoch deutlich vom Satanismus (oder vom Okkultismus allgemein) und drücken ein völlig anderes, tolerantes Lebensgefühl aus. Auch bei den verwendeten Symbolen machen Gothics feine Unterschiede zum Satanismus (aufrecht stehende Kreuze oder Pentagramme anstelle der umgedrehten im Satanismus).

- **Was macht den Satanskult gerade für Jugendliche so interessant?**
- **Welche Gefahren sehen Sie? Welche nicht?**

8 OKKULTISMUS — ZWISCHEN SCHWARZE UND WEISSE MAGIE

Magie ist der allgemeinen Auffassung nach die bewusste Zauberhandlung und das magische Ritual. Wichtig ist, dass Magie mit dem volkstümlichen Aberglauben nichts gemeinsam hat.

Grundlage für Magie ist der sogenannte Analogiezauber[1], dessen Grundsatz besagt, Gleiches mit Gleichem zu vergelten. So werden Warzen, die man loswerden möchte, bei abnehmendem Mond besprochen, damit sie wie der Mond schwinden.

Grundgedanke der Magie ist, dass alle Wesen und Dinge über „Sphären" miteinander verbunden sind und sich durch Zauberhandlungen wechselseitig beeinflussen können.

In der Magie kann zwischen zwei Haupttendenzen unterschieden werden: die schwarze und die weiße Magie.

Ein Medizinmann eines Naturvölker-Stammes

* **Gibt es Lebenssituationen, in denen Sie sich vorstellen könnten, weiße Magie anzuwenden?**
* **Überlegen Sie sich Gründe, weshalb sehr viele Menschen auf Magie vertrauen und daran glauben.**

Weiße Magie – oder die gute

Die meisten praktizieren diese Art der Magie, die weiße Magie. Die Einsatzzwecke hierfür sind weitreichend. Dennoch kann man eindeutig sagen, dass sie größtenteils zur Heilung eingesetzt wird. Ein klassisches Beispiel dafür sind die Medizinmänner in Afrika: Stämme, die fern von der westlichen Zivilisation leben, suchen im Krankheitsfall Medizinmänner auf. Erfolge dieser Behandlung sind teils nicht von der Hand zu weisen. Je nach Magie sollen die körpereigenen Heilkräfte unterstützt und zudem böse Geister vertrieben werden.

Ein zweites Ziel der weißen Magie ist der Schutz von Lebewesen.

Die am meisten verwendeten Zauberpraktiken sind Gesund- und Heilzauber, Abwehrzauber, Fruchtbarkeitszauber, Wetterzauber und Liebeszauber.

[1] analog: gleich, ähnlich

SCHWARZE UND WEISSE MAGIE

Schwarze Magie
Der weißen Magie steht die schwarze Magie unterschiedlicher Schadenzauber und Verwünschungen gegenüber: Hierunter versteht man alle Arten von Zaubereien, die es ermöglichen sollen, anderen Menschen durch magische Praktiken Schaden zuzufügen oder Macht über sie zu erlangen. Satanistische Gruppierungen nutzen die schwarze Magie.

Hierbei werden verschiedene Formen angewandt, weit verbreitet ist die Verwendung von Gegenständen, die mit einer Person in Verbindung gebracht werden, z. B. das Bild einer Person, in welches man Pfeile sticht. Auch das Aufsagen von Zaubersprüchen fällt hierunter.

Definition weiße und schwarze Magie
Der Okkultist Gregorius versucht, sie voneinander zu trennen:
„Schwarzmagisch handelt derjenige, der bei seinen magischen Praktiken das Blut lebender Wesen vergießt. Schwarzmagisch handelt auch derjenige Mensch, der durch seinen Willen oder seine magischen Praktiken Wesen anderer Ebene zwingt und veranlasst, ihm gewollte materielle Vorteile zu verschaffen oder seine eigene Machtposition zu vergrößern. Jede gewollte und bewusste erzeugte Disharmonie ist als durchaus schwarzmagisch zu bezeichnen.

Daraus ergibt sich nun ohne Weiteres die richtige Definition einer weißmagischen Einstellung und Praktik. Magisches Können und Wissen angewandt um anderen Wesen zu helfen oder Harmonie zu erzeugen, ist weißmagisch. Nicht als schwarze Magie zu bezeichnen ist jedes experimentelle Studium und jede magische Praktik, bei deren Ausübung nur Wissens- und Erkenntnisdrang vorliegt, und welche getragen ist von dem Vorsatz, keine Disharmonie zu erzeugen (oder falls solche nicht zu vermeiden sind) diese nach Möglichkeit wieder zu beseitigen. Opferung von Blut lebender Wesen ist auf keinen Fall zulässig und gutzuheißen, auch nicht zu Studienzwecken.

Letztlich und erkenntnistheoretisch gibt es keine weiße oder schwarze Magie, denn Magie ist heiliges uraltes göttliches Wissen um die Urgesetzmäßigkeiten des Kosmos. Es liegt nur am Menschen selbst, ob er diese Urkräfte zum Gedeih oder zum Verderb, zum Auf oder Abbau anwendet.“

✻ Unterscheiden Sie schwarze und weiße Magie.
✻ Vodoo-Zauber – würden Sie ihn ausprobieren?

UND ES BEWEGT — SICH DOCH!

Laut spiritistischer Literatur hat das Pendel hohe Aussagekraft:

Ein Pendel kann angeblich aussagen,
- ob ein Mensch lebt oder tot ist
- welches Geschlecht ein ungeborenes Kind hat
- wo sich vermisste Personen befinden
- ob ein anderer Mensch ein geeigneter Partner ist
- wo sich verlorene Gegenstände befinden
- wann man selbst sterben wird
- wer ein Verbrechen begangen hat
- welcher Beruf zu einem passt
- welche zukünftigen Ereignisse bevorstehen
- welches Urlaubsziel richtig ist
- …

Wie kommt es zur Bewegung des Pendels, des Glases oder Tischchens?

1. **Unbewusste Muskelbewegungen:** Muskelspannung entsteht durch das Halten. Ermüdung bewirkt Muskelzittern, dies setzt das Pendel in Bewegung.
2. **Resonanz wirkt verstärkend:** Anfängliche Bewegungen werden durch einen Rhythmus zu Kreisen durch den immer gleichen Schwingungsanstoß.
3. **Kapillarpulswellen wirken verstärkend:** Der Pulsschlag ist in den Fingerkuppen messbar und lässt rhythmische Bewegungsimpulse entstehen.
4. **Die Atmung wirkt verstärkend:** Die Atembewegungen werden über den Hebelarm des Armes auf die Pendelschnur übertragen.
5. **Der Carpenter-Effekt:** Die Vorstellung einer Bewegung schließt bereits den Vollzug dieser Bewegung ein. (Beispiel: Eine Wendeltreppe wird fast immer mit der charakteristischen Hand- und Fingerbewegung beschrieben.)

*„**Wir haben uns eigentlich** nur aus Neugierde zusammengesetzt. Wir wollten herausfinden, ob wirklich was dran ist, am Gläserrücken. Die meisten von uns dachten wohl am Anfang, dass das reiner Humbug sei. Zu fünft saßen wir um den Tisch herum. Wir hatten alle Buchstaben und Zahlen sowie ‚Ja' und ‚Nein' auf ein Tapetenstück gemalt. In die Mitte stellten wir das umgekippte Glas. Jeder legte seinen Zeigefinger darauf. Tanja hatte schon mal bei Gläserrücken mitgemacht. Sie rief den Geist an. Erst nach einiger Zeit fing das Glas an zu rutschen. Wir waren erschrocken und erstaunt, als es tatsächlich klappte. Tanja stellte dem Geist verschiedene Fragen und der Geist antwortete wirklich. Immer wenn das Glas auf mich zurutschte, wurde mir ganz mulmig."*
(Andrea, 16 Jahre)

*„**Gestern haben wir wieder** Gläserrücken gemacht und dem Geist ganz konkrete Fragen gestellt. Der Geist hat mir geantwortet, dass ich an einer Krankheit sterben werde, und zwar in drei Jahren. Seitdem bin ich fix und fertig. Ich überlege mir, ob ich nicht gleich meine Ausbildung schmeißen soll, wenn ich eh nicht mehr lang zu leben hab. Wozu sich denn jetzt noch anstrengen?"*
(Stefanie, 17 Jahre)

*„**Ich war damals** ziemlich verzweifelt und deprimiert. Ich habe jemanden gesucht, der mich versteht, aber da war niemand. Dann bin ich darauf gekommen, mir ein Pendel zu kaufen und hab mir ein Alphabet gemacht. Ich hab gefragt, ob mein Freund mich noch mag, ob die Welt bald explodiert, wie lange unsere Katze noch lebt usw. Ich hab Antworten bekommen und dann ging's mir gut. Deshalb hab ich immer weitergemacht. Wenn ich aufgehört habe, ist es mir schlecht gegangen."*
(Irena, 15 Jahre)

WAHN UND WIRKLICHKEIT

*„**Alle saßen wir** um den großen Tisch in Jens' Dachzimmer. Auf dem Tisch lag ein Stück Tapete – umgedreht, das Weiße nach oben. Darauf stellte Harald das kleine Tischchen – das mit den Rollen unten dran. Neben dem einen Rad hat das einen Bleistift. Und der sollte dann auf der Tapete schreiben. Alle legten ihren Zeigefinger auf den Rand von dem Tischchen. Erst bewegte es sich nicht. Wir haben gewartet und gewartet, aber es passierte überhaupt nichts. Dann ist es doch ein bisschen gerollt. Aber aus dem Gekritzel, das der Bleistift geschrieben hatte, wurde keiner schlau. Und wir haben das immer wieder probiert. Mein Arm wurde ganz lahm und ich hatte dann fast kein Gefühl mehr drin. Zwei- oder dreimal meinte Harald, ein paar Buchstaben – wie etwa GZ oder CA oder VK – zu lesen. Aber keiner wusste, wieso das eine Antwort sein sollte auf das, was einer von uns gefragt hatte. Ab und zu knackte es. Alle hörten es, aber keiner wusste, woher es kam. Nach einer halben Stunde wollte keiner mehr und Jens hat die Vorhänge aufgezogen und die Kerzen ausgepustet.*

Alle waren enttäuscht und haben geschimpft. Nur Harald nicht. Er erzählte uns immer wieder, dass er es schon oft erlebt hat, dass es geklappt hat und Geister und Verstorbene was gesagt haben. Man muss jedoch, sagte er nun, ein Fenster öffnen, damit die Geister reinkommen können – und auch wieder hinaus. Und es darf nicht so laut sein. Man muss auch im Zimmer alle Spiegel möglichst mit schwarzen Tüchern verhängen, damit keiner sich selber in einem Spiegel sieht, aber auch, dass keiner die Geister in einem Spiegel sieht.

Er redete so lange, bis alle bereit waren, es ein zweites Mal zu versuchen. Jens zog wieder die Vorhänge zu, damit es etwas dunkler in seinem Zimmer wurde. Er wollte, dass ich eine Frage stellte. Das dauerte etwas, denn es sollte etwas sein, was keiner am Tisch wissen konnte. Ich fragte deshalb, was mein älterer Bruder als Letztes gegessen hat. Vor kurzem war er auf dem Rad im Dunkeln von einem Rechtsabbieger erfasst worden und auf der Fahrt ins Krankenhaus gestorben.

Und wieder dauerte es etwas, bevor das Tischchen zu rucken anfing. Als es damit aufhörte und die anderen sagten, was dort stand, wollte ich es nicht glauben. In krakeligen Buchstaben – aber ohne Zweifel – stand dort: W a f f e l n . Ich war wie vor den Kopf geschlagen und konnte es einfach nicht fassen. Denn eine knappe Stunde, bevor das damals passiert ist, hatte ich Waffeln gebacken und mit ihm zusammen gegessen."

✻ Das Thema „Okkultismus" interessiert Jugendliche von jeher. Präsentieren Sie Ihrer Schule doch einmal Ihre Erkenntnisse und neuen Erfahrungen, z. B. in Form einer Plakatwand. Noch mehr Anregungen zu einer Präsentation finden Sie auf Seite 261.

✻ Erklären Sie dieses Wunder.

✻ Stellen Sie sich vor, als Ergebnis entsteht das Gerücht, dass Marsmenschen gelandet seien. Wie könnte alles begonnen haben? Führen Sie den Dialog. Orientieren Sie sich dabei an der Mimik der Personen.

✻ Spielen Sie einen neuen Dialog mit einem anderen Ausgangssatz im Rollenspiel nach. Ratschläge für ein gut vorbereitetes Rollenspiel bzw. eine Verhaltensbeobachtung finden Sie auf Seite 262.

WAHN UND WIRKLICHKEIT

WUNDER, TRICK ——— ODER …?

Hellsehen – ein „Experiment“

Ein Zuschauer wählt aus drei Karten mit Symbolen völlig frei (wirklich!) eine aus. Der Vorführende kann sofort beweisen, dass er dies schon vorher vorausgesehen hat (oder dem Zuschauer „mental seinen Willen aufgezwungen hat“).

Das Geheimnis

— *Sie benötigen eine Streichholzschachtel und vier Kärtchen, die in die Lade passen.*

— *Auf drei Kärtchen zeichnen Sie jeweils ein Symbol: Quadrat, Kreis und Dreieck.*

■ *Auf das vierte Kärtchen schreiben Sie: „Sie werden das Quadrat wählen!“ und legen es umgedreht in die Schachtel. (Es wird am Anfang nicht mit den anderen drei Kärtchen herausgenommen, sondern wartet auf seinen Einsatz, s. u.)*

● *Auf die Rückseite des Kreiskärtchens schreiben Sie: „Sie werden diese Karte wählen!“*

▲ *Auf die Unterseite der Streichholzschachtel schreiben Sie: „Sie werden das Dreieck wählen!“*

Muss nun noch erklärt werden, wie das „Wunder“ zustande kommt, wenn der Zuschauer

● *die Kreiskarte wählt (Karte umdrehen)?*

■ *die Quadratkarte wählt (Schachtel aufmachen, Kärtchen herausholen …)?*

▲ *die Dreieckkarte wählt (Schachtelboden zeigen)?*

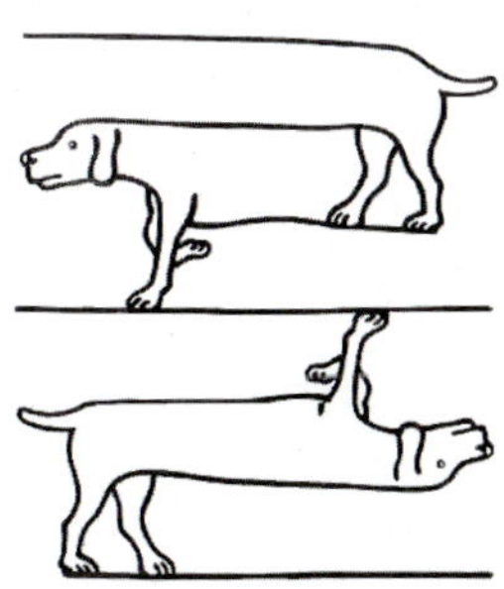

✻ Diese optischen Täuschungen zeigen jeweils zwei Bilder. Welche Folgerungen können Sie für den Bereich des Okkultismus daraus ziehen?

9 RELIGIONEN — EIN HAUS MIT VIELEN FENSTERN

BUDDHISMUS

HINDUISMUS

JUDENTUM

ISLAM

CHRISTENTUM

RELIGIÖSE REGELN UND VERBOTE – EIN VERGLEICH

DER SINN DES LEBENS

IM NETZ DER SEKTEN – EINE KURZÜBERSICHT

PROMI-KULT

IM BANNKREIS EINER SEKTE

BUDDHISMUS

							T			C			
		B	U	D	D	H	I	S	T	E	N		
	B	U	R	M	A		B		H	Y	E		
		D		K	O	R	E	A	A	L	P		
		D			J		T		I	O	A		
	C	H	I	N	A				L	N	L		
		I			P				A				
		S			A				N				
		M			N				D				
		U											
		S											

Dalai Lama (eigentlich Tanchu Dhondup), geistliches und weltliches Oberhaupt der Tibeter

Eine buddhistische Legende

Tanzan und Ekido, zwei Zen-Mönche, wanderten einmal eine schmutzige Straße entlang. Zudem fiel auch noch heftiger Regen.

Als sie an eine Wegbiegung kamen, trafen sie ein hübsches Mädchen in einem Seidenkimono, welches die Kreuzung überqueren wollte, aber nicht konnte.

„Komm her, Mädchen", sagte Tanzan sogleich. Er nahm es auf die Arme und trug es über den Morast der Straße.

Ekido sprach kein Wort, bis sie des Nachts einen Tempel erreichten, in dem sie Rast machten. Da konnte er nicht mehr länger an sich halten. „Wir Mönche dürfen Frauen nicht in die Nähe kommen", sagte er zu Tanzan, „vor allem nicht den jungen und hübschen. Wie konntest du es nur wagen, das Mädchen über die Straße zu tragen!"

„Ich habe das Mädchen dort an der Kreuzung abgesetzt", erwiderte Tanzan gelassen, „trägst du es noch immer?"

- **✻ Was bedeutet für Ekido „in die Nähe kommen", was für Tanzan?**
- **✻ Wofür steht das schöne Mädchen?**

Buddha, der Prophet des Ostens

Wir versetzen uns zurück in das Jahr 523 vor Christus in die bewaldeten Vorberge des Himalaja im heutigen Nepal.

Hier wird ein Mann geboren, dessen Leben und Lehren in ganz Asien bedeutenden Einfluss gewinnen sollten. Sein Name ist Siddhartha, er gehört zur Familie Gautama und zum Geschlecht der Sakyas.

Bereits als junger Mann entscheidet er sich, nach einer Lösung für die Leiden der Menschen, wie Alter, Krankheit und Tod, zu suchen. So beginnt er zu fasten.

Aber auch völlig abgemagert findet er keine Antwort und entscheidet sich, schließlich doch wieder zu essen. Auf seinen Wanderungen entlang des Nerandjara, eines Nebenflusses des Ganges, erblickt er einen Baum, den seine Anhänger später Bodhi nennen, den Baum der Erleuchtung.

Hier lässt er sich nieder und versinkt in lange und tiefe Meditationen. Nachdem er eine ganze Nacht so verbracht hat, erhält er die Erleuchtung, die ihm das wahre Wesen aller Dinge offenbart.

Als der Tag dämmert, ist er der „Erwachte" oder **Buddha**. Er ist erleuchtet vom Wissen über die Vergänglichkeit des Lebens und das Erlöschen aller Existenz, dem sogenannten **Nirvana.**

„Nur wer alle Begierden auslöschen kann und alle acht Verhaltensregeln einhält, kann das Nirvana erreichen. Nirvana ist ein Zustand reiner Wahrheit, Güte und Freiheit.“

Die vier heiligen Wahrheiten

1. **Das Leben ist Leiden.** Leiden ist Geburt, Krankheit, Tod oder wenn man einfach nicht bekommt, was man will.
2. **Ursache des Leidens.** Die Ursache des Leidens ist die Gier nach Macht, Lust und Leben.
3. **Aufheben des Leidens.** Das Leiden kann aufgehoben werden durch Auslöschen oder Aufgeben der Begierden.
4. **Weg zur Erlösung.** Erlösung verspricht der achtfältige Pfad.

Der achtfältige Pfad

Rechtes Meditieren
(Verweilen in der Meditation – sich in sich selbst versenken)

Rechtes Überdenken
(auf Konzentration und Meditationshaltung achten)

Rechtes Streben
(nach Erlösung streben)

Rechtes Leben
(bescheiden und rechtschaffen sein)

Rechtes Handeln
(nicht töten, stehlen, unkeusch sein)

Rechtes Reden
(die Wahrheit sagen)

Rechte Entscheidung
(sich nicht von Begierden steuern lassen)

Rechte Anschauung
(was ist das Leid, wie ist es entstanden, wie kann es überwunden werden)

9 RELIGIONEN —

HINDUISMUS

					H	I	N	D	U	S			
		P	A	R	I	A	S						
					N								
			I	N	D	I	E	N			A		
			B	A	U	E	R	N			D		
			K	R	I	E	G	E	R		L		
					S						I		
	B	R	A	H	M	A	N	E	N		G		
			K	A	U	F	L	E	U	T	E		
					S								

Mahatma Gandhi

Die Neue
Shari, deren Vater im Austausch bei einer großen Firma in Berlin arbeitet, steht Rede und Antwort in ihrer Gastklasse.

„Shari, du bist doch aus Indien, sag mal, was ist einzigartig am Hinduismus?"

*„Der Hinduismus stützt sich auf zahlreiche heilige Schriften. Die wichtigste heißt ‚Gesang des Erhabenen' **(Bhagawadgita)**. Und alle sagen aus, dass die Welt durch **Brahman** geschaffen wurde."*

„Aha, Brahman heißt also auf Deutsch Gott?"

*„Nicht ganz. Brahman ist eine göttliche Energie, deren Funken sich in allem findet, was lebt. Dieser innere Funke heißt **Atman**."*

„Ach ja, bei euch gibt es ja die Wiedergeburt, nicht wahr?"

„Ja, wir glauben, dass, je nachdem wie gut ein Hindu zu Lebzeiten war, er als Tier, als Mensch oder auch als Stein wiedergeboren wird, das meinen wir auch mit Seelenwanderung."

„Und was versteht man unter dem Kastensystem Indiens?"

*„In der hinduistischen Gesellschaft gibt es vier Kasten: die **Brahmanen,** also die Priester, die **Kshatriya,** die Krieger und den Adel, die **Vaishya,** also Handwerker, Kaufleute und Bauern, und die **Shudras** – die Arbeiter und Diener.*

*Außerhalb dieser Kasten stehen die **Parias** (Harijans), die Unberührbaren."*

„Die darf man nicht anfassen?"

„Die Parias verrichten die niedrigsten Arbeiten und leben als Ausgestoßene. Und weil bei uns Reinheit eine große Rolle spielt, darf man nur innerhalb der eigenen Kaste heiraten und auch keine Angehörigen anderer Kasten berühren."

An Brahman, den Ursprung allen Seins

Du bist Mann
und du bist Frau.
Du bist der Jüngling,
du bist das Mädchen,
und du bist der Greis,
der mit seinem Stock dahinwankt.
Du bist der dunkelblaue Schmetterling
und der grüne Papagei mit den roten
Augen.
Du bist die Gewitterwolke,
die Jahreszeiten
und die Ozeane.
Du bist ohne Anfang,
jenseits von Zeit und Raum.
Du bist der Ursprung allen Seins.

(Svetashvatara Upanishad, IV/3-4)

EIN HAUS MIT VIELEN FENSTERN

Die Kuh – ein heiliges Tier

In Indien leben etwa 1,1 Milliarden Menschen und zirka 300 Millionen Rinder und Büffel – doch die Ernährungslage ist keineswegs hervorragend.

Kühe gelten in Indien als heilig. Man findet sie überall, auch in den Städten, abgemagert und geschwächt. Trotzdem käme kein gläubiger Hindu auf die Idee, ein solches Tier zu schlachten.

Erlösungswege

Hindus finden Erlösung darin, dass sie bei der Wiedergeburt eine höhere Stufe erreichen oder sich ganz aus dem Kreislauf der Wiedergeburt lösen.

Dahin führen drei Wege:

Erlösung durch Taten
(Opfer, Gebete, Waschungen)

Erlösung durch Liebe an Gott und die Menschen

Erlösung durch Erkenntnis
(Meditation, Loslösen von inneren Begierden, vom Streben nach Reichtum und Macht)

Mahatma Gandhi – ein Freiheitskämpfer und Friedensstifter

Passiver Widerstand und ziviler Ungehorsam waren die Waffen Mahatmas („die große Seele“, 1869 – 1948). Er erreichte durch seinen Kampf der Gewaltlosigkeit, dass die Engländer ihre Herrschaft über Indien aufgaben.

Durch ihn wurde Indien unabhängig und blieb eine Demokratie.

Albert Einstein sagte über ihn: „Kommende Generationen werden kaum glauben, dass ein Mensch wie er jemals in Fleisch und Blut auf dieser Erde wandelte.“

Kastenordnung

Die Kastenordnung ist gesetzlich verboten, trotzdem ist der Alltag von ihr geprägt. Die Zahl der Kasten hat sich auf ungefähr 3 000 Unterkasten erweitert, die sich voneinander abgrenzen.

Brahmanen
Priester
Grundbesitzer

Kshatriyas
Beamte, Soldaten, Grundbesitzer …

Vaishyas
Kaufleute, Händler, Geldverleiher, Grundbesitzer …

Shudras
Bauern, Pächter, Landarbeiter, Dorfpolizisten, Ölpresser, Töpfer, Weber, Schneider …

Parias
Schmiede, Metzger, Fischer, Wäscher, Landarbeiter, Straßenreiniger, Schuhmacher, Gerber

- **Das Kastenwesen widerspricht den demokratischen Idealen moderner indischer Politiker. Warum?**
- **Wie sieht der Hinduismus das Ziel und die Wege der Erlösung?**
- **Worin liegen die Unterschiede zum christlichen Verständnis von Erlösung und Heil?**

9 RELIGIONEN — EIN HAUS MIT

JUDENTUM

							R						
							A						
			J	A	K	O	B						
			U				B						
			D			I	I		P				
			E		A	S	Y	N	A	G	O	G	E
			N	M	B	R			S				
		T	H	O	R	A			S				
				S	A	E			A				
				E	H	L			H				
			I	S	A	A	K						
		T	A	L	M	U	D						

Shalom – Friede sei mit dir

Das Judentum ist die älteste der monotheistischen (Ein-Gott-)Religionen mit zirka 4000 Jahren Geschichte. Auf ihm wurzeln Christentum und Islam.

Das Judentum gilt als Religion der Väter Abraham, Isaak und Jakob. Abraham (2000 v. Chr.) gilt als Vater des Glaubens. Moses (1200 v. Chr.) ist der Vermittler der Thora und der eigentliche Begründer des israelischen Stammes.

Das heilige Buch der Juden ist die Bibel, insbesondere die fünf Bücher Moses aus dem Alten Testament **(Thora)**, aber auch die **Mischna**. Sie ist eine Sammlung jüdischer Gesetze und Grundlage des Talmuds. Der **Talmud** wiederum stellt eine Zusammenfassung der gesammelten jüdischen Tradition, Lehre und Weltanschauung dar.

Während der Glaube bis zirka 70 n. Chr. in Tempeln praktiziert wurde, folgten danach Synagogen als Bet- und Lehrhäuser.

Heutzutage erfüllen die Synagogen die Aufgaben von Gemeindehäusern, in denen man sich am **Sabbat** oder an Feiertagen zum Gottesdienst versammelt.

Hier gibt es keinen Altar, sondern einen Schrein, in dem die wertvollen Thorarollen aufbewahrt werden.

Die Aufgaben eines Rabbiners ähneln denen eines Pfarrers. Er ist zwar kein Priester, hat aber Autorität über die Gemeinde und ist ihr geistiger Leiter.

Das Einhalten von Speise- und Reinheitsvorschriften sowie das Studium der Thora gehören zur Pflicht jedes gläubigen Juden.

Mit 13 Jahren feiern die jüdischen Jungen ihr Bar-Mizwa-Fest, d. h., sie dürfen zum ersten Mal in der Synagoge aus der Thora lesen und gelten von nun an als vollwertige Mitglieder der Gemeinde.

Ein Blick vom Ölberg aus auf das heutige Jerusalem. Der Kuppelbau rechts ist der Felsendom, das Gebäude im Vordergrund die Magdalenenkirche. Die Stadt Jerusalem ist für Juden, Christen und Moslems von hoher religiöser Bedeutung.

*** Kennen Sie persönlich einen jüdischen Mitbürger?**
*** Besuchen Sie jüdische Gedenkstätten, Friedhöfe und Synagogen Ihres Wohnorts.**

VIELEN FENSTERN

Junger Jude in Jerusalem

Zehn Kinder – das ist für den orthodoxen Juden Chiim beschlossene Sache. Wie sein Vater, der die jüdischen Traditionen an insgesamt 13 Kinder weitergegeben hat, will auch er eine Großfamilie gründen und sein Leben ganz im Sinn der Thora führen. Für den 19-Jährigen ist schon in sechs Monaten Hochzeit.

Für Chiim bedeutet der Sabbat Gebete in der Synagoge, kein Auto, kein Fernsehen, kein Feuer, selbstverständlich keine Arbeit. Am liebsten spaziert er durch das jüdische Viertel der Altstadt von Jerusalem oder er verneigt sich vor der Klagemauer, dem heiligen Ort der Juden, wo Gläubige Papierfetzen mit Gebeten in die Wandritzen stecken.

All dies erzählt Chiim erst nach einigem Zögern – verständliche Vorbehalte gegenüber Deutschen: Sein Urgroßvater ist in Auschwitz von den Nazis ermordet worden.

Für Chiim und für alle Juden ist klar: Jerusalem ist die Hauptstadt Israels und das Zentrum des jüdischen Glaubens. Und zwar die ganze Stadt. Bis 1967 war Jerusalem geteilt. Die Araber erheben heute noch Anspruch auf „ihren" Teil im Osten – eines der größten Probleme im Friedensprozess. Dabei macht die Altstadt auf den Besucher einen friedlichen Eindruck, sieht man einmal davon ab, dass schwer bewaffnete Soldaten die Heiligtümer bewachen. Trotzdem kann man völlig gefahrlos vom muslimischen ins Christen- und vom Christen- ins Judenviertel bummeln, die Trennlinien existieren nur in den Köpfen ihrer Bewohner. Aber was heißt „nur"?

Orthodoxe Juden

An der Klagemauer in Jerusalem

Vision

Gottesdienst. Das
Eingangslied ist verklungen.
Der Pfarrer steht am Altar und beginnt:
„Nichtarier[1] werden gebeten, die Kirche zu verlassen."
Niemand rührt sich.
„Nichtarier werden gebeten, die Kirche sofort zu verlassen."
Wieder bleibt alles still.
„Nichtarier werden gebeten, die Kirche sofort zu verlassen."
Da steigt Christus vom Kreuze des Altars herab und verlässt die Kirche.

(Martin Niemöller)

✻ Keine Lust auf Klassenzimmer? Führen Sie doch einmal eine Erkundung durch. Mehr dazu auf Seite 253.

[1] Arier: Angehöriger der sogenannten nordischen Rasse

ISLAM

Die fünf Säulen des Islam

Glaube
Schahada: *Jeder gläubige Moslem spricht einmal täglich sein Glaubensbekenntnis.*

Gebet
Salat: *Das Pflichtgebet muss fünfmal am Tag zu bestimmten Zeiten verrichtet werden.*

Almosen
Zakat: *Für jeden Moslem gibt es eine Almosensteuer, die zirka 2,5 % des gesamten Besitzes beträgt. Sie dient der Unterstützung der Armen.*

Fasten
Saum: *Während des Ramadan darf zwischen Sonnenaufgang und Sonnenuntergang nicht gegessen oder getrunken werden. Der Moslem besinnt sich ganz auf Gott.*

Pilgerfahrt
Hadsch: *Die Pilgerfahrt nach Mekka ist für den bekennenden Moslem ein Höhepunkt seines Lebens.*

Der Prophet Mohammed

Etwa um 570 n. Chr. kam Mohammed („der Gepriesene“) in der Stadt Mekka zur Welt. Sein Vater verstarb bereits vor seiner Geburt, seine Mutter starb, als er sechs Jahre alt war. Er wächst erst bei seinem Großvater, dann bei seinem Onkel auf. Später verdient er seinen Lebensunterhalt als Karawanenführer der reichen, 15 Jahre älteren Witwe Khadija. Im Alter von 25 Jahren bietet sie ihm die Ehe an und er willigt ein.

Im Jahr 610 erscheint ihm auf dem Berg Hira der Erzengel Gabriel, der ihm verkündet, dass er als Gesandter Gottes auserkoren sei. Mohammed beginnt drei Jahre später seine Botschaft zu verkündigen: Allah ist alleiniger Gott und vor ihm sind alle Menschen gleich. Am Tag des jüngsten Gerichts müssen sich alle vor ihm verantworten.

Nachdem Christen und Juden Mohammed nicht als neuen Propheten anerkennen, verlässt er mit seinen Anhängern im Jahr 622 Mekka und siedelt nach Medina über, wo seine Lehren Gehör finden. (Auf diesen Zeitpunkt wird später auch die islamische Zeitrechnung festgesetzt.) 624 stiftet er den **Islam** als neue Religion in der als rein geltenden Tradition des Ur-Vaters Abraham. Er lässt Moscheen bauen, legt die Gebetsrichtung von Jerusalem nach **Mekka** und andere Pflichten fest. Um 630 erobern die Moslems Mekka, woraufhin diese Stadt von ihm zum Heiligtum erklärt wird. 632 unternimmt er seine letzte Pilgerfahrt. Er stirbt im gleichen Jahr in Medina als angesehener Prophet, Politiker und Führer, der die jüdisch-christliche Tradition eines einzigen Gottes fortführte und das Fundament des Islams schuf, nach dem die Moslems ihr Leben ausrichten: den **Koran.**

Murat zeigt uns etwas

„Bitte, vergesst eure Kopftücher nicht und zieht euch lange Röcke an", rief Murat gestern zum Abschied.

„Na gut, wenn's weiter nichts ist, aber wozu?", antwortete ich. Heute weiß ich mehr.

Eine Moschee ist eine heilige Stätte, die im Grundriss unseren Kirchen ähnelt. In Deutschland gibt es nur wenige Moscheen. Diese sind von außen an ihren Minaretten (schlanke Türme) erkennbar.

In den islamischen Ländern ruft von dort oben der ***Muezzin*** *(Gebetsrufer) zum Gebet. Heute kommt sein Sprechgesang aber oft von der Kassette.*

Bevor wir die Moschee betreten, kommen wir an einem Brunnen vorbei, an dem sich die Muslime waschen, bevor sie zum Gebet gehen.

Am Eingang sehen wir viele Schuhe stehen. Auch wir müssen unsere ausziehen, um den heiligen Ort nicht zu beschmutzen.

In der Moschee liegen Teppiche und Matten, sie bedeuten reinen Boden, auf dem die Muslime beten.

Am vorderen Ende des Gebetsraumes befindet sich eine Nische, ähnlich der Altarnische in unseren Kirchen. Sie heißt ***Mihrab****. Der Mihrab zeigt den Gläubigen die Richtung nach Mekka.*

Neben dem Mihrab steht der ***Minbar****, ein Predigtpodest, so wie unsere Kanzel.*

Reinheit ist oberstes Gebot. Das geht so weit, dass Frauen während ihrer Menstruation und 40 Tage nach der Geburt eines Kindes die Moschee nicht betreten dürfen. Bei den seltenen gemeinsamen Gebeten beten die Frauen hinter den Männern, um sie durch ihre körperlichen Reize nicht zu stören.

Deshalb sind auch das Kopftuch und ein langer Rock Pflicht.

Der Koran – Allahs Wort in Mohammeds Ohr

Das heilige Buch der Moslems, der **Koran**, umfasst 114 Kapitel, die sogenannten **Suren.** Sie sind ihrer Länge nach geordnet und enthalten viele Gedanken aus dem Juden- und Christentum.

Der Koran entstand erst nach Mohammeds Tod und gilt als Offenbarung des Willens Allahs. Seine Originalsprache ist Arabisch. Auch heute noch lernen viele muslimische Kinder den gesamten Koran in seiner arabischen Fassung auswendig.

Im Gegensatz zu den anderen beiden Buchreligionen (Judentum und Christentum) ist das geschriebene Wort Gottes auch heute noch von bedeutender Wichtigkeit für das persönliche und gesellschaftliche Leben der Moslems.

- **Welche Erfahrungen in Bezug auf ihren Glauben haben Sie mit Moslems gemacht?**
- **Was kann für ein besseres gegenseitiges Verständnis zwischen Moslems und Christen getan werden?**

Verschleierte Wirklichkeit – die Rolle der Frau im Islam

In der allgemeinen Diskussion über den Islam ist wiederholt festzustellen, dass ein Großteil des Interesses dem Themenbereich „Frau im Islam" gilt. Die muslimische Frau mit Kopftuch oder Schleier, wie man sie hierzulande auf den Straßen oder in den Medien sieht, birgt für manche Menschen etwas Fremdes und Unbekanntes. Damit verbunden werden zum Teil Begriffe wie „Fundamentalismus", „Rückständigkeit", „Unterdrückung" oder „Demütigung" oder die Frau mit Kopftuch wird belächelt oder bemitleidet.

Unter dem Kopftuch stecken aber durchaus selbstbewusste, denkende Frauen, die ein Recht darauf haben, ernst genommen zu werden. Umso mehr, wenn man bedenkt, dass in den letzten Jahren auch deutsche Frauen zum Islam übergetreten sind. Die Gründe hierfür sind vielfältig und meist sehr persönlich.

Gleichberechtigung zwischen Mann und Frau im Islam?

Im Islam geht es darum, unter Berücksichtigung der Verschiedenheit der Geschlechter Gerechtigkeit zwischen beiden herzustellen. Daher hat Gott dem Mann und der Frau bestimmte Rechte und Pflichten zugewiesen, die ihrer jeweiligen Natur gerecht werden. Wenn sie sich jedoch von ihrer Natur entfernen, kommt dies einer „Gleichmachung" nahe. Vor Gott sind beide gleich. Aber in ihrer Beziehung zueinander sind die jeweiligen Rechte des Einzelnen unterschiedlich, wie ja auch Mann und Frau von Natur aus unterschiedlich sind. Grundsätzlich kann man sagen, dass sich die Rechte des einen aus den Pflichten des anderen ergeben und umgekehrt.

*** Können Sie sich vorstellen, zum islamischen Glauben überzutreten?**

*** Welche Gründe könnte es geben, dass eine christlich erzogene Frau dem Islam beitritt?**

[1] Polygamie: Vielehe

Frauen im Islam – was man denkt ...
Falsch: Frauen haben keine Seele und gehen nicht ins Paradies ein.
Richtig: Der Koran spricht deutlich davon, dass das Paradies für Männer und Frauen bestimmt ist.

Falsch: Frauen dürfen keinen Besitz haben.
Richtig: Die Brautgabe bleibt im vollen Besitz der Frau. Allerdings existiert keine Zugewinngemeinschaft und die Frau erhält keinen Anteil am Besitz des Mannes.

Falsch: Der Islam verbietet Frauen, lesen und schreiben zu lernen.
Richtig: Der Islam lobt den Wissenserwerb für Männer und Frauen. Grenzen setzen jedoch die Anstandsregeln.

Falsch: Scheidungen sind für Männer einfach und polygame[1] Ehen sind die Regel.
Richtig: Die Scheidung hat auch für den Mann viele Nachteile und wird als nachteilig und „gesellschaftszersetzend" betrachtet. Polygame Ehen sind eher die Ausnahme.

Falsch: Die Mädchenbeschneidung ist eine islamische Pflicht.
Richtig: Die Mädchenbeschneidung ist eine afrikanische vor-islamische Tradition, die allerdings in einigen afrikanischen Ländern in den Islam aufgenommen wurde.

Falsch: Der Koran schreibt den „Schleierzwang" für alle muslimischen Frauen vor.
Richtig: Der Koran spricht lediglich vom „Bedecken" oder von „Gewändern". Diese Anweisungen zum „Bedecken" sind in verschiedenen Ländern und Epochen ganz unterschiedlich ausgelegt worden.

Es trifft aber zu ...
- dass der Mann im Zeugen- und Erbrecht bevorzugt wird.
- dass die Scheidung für den Mann traditionell leichter ist durch Aussprechen einer Formel, während eine Frau ein Gerichtsverfahren benötigt.
- dass der Koran nach überwiegender Meinung dem Mann die Ehe mit bis zu vier Frauen erlaubt (Sure 4,3).
- dass der Mann nach überwiegender Auffassung das Recht auf Gehorsam seiner Frau und im Notfall das Züchtigungsrecht hat.
- dass im traditionellen Bereich die Frau wegen der vorherrschenden Auffassung von Ehre und Schande nur begrenzte Bewegungsmöglichkeiten hat und auf ihre Rolle als Ehefrau und Mutter festgelegt ist.

Viele muslimischen Frauen sind mit ihrer Ehe- und Familiensituation zufrieden und betrachten das westliche Lebensmodell als nachteiliger – sei es, weil die Erwartungen an Ehe und Familie ganz andere als die westlichen Erwartungen sind, sei es, weil der Mann die ihm zustehende Machtposition nicht ausnutzt und auf die Frau Rücksicht nimmt, sei es, indem die Frau die traditionellen Werte von ihrer Nachordnung und seiner Überordnung verinnerlicht und von Gott gegeben betrachtet.

Allerdings
Rechtlich und gesellschaftlich ist der Mann im Islam eindeutig in einer bevorzugten Position, die ihm mehr Entscheidungs- und Bewegungsspielraum einräumt. Wohl und Glück seiner Frau liegt sehr stark in seiner Hand, während es für sie im traditionellen Bereich schwierig sein wird, einerseits den religiösen Rahmen zu achten und zu wahren und gleichzeitig aufgrund der klar definierten gesellschaftlich-religiösen Rollen alternative Konzepte für sich zu entwerfen und zu leben, die ihr größeren Bewegungsraum geben könnten.

Dr. Christine Schirrmacher,
Islamwissenschaftlerin

„Ist Nagellack verboten?"

Deutschsprachiger Islamunterricht für muslimische Schüler hilft bei der Integration und beim Spracherwerb

Lamya Kaddor, 29, könnte auch als große Schwester durchgehen. Es gibt nicht viele Lehrer in der Glückauf-Hauptschule in Dinslaken-Lohberg, die selbst von den pubertierenden Jungs geliebt werden: „Sie ist eine von uns", erklärt Hüseyin stolz.

In Dinslaken-Lohberg machte vor zwei Jahren der Schacht dicht; wer konnte, zog weg. Im Edeka kaufen fast nur Türken. Die drei Moscheen sind auch wochentags gut besucht; von den wenigen Deutschen, die hier leben, sind viele aus Russland gekommen. Kaddors Eltern wanderten einst aus Syrien ein.

Kaddor ist mit einem zum Islam konvertierten Deutschen verheiratet. Sie betet und fastet genauso wie ihre Schüler, spricht Deutsch, Arabisch und Türkisch. An der Glückauf-Hauptschule unterrichtet sie „Islamkunde in deutscher Sprache". Nur wenige Schulen lehren dieses Fach, das sich als sehr positiv erweist: Hier sind muslimische Schüler Experten, das ist gut fürs Selbstbewusstsein. (…)

Ein Modellversuch an niedersächsischen Grundschulen beweist, dass es seltener Streitereien zwischen Arabern und Türken gibt. Mütter, sogar Väter muslimischer Schüler kommen zum Elterngespräch. Für viele muslimische Eltern war die neue Religionslehrerin zuerst ein Schock: eine Frau, jung, kein Kopftuch, nicht türkischstämmig. Trotzdem: Kein einziges Kind wurde vom Unterricht abgemeldet und Lamya Kaddor ahnt, warum: „Hier ist Religion oft das einzig Positive für die eigene Identität."

Der Islamunterricht ergänzt nun die Koranschule. (…) Mustafa erklärt es so: „In der Moschee lernen wir Koran lesen, alles andere lernen wir bei ihr." Die erste Lektion: Frauen steht Autorität zu; aber vor allem lernen die Kinder, Fragen zu stellen – in den meisten Koranschulen undenkbar: „Ist Nagellack im Koran verboten?" – „Muss ich ein Kopftuch tragen, wenn mein Mann das will?"

Kaddor versucht den Schülern klarzumachen, dass man etwas über die Zeit wissen sollte, in der die Heilige Schrift entstand. Und dass man als moderner Muslim manches anders verstehen kann, z. B. den Vers über die Ungläubigen: *„Tötet sie, wo immer ihr sie findet."* Damit, so erklärt Kaddor, meinte Allah zu Mohammeds Zeit die Bewohner eines bestimmten feindlichen Dorfs und nicht eine Kampfansage an alle Nichtmuslime.

Manchmal gelangt aber auch sie an ihre Grenzen: Als sie mit Schülern über den Mord an dem niederländischen Filmemacher Theo van Gogh sprach, der einen in den Augen vieler Muslime gotteslästerlichen Film gedreht hatte, fanden es einige ganz in Ordnung, dass man „das Schwein abgestochen" habe. Ein Junge fragte, ob nicht im Koran stehe, dass jeder Muslim die Pflicht habe, Juden zu töten. Kaddor antwortet, „Glaubst du, Allah hat nichts Besseres zu tun, als die Menschen gegeneinander zu hetzen?" (…)

Kaddor hat an einem Leitfaden für den Umgang mit muslimischen Schülern mitgearbeitet: Z. B. kann ein islamisches Mädchen den Schwimmunterricht durchaus mitmachen, zur Not im Ganzkörperbadeanzug; man kann auch religiöse Eltern davon überzeugen, ihre Kinder auf Klassenfahrten zu lassen, wenn islamische Regeln eingehalten werden.

Theoretisch könnten solche Fragen auch die Lehrer vermitteln, die Migrantenkindern an deutschen Schulen „muttersprachlichen Ergänzungsunterricht" erteilen. Doch die Türkei entsendet hierfür vorzugsweise ältliche Männer, die von der Lebenswelt der Schüler keinen Schimmer haben und meist

Lamya Kaddor, Islamlehrerin

kein Deutsch sprechen. Als Kaddor hier zu unterrichten begann, glaubten manche Kinder, Mohammed sei in Istanbul geboren und Atatürk ein Prophet. (…)

Schulleiter Herpers ist überzeugt: „Wer Integration will, der muss auch Islamunterricht geben." (…) Weil keine für die Schule brauchbare Übersetzung des Koran existiert, hat Kaddor das heilige Buchs selbst neu sortiert, übersetzt und erläutert.

In der Klasse steht ein schwieriges Thema an: das Gottesverständnis. *„Er ist der Eine Gott"*, heißt es in Sure 112. *„Er zeugt nicht und ist nicht gezeugt."* Stirnrunzeln in den Bänken: Wie ist das mit dem Zeugen zu verstehen? „Er kann keine Kinder kriegen", schlägt Umut vor. Kaddor liest ihre eigene Übersetzung vor: „Gott hat weder Kinder gezeugt, noch ist er selbst gezeugt worden." Die Sure spiele auf die Christen an, die glauben, Gott habe einen Sohn, der zugleich Mensch ist. „Es ist interessant, was über andere Religionen zu lernen", findet Gülçin.

Eine Frage, die Politiker bewegt, hat sich an dieser Schule längst erledigt: „Sollte Islamunterricht auf Türkisch stattfinden?" fragt Kaddar. „Nein! Deutsch ist für uns total wichtig", wehrt Sibel empört ab. „Wir müssen besser reden lernen, sonst nehmen die uns nicht, später, wenn wir arbeiten wollen." – „Ich kann gar kein Türkisch", gibt Sana aus Marokko zu bedenken.

„Wichtiger Schritt in richtige Richtung"

Im kommenden Schuljahr gibt es auch in Bamberg einen islamischen Unterricht.

Das neue Modellprojekt „Islamischer Unterricht an deutschen Schulen" ist geplant als eine Alternative zum Ethikunterricht und trifft auf reges Interesse in der Stadt Bamberg. Die Inhalte dieser neuen Unterrichtsform erläuterte die Islamwissenschaftlehrerin Aysun Yasar: „Es gibt bereits erste Lehrpläne sowie Schulbücher. Es soll aber kein Frontalunterricht in Islam werden, sondern vielmehr soll der Unterricht ergänzend zum Angebot der Moscheen stehen und vor allem klassische Inhalte wie Gott und das Leben des Propheten lehren."

Es werde aber auch auf andere Religionen eingegangen. Auch sei der Lehrplan staatlich überprüft und festgesetzt worden, sodass niemand fürchten müsse, hier würden extreme Glaubensinhalte vermittelt.

Für Mitra Sharifi-Neystanak ist die Einführung des islamischen Unterrichts ein wichtiger Schritt in die richtige Richtung. „Zunächst ist zwar das Modellprojekt bei weitem noch nicht flächendeckend, auch wird fortan nur vom islamischen Unterricht und nicht vom islamischen Religionsunterricht gesprochen", sagte sie.

Aber es sei doch ein großer Schritt weiter, als gläubige Kinder in einen Ethikunterricht zu stecken. Dem pflichtete auch Dr. Abd el-Halim Ragab bei: „Es ist zwar noch nicht ganz das endgültige Ziel, aber dennoch ist aus dem Nichts etwas geschaffen worden, was durchaus zukunftsfähig ist."

CHRISTENTUM

					C			G					
					H			O	J				
			C	H	R	I	S	T	E	N			
			H		I			T	S				
			R		S		T	A	U	F	E		
			I		T				S			K	
			S		U							I	
			T		S							R	
			E	V	A	N	G	E	L	I	S	C	H
A	B	E	N	D	M	A	H	L				H	
	K	A	T	H	O	L	I	S	C	H		E	
		E	U	C	H	A	R	I	S	T	I	E	
F	I	R	M	U	N	G							

Ein Christentum – viele Kirchen

Das Christentum, das aus der jüdischen Religion entstand, hat seinen Ursprung im Leben und Wirken von Jesus von Nazareth.

Mit seiner Geburt beginnt auch unsere Zeitrechnung. Das heilige Buch im Christentum ist die **Bibel**, insbesondere das **Neue Testament**.

Eine Gemeinsamkeit mit dem Judentum und dem Islam ist, dass es nur einen Gott gibt, diesen allerdings in drei Personen: als Vater, als Sohn und als Heiligen Geist.

Der Mensch ist im Christentum ein Geschöpf Gottes – er ist ihm ähnlich und alle seine Sünden können ihm vergeben werden.

Der Christ glaubt an ein ewiges Leben, also auch an ein Leben nach dem Tod und an die Wiederauferstehung am Jüngsten Tag. Dabei unterscheidet ihn vom Hindu, dass es keine Wiedergeburt auf Erden, sondern ein Weiterleben in der Gemeinschaft mit Gott gibt.

Eine geeinte christliche Kirche gibt es nicht. Vielmehr gliedert sie sich in drei Hauptrichtungen:

Orthodox
Als orthodox werden die Kirchen des Ostens bezeichnet, z. B. die griechisch-orthodoxe und die russisch-orthodoxe Kirche. Christen dieser Kirchen bezeichnen sich aber auch als katholisch.
Weitere Merkmale:
- Verehrung von Heiligenikonen[1]
- Der Papst und seine Unfehlbarkeit wird nicht anerkannt
- Orthodoxe Priester leben zölibatär[2]
- Es gibt keine weiblichen Priester
- Glaube an die Jungfräulichkeit Marias
- Sieben Sakramente (Taufe, Kommunion, Firmung, Buße, Letzte Ölung, Ordination[3], Ehe)

Römisch-katholisch
Oberhirte der Katholiken ist der Papst in Rom. Seine Entscheidungen gelten bei den katholischen Gläubigen als unfehlbar.
Weitere Merkmale:
- Heiligen- und Reliquienverehrung[4]
- Für Priester gilt das Zölibat
- Frauen werden nicht zum Priesteramt zugelassen
- Festhalten an der Jungfräulichkeit Marias
- Sieben Sakramente (vgl. orthodox)

Evangelisch
Diese Bezeichnung gilt seit Luther. Das Evangelium ist oberster Maßstab. Evangelische Christen werden auch als Protestanten bezeichnet.
Weitere Merkmale:
- Der Papst und seine Unfehlbarkeit werden abgelehnt
- Keine Heiligen- und Reliquienverehrung
- Die Ehe steht über dem Zölibat
- Frauen haben Zugang zum Pfarrberuf
- Zwei Sakramente: Taufe und Abendmahl

✻ Wo liegen die Gemeinsamkeiten, wo die Unterschiede zum Islam und Judentum?

[1] Ikone: geweihtes Bild
[2] zölibatär: ehelos, Keuschheit lobend
[3] Ordination: Weihe eines Geistlichen
[4] Reliquie: Überreste eines Heiligen; Gegenstand religiöser Verehrung

MIT VIELEN FENSTERN

*„**Jetzt reicht's –** jetzt trete ich aus der Kirche aus!" Danièle ist sauer.*

„Da schufte ich den ganzen Tag und bin dann nur am Zahlen: Lohnsteuer, Sozialversicherungsbeiträge und auch noch Kirchensteuer. Außerdem gehe ich sowieso nie in die Kirche."

„Und was ist mit deiner Hochzeit in Weiß?", fragt da Sabine.

„Na ja, vielleicht warte ich noch so lange mit dem Austritt, andererseits kann ich auch auf dem Standesamt mein Brautkleid tragen."

„Das ist aber reichlich kurzsichtig von dir", entgegnet Sabine. „Du wolltest doch Taufpatin meiner ersten Tochter werden, oder? Das ist dann aber nicht mehr möglich. Und überhaupt – bist du dir darüber im Klaren, dass wir ständig kirchliche Einrichtungen nutzen? Nimm doch nur die Kindergärten und Freizeitheime. Sie sind zum Großteil in kirchlicher Trägerschaft."

„Das mit der Taufpatin war mir noch gar nicht bewusst. Und das mit den kirchlichen Einrichtungen … Du hast ja Recht. Aber irgendwie fehlt mir die Überzeugung. Ich glaube, ich denke noch mal darüber nach."

Jeder Zweite glaubt an einen Schutzengel

Eine Forsa-Umfrage bei 1 000 Deutschen erbrachte, dass
48 %
an einen persönlichen Schutzengel glauben.
55 %
der Befragten sehen Engel als ein religiöses Symbol an. Jeder Zehnte erklärte, er habe sogar schon einmal einen Engel gesehen.
Vor allem Frauen glauben an Engel:
41 %
sagen Ja, bei Männern sind es
29 %.
24 %
stellen sich Engel mit Flügeln vor,
21 %
mit weißen Kleidern. Nur
8 %
der Teilnehmer konnten sich männliche Engel vorstellen.

Mehrheit hegt Glaubenszweifel

Nur noch
35 %
der Deutschen glauben an die Auferstehung Jesu. Selbst unter Kirchenmitgliedern gibt es große Glaubenszweifel:
51 %
der katholischen und
36 %
der evangelischen Christen glauben an die Auferstehung des Sohnes Gottes.
Besonders krass ist das West-Ost-Gefälle:
78 %
der Ostdeutschen, aber „nur"
51 %
der Westdeutschen zweifeln am christlichen Osterglauben.
Gespalten sind die Deutschen in der Frage, ob es ein Leben nach dem Tod gibt:
45 %
können sich dies vorstellen und
46 %
nicht. Auffällig war dabei, dass junge Leute im Alter von 14 bis 29 eher daran glauben, nämlich zu
63 %.
Die über 60-jährigen Bundesbürger sind mit
27 %
besonders skeptisch.

Ökumenische Trauung mit einem katholischen und evangelischen Geistlichen

✻ **Warum kann die Kirchensteuer allein nicht helfen, den lebendigen christlichen Glauben weiterzutragen?**

CHRISTENTUM

Kreuzigung
Mathias Gothart Grünewald, um 1513/15, Außenflügel des Isenheimer Altars, Kolmar

Dem Christentum als zahlenmäßig größte Weltreligion gelang durch seine umfassende Missionsarbeit die Ausbreitung auf allen Kontinenten der Erde. Es gründet sich ursprünglich auf das Judentum, doch seinen Mittelpunkt stellt der Glaube an den Gottes- und Menschensohn Jesus Christus dar. Der Gottesbegriff ist dreigeteilt: Gott – der Vater, Gott – der Sohn und der Heilige Geist.

Gott – der Vater
Gott gilt als Schöpfer des Himmels, der Erde und des Menschen. Er hat dem Menschen seine Gebote verkündigt und ist der Herr der Geschichte und des Gerichts.

Gott – der Sohn: Jesus Christus
Jesus Christus ist die zentrale Leitfigur und das „Zentrum" des Christentums. Er gilt als Erlöser der Menschheit und stellt Gott in menschlicher Gestalt dar. Er akzeptiert freiwillig die Leiden des irdischen Daseins, wird weitgehend verkannt und schließlich hingerichtet. Mit seinem Tod und seiner Auferstehung nimmt er stellvertretend die Sünden der Menschheit auf sich. Bereits die frühen Christen wählten das Kreuz als Erkennungszeichen und verwandelten damit das Instrument des schmachvollen Todes in ein „Zeichen des Sieges". Mit der Verehrung des Kreuzes und der Kreuzigungsszene entstand auch die Verehrung der Gottesmutter Maria.

Der Heilige Geist
Der Heilige Geist ist die am schwersten zu fassende der drei Personen des Einen Gottes, doch er ist an seinem Wirken zu erkennen. In der katholischen Lehre vom Vater und vom Sohn, in der orthodoxen Lehre allein vom Vater ausgehend, gilt der Heilige Geist als das eigentlich schöpferische Element im Leben der Christen und der Kirche. Er ist der lebendige und „lebendig machende" Geist, dessen Wirken erstmals im Pfingstereignis deutlich wird, als die Jünger Jesu nach dessen Himmelfahrt vom Geist beseelt werden, um hinauszugehen und das Evangelium zu verkünden.

Dieses Ereignis gilt auch als Geburtsstunde der christlichen Kirche.

MIT VIELEN FENSTERN

Faksimile der ersten Gutenberg-Bibel (um 1454)

Die Bibel – das Buch der Bücher

Als Grundbuch der westlichen Kultur bietet die Bibel weise und gelegentlich recht witzige Sprüche zu allen Aspekten des Lebens, zu den weltlichen ebenso wie den spirituellen. Manchmal bedeuten solche Wendungen noch das, was sie den Menschen in alter Zeit bedeuteten, manchmal hat sich ihre Bedeutung auch radikal verändert, sei es aus sprachlichen oder gesellschaftlichen Gründen.

Die Bibel gliedert sich in zwei Teile:

- **Das Alte Testament** mit den fünf Büchern Mose, den Büchern der Geschichte des Volkes Gottes, den Büchern der Lehrweisheiten und Psalmen sowie den Büchern der Propheten
- Den zweiten Teil stellt **das Neue Testament** dar mit den Evangelien, der Apostelgeschichte, den Paulinischen Briefen, den Pastoralbriefen, den Katholischen Briefen und der Offenbarung des Johannes.

Die verschiedenen Teile der Bibel wurden ursprünglich in drei Sprachen verfasst: in Hebräisch, Griechisch und Aramäisch.

Bis zum Jahr 2004 ist die Heilige Schrift zumindest teilweise in 2350 verschiedene Sprachen übersetzt worden. In Auszügen kann sie heute in 665 afrikanischen Sprachen, 585 asiatischen, 404 mittel- und südamerikanischen, 414 pazifischen, 209 europäischen und 75 nordamerikanischen Sprachen und Dialekten gelesen werden.

Vollständige Ausgaben der Bibel mit Altem und Neuem Testament sind zurzeit in 414 der annähernd 6500 Sprachen, die auf der Erde gesprochen werden, erhältlich.

Wen der Herr liebt, den straft er (Sprüche 3,12)

Perlen vor die Säue werfen (Matthäus 7,6)

Der Wolf im Schafspelz (Matthäus 7,15)

Auge um Auge, Zahn um Zahn (2. Mose 21, 23-24)

Denn Habsucht ist die Wurzel allen Übels (1. Timotheus 6.9-10)

Wie ein Lamm, das zur Schlachtbank geführt wird (Jesaja 53.7)

✻ **Suchen Sie die obigen Textstellen der Bibelzitate auf und versuchen Sie diese im Textzusammenhang zu verstehen.**

RELIGIÖSE REGELN UND GEBOTE — EIN VERGLEICH

Gläubige Buddhisten beim Abbrennen von Räucherstäbchen

Die zehn Gebote: Die Zeit vor dem alten Testament

Juden, Katholiken und Protestanten teilen die Zehn Gebote unterschiedlich ein. Das Christentum hat die Gesetze auf ihren Kern reduziert und alle Hinweise auf die jüdische Geschichte getilgt.

1. Ich bin der Herr, dein Gott, du sollst NICHT andere Götter neben mir haben.
2. Du sollst den Namen des Herrn, deines Gottes, NICHT missbrauchen.
3. Gedenke des Sabbattages, dass du ihn heiligst.
4. Du sollst deinen Vater und deine Mutter ehren.
5. Du sollst NICHT töten.
6. Du sollst NICHT ehebrechen.
7. Du sollst NICHT stehlen.
8. Du sollst NICHT falsch Zeugnis reden wider deinen Nächsten.
9. Du sollst NICHT begehren deines Nächsten Weib.
10. Du sollst NICHT begehren deines Nächsten Hab und Gut.

Moses zerschmettert die Gesetzestafeln

Die zehn Regeln Buddhas – Die Dasa-Sila

Die ersten fünf Gebote sollen von Mönchen und Laien gleichermaßen befolgt werden. Sämtliche zehn Gebote werden im Ganzen in der Regel nur von buddhistischen Mönchen und Nonnen befolgt.

1. Du sollst NICHT anderes Leben töten.
2. Du sollst NICHT nehmen, was dir nicht gegeben wird.
3. Du sollst dich NICHT auf geschlechtliche Verfehlungen einlassen.
4. Du sollst NICHT die Unwahrheit sagen.
5. Du sollst NICHT berauschende Getränke trinken.
6. Du sollst NICHT nach Mittag essen.
7. Du sollst weltliche Belustigungen meiden.
8. Du sollst NICHT Schmuck und Parfüm benutzen.
9. Du sollst NICHT in hohen und prächtigen Betten schlafen.
10. Du sollst NICHT Gold und Silber annehmen.

✻ Vergleichen Sie die Gebote des Alten Testaments mit den Regeln des Buddhismus. Welche Gemeinsamkeiten und welche Unterschiede erkennen Sie?

WOHER KOMMEN WIR?

WOHIN GEHEN WIR?

WARUM SIND WIR?

Die fünf Weltreligionen antworten

BUDDHISMUS

Als Sinn und Ziel des Lebens verwies Buddha auf das Erreichen des „Nirwana". Dieses ist ein Zustand der Abwesenheit von Begierde, Hass und Wahn und das Ende des unseligen Kreislaufs von Geburt, Tod und Wiedergeburt. Der Gedanke an Gottheiten oder an Gott spielt kaum eine Rolle.

JUDENTUM

Das Prinzip des menschlichen Strebens ist die „Nachahmung Gottes" (Imitatio Dei). Das heißt nicht, sein zu wollen wie Gott, sondern zu leben nach göttlichen Geboten. Gott hat sich aus der Welt zurückgezogen und hat sie dem Menschen zur verantwortungsvollen Aufgabe gemacht. Verantwortungsvolles Handeln im Hier und Jetzt gibt dem Leben des Menschen einen Sinn.

CHRISTENTUM

Die Bibel gibt folgende Antwort auf die Frage nach dem Sinn des Lebens: Gott bestimmt den Anfang und das Ende unseres Lebens. Auf dem Weg zwischen Geburt und Tod sollen wir ihm nachfolgen, das heißt in erster Linie Nächstenliebe üben: in Worten und in Taten, im Alltag, im Beruf, in der Familie und in der Freizeit.

ISLAM

Der Sinn des Lebens kann nur im Zusammenhang mit dem Spender des Lebens und dem Ziel, das er mit seiner Schöpfung verfolgt, verstanden werden. Der Koran ist die höchste Richtschnur für Glaube und Leben. Das höchste Gut des Menschen ist die Unterwerfung unter Gott. Zusammengefasst: Lob und Preis Allah, dem Herrn aller Weltenbewohner.

HINDUISMUS

Hindus verstehen das Leben als einen ewigen Kreislauf von Geburt, Tod und Wiedergeburt. Das Schicksal des einzelnen Menschen wird durch die Taten bestimmt, die er in einem früheren Leben begangen hat. Was einer jetzt ist, das ist der Lohn früherer Taten. Gute Taten, vor allem Gebete und Beachten der Kastengesetze, sichern eine höhere Stufe bei der folgenden „Wiedergeburt". Schlechte Taten können den Rückfall in eine niedere Lebensform bedeuten.

IM NETZ DER SEKTEN — EINE KURZÜBERSICHT

Im allgemeinen Sprachgebrauch werden Sekten als religiöse Gruppen bezeichnet, die in irgendeiner Weise als gefährlich oder problematisch gelten oder die in orthodoxer theologischer Sicht als „Irrlehre“ angesehen werden. Der Begriff einer Sekte aus theologischer Sicht ist dann erfüllt, wenn folgende Unterkriterien gegeben sind: Führer, Abschottung und Gruppendruck.

✱ Welche Unterschiede fallen Ihnen zwischen den Anschauungen der Zeugen Jehovas und den christlichen Grundgedanken auf?
✱ Wie werben diese Menschen für ihre Glaubensgemeinschaft?
✱ Was halten Sie davon?

Die Zeugen Jehovas – Beten, bis die Welt untergeht

Diese Organisation ist eine vom 19. Jahrhundert ausgehende in den USA von Charles Taze Russel gegründete Bewegung. Die Zentrale der Zeugen Jehovas liegt in New York.

Die Mitglieder leiten ihren Glauben nur von ihrem Verständnis der Bibel ab. Ihre Auslegung unterscheidet sich allerdings maßgeblich von der, die in den meisten anderen christlichen Religionen anzutreffen ist. Angebetet wird „Jehova“, der allmächtige und ewige Gott. Jesus ist ihm untergeordnet und in den Augen der Zeugen nicht ewig.

Die meisten von uns haben schon einmal die Frauen und Männer gesehen, die auf der Straße stehen und die Zeitschrift „Der Wachturm“ verkaufen oder verschenken wollen. Sie stehen da, still und unaufdringlich.

Man kann auch erleben, dass sie Hausbesuche machen. Plötzlich klingelt es und jemand steht da und fragt: „Haben Sie eine Bibel? Lesen Sie darin?“ Hier sind sie allerdings nicht so unaufdringlich wie auf der Straße.

Laut den Zeugen Jehovas steht das Weltende unmittelbar bevor. Man kann nur dann gerettet werden, wenn man sich ihrer Lehre anschließt.

In der Zeit des Nationalsozialismus traten sie tapfer für ihren Glauben ein. Ca. 2000 Zeugen starben damals. Die Verfolgungen hingen damit zusammen, dass sie generell am politischen Leben nicht teilnehmen. Sie wählen nicht, leisten keinen Militär- oder Zivildienst und schwören keinen Eid.

Die Zeugen Jehovas feiern außerdem keine Geburtstage, Muttertage oder Weihnachten.

Für das Jahr 1914 kündigte der Führer den Beginn des sogenannten Friedensreiches an. Stattdessen begann der erste Weltkrieg - für die Zeugen eine herbe Enttäuschung. Dennoch glauben sie weiterhin, dass 1914 die Endzeit im Himmel begonnen und sich lediglich noch nicht auf Erden durchgesetzt hat. Dies soll in absehbarer Zeit passieren.

MIT VIELEN FENSTERN

'NE SEKTE, 'NE SEKTE ...

...UND WAS DAHINTER STECKTE:

Scientology – die Lehre vom Wissen

1954 wurde vom Science-Fiction-Autor Ronald Hubbard die „Church of Scientology California" gegründet, nachdem er ein Buch über die moderne Wissenschaft der geistigen Gesundheit geschrieben hatte.

Diese Sekte zeigt sich in erster Linie als Angebot der Persönlichkeitsveränderung. Die Lehre besagt, dass der Mensch in seinen früheren Leben zahlreichen Belastungen ausgesetzt sei. Dadurch habe er seinen ursprünglichen Zustand als Geistwesen („Thetan") vergessen und sei deshalb versklavt. Durch die (sehr teuren) Kurse der Scientologen könne der Mensch wieder zur völligen Freiheit gelangen. Außerdem könne er eine Steigerung geistiger Freiheit, der Intelligenz und aller anderen Fähigkeiten erreichen.

Die Lehre übernimmt Elemente aus verschiedenen Religionen und fühlt sich selbst am stärksten mit den Buddhismus verwandt. Sie entwickelte allerdings ihr eigenes Glaubensbekenntnis und ihren eigenen Kult mit Geistlichen, sogenannten Auditoren.

Die angebotenen Kurse sind i. d. R. Kommunikationskurse oder verschiedene Persönlichkeitsschulungen. Beispiele: Beim „Auditing" (eine Art beeinflussende Befragung) mit dem „E-Meter" (einer Art Lügendetektor) sollen negative Eindrücke aus dem früheren Leben gefunden und gelöscht werden. Ebenso kann der Interessierte an einem „Reinigungs-Rundown" teilnehmen, in dem von der Gemeinschaft selbst entwickelte Vitaminpräparate verabreicht werden, verbunden mit diversen Saunagängen. Diese Methode soll unter anderem sicherstellen, dass man einen Atomkrieg überlebt.

Die Scientology-Kirche (wie sie sich selbst nennt) ist straff geführt. Ein Kritiker: „Da sie totale Freiheit bringt, muss sie auch die Macht haben, die totale Disziplin zu fordern." Kritik an dieser fast militärisch geführten Organisation ist zwar formell gestattet, wird aber sehr genau beobachtet.

* **Erklären Sie mit eigenen Worten die Grundgedanken von Scientology.**
* **Was macht sie so gefährlich? Recherchieren Sie auch im Internet dazu.**

PROMI-KULT

Stars entdecken Kabbala

Auch wenn es sie viel kostet: Seit einiger Zeit ist die Jahrhunderte alte mystische Tradition „Kabbala“, weder Sekte noch Religion, mit Wurzeln im Judentum, zum Kult unter den Prominenten avanciert.

Gwyneth Paltrow glaubt fest daran. Jerry Hall ist enttäuscht davon. Und Madonna hat sich erst kürzlich dafür den neuen Namen Esther zugelegt. Es geht um Kabbala – keine Sekte, keine Religion: „Nennen Sie es eine Philosophie, wenn Sie wollen, oder eine Weltanschauung“, sagt Glyn Williams aus dem englischen Nottingham, der als lebenslanger Schüler von Kabbala bezeichnet werden will. Seit einiger Zeit ist die Jahrhunderte alte mystische Tradition mit Wurzeln im Judentum zum Kult unter Hollywoodstars und anderen Prominenten avanciert.

Kabbala, hebräisch für „Überlieferung“, wird als Mystik und Geheimlehre bezeichnet, die über die Jahrhunderte hinweg weitergegeben wurde. Viele Anhänger heute glauben, dass das Universum spirituellen Gesetzen folgt, die man verstehen lernen muss, um mit ihnen im Einklang leben zu können. „Kabbala vermittelt keine fundamentale Wahrheit außer der Tatsache, dass es einen Gott gibt“, erläutert Williams, selbst Kabbalist. Viele Anhänger seien Christen.

Scientology und Kabbala: in Hollywood stark vertreten

* **Was sind die Inhalte des Kabbalismus?**
* **Viele Stars sind in den unterschiedlichsten Sekten Mitglied. Erörtern Sie die Gefahren für die Jugend, die dadurch auftreten können.**

MIT VIELEN FENSTERN

Sie stehen im Bann von Kabbala: John Travolta, Gwyneth Paltrow und Madonna, die sich jetzt Esther nennt

Alternativer Lebensstil reizt die Stars

Madonna trägt ihr Bekenntnis sogar als T-Shirt („Kabbalists Do It Better“) vor sich her. „Ich weiß nicht, was ausgerechnet die Stars daran anzieht“, sagt Williams. „Aber wahrscheinlich ist es der alternative Lebensstil.“ Der Frührentner Williams ist seit rund 40 Jahren überzeugter Kabbalist und hält Vorträge, für die er ein Eintrittsgeld von umgerechnet 4,50 Euro verlangt, um seine Kosten zu decken. Doch es gebe auch Einrichtungen, die bis zu 600 Euro für einen Wochenendkurs nähmen.

Wie viel man zahlt, scheint zuweilen eine Frage des Prestiges zu sein. Das Kabbala-Zentrum in London beispielsweise zieht eher die oberen Gesellschaftsschichten an. Wie der „Sunday Telegraph“ berichtete, hat es gerade mithilfe einer großzügigen Spende von Madonna ein 5,5 Millionen Euro teures Haus am exklusiven Stratford Place in der Innenstadt gekauft. Anders als die meisten New-Age-Philosophien steht Kabbala dem Kapitalismus nicht feindlich gegenüber.

„Kabbala ist älter als jede Religion“

Das Londoner Zentrum bietet zehnwöchige Kurse zur „Kraft von Kabbala“ für umgerechnet 270 Euro an, auf der Internetseite kann man teure Bücher kaufen und im hauseigenen Laden gibt es Schmuck, alternative Heilmittel und den berühmten roten Faden. Victoria Beckham soll ihrem Mann David gerade einen solchen roten Wollfaden gekauft und ums Handgelenk gebunden haben. Der Faden soll den bösen Blick, möglicherweise aber auch fremde Frauen von ihm fern halten.

Während Sängerin Posh Spice große Hoffnung in Kabbala zu setzen scheint, soll Mick Jaggers Ex-Frau Jerry Hall vor kurzem wutschnaubend das Kabbala-Zentrum verlassen haben, weil sie um Geld gebeten worden war. „Ich wusste nicht, dass man zehn Prozent seines Einkommens spenden muss, um durch die Wundertür zu gehen“, wurde sie in der britischen Presse zitiert.

Das Oberhaupt der Juden in Großbritannien, Rabbi Jonathan Sacks, distanziert sich von dem Zentrum: „Diese Organisation gehört nicht in unseren Verantwortungsbereich“, sagt er. Doch die Kabbalisten wollen mit den Dogmen organisierter Religion ohnehin nichts zu tun haben. „Kabbala ist älter als jede Religion oder Theologie“, heißt es auf der Internetseite des Zentrums.

IM BANNKREIS — EINER SEKTE

Sekteneintritt – keine Frage der Bildung!
Einsamkeit ist häufig das Hauptmotiv, in eine Sekte einzutreten, sei es bei jungen Menschen oder Senioren. Gemeinschaften mit organisierter Zuwendung (sogenanntes „Love Bombing“) und durchstrukturiertem Wochenprogramm erreichen vermehrt junge Menschen, deren soziales Netz gelockert und deren soziale Kompetenz zur Gewinnung neuer Freunde beschränkt ist. Daneben sprechen Seniorinnen und Senioren naturgemäß gehäuft auf Gemeinschaften an, die körperliche Heilung versprechen.

Manche Gemeinschaften sind auf jene Menschen „spezialisiert“, die nicht den Erfolg erleben, den sie sich eigentlich wünschen. Diese Gemeinschaften versprechen schnelles Vorankommen auf der Karriereleiter dank Anwendung der eigenen Methoden. Hier finden insbesondere Menschen in schwierigen beruflichen Verhältnissen dazu.

Andere Gruppen bauen auf grundsätzlicher Kritik an der Gesellschaft, indem sie z.B. Verschwörungstheorien vertreten. Sie sprechen ein Publikum an, das durch gesellschaftliche Entwicklungen irritiert ist und meint, von den sozialen Prozessen der Gegenwart überrollt zu werden.

Gemeinschaften mit asketischer Tendenz oder Partner vermittelnde Gruppen sprechen den jungen Menschen mit Liebeskummer an.

Organisationen, die sich in Verbindung mit höheren Sphären erleben und einen Aufstieg des einzelnen Menschen in diese geistigen Bereiche lehren, finden Anklang insbesondere bei Personen in den mittleren Lebensjahren, die sich in einer beruflichen und privaten Sackgassesituation erleben. Diese Konstellation ist zurzeit so häufig, dass sich bei Beratungsstellen auf einen Sektenbeitritt eines jungen Menschen mindestens fünf Beitritte von Menschen in den mittleren Lebensjahren zu Gemeinschaften der geschilderten Struktur ergeben.

Weniger häufig sind – im Gegensatz zu den Siebziger- und Achtzigerjahren – Sektenbeitritte aus einer weltanschaulichen Suche heraus.

* **Welche Gründe veranlassen laut Text zum Eintritt in eine Sekte?**
* **Nennen Sie weitere Ursachen und Gründe.**

Gefährliche Verführung –

Checkliste für religiöse Gruppen

1. Schon der erste Kontakt mit der Gruppe eröffnet Ihnen eine völlig neue Weltsicht („Schlüsselerlebnis").

2. Bei der Gruppe finden Sie alles, was Sie bisher „vergeblich gesucht" haben.

3. Die Gruppe hat einen Meister/Führer/Vater/Guru/Vordenker, der allein im Besitz der ganzen Wahrheit ist und oft wie ein Gott verehrt wird.

4. Das Weltbild der Gruppe ist verblüffend einfach und erklärt wirklich jedes Problem.

5. Die Welt treibt auf eine Katastrophe zu und nur die Gruppe weiß, wie man die Menschheit noch retten kann.

6. Die Gruppe lehnt die etablierte Wissenschaft ab. Die eigene Lehre wird als „einzig echte Wissenschaft" verstanden.

7. Das „rationale Denken" oder der „Verstand" wird als negativ und unerleuchtet abgelehnt.

8. Die Gruppe ist die Elite, die übrige Menschheit ist krank oder verloren – wenn sie nicht mitmacht oder sich retten lässt.

9. Kritik und Ablehnung durch Außenstehende ist der Beweis, dass die Gruppe Recht hat.

10. Die Gruppe verlangt, dass Sie alle alten Beziehungen (Familie, Freunde) abbrechen, weil sie Ihre Entwicklungen behindern.

11. Die Gruppe bezeichnet sich als „die wahre Familie" oder Gemeinschaft.

12. Man grenzt sich in der Gruppe von der übrigen Welt ab, z. B. durch
- Kleidung,
- Ernährungsvorschriften,
- Reglementierung von zwischenmenschlichen Beziehungen.

13. Die Gruppe schreibt Ihr Sexualverhalten vor, z. B.
- Partnerzusammenführung durch die Gruppenleitung,
- Gruppensexualität oder
- totale Enthaltsamkeit für einfache Mitglieder.

14. Sie sind keine Minute des Tages mehr allein – jemand aus der Gruppe ist immer bei Ihnen.

15. Die Gruppe verlangt strikte Befolgung der Regeln und „absolute Disziplin", denn nur dies ist der einzige Weg zur Rettung.

16. Die Gruppe füllt Ihre gesamte Zeit mit Aufgaben, z. B.
- Verkauf von Büchern und Zeitschriften,
- Werben neuer Mitglieder,
- Absolvieren von Kursen,
- Meditationen.

17. Sie sollen möglichst sofort, am besten heute noch, Mitglied der Gruppe werden!

18. Sollten Sie zweifeln oder sollte sich der versprochene Erfolg nicht einstellen bzw. Sie nicht geheilt werden, so sind Sie wegen mangelnden Glaubens selbst schuld.

19. Es gibt kaum eine Möglichkeit, sich in Ruhe ein Bild von der Gruppe zu machen: Sie sollen nicht nachdenken, sondern erst einmal erleben. „Das kann man gar nicht erklären, kommen Sie doch gleich in unser Zentrum und machen Sie einfach mit!"

Diese Checkliste soll Ihnen helfen, eine erste Beurteilung religiöser, weltanschaulicher oder ideologischer Gruppen vorzunehmen. Lesen Sie sich diese Zusammenstellung heute schon einmal durch, noch bevor Sie irgendwo einsteigen. Sollten Sie nicht wirklich alle Behauptungen mit „Nein" beantworten können, so ist Vorsicht geboten!

10 SEIN ODER NICHTSEIN

LEBEN AUF PUMP?

WELCHES ENDE?

STERBEHILFE IN DEUTSCHLAND

O. HAJEK

10 SEIN ODER NICHTSEIN

LEBEN — AUF PUMP?

Häufige, unerträgliche Kopfschmerzen waren Anlass zu einer gründlichen Untersuchung. Die ermittelten Blutwerte ergaben eine chronische Nierenerkrankung, die schnell voranschritt. Innerhalb eines Jahres wurde die erste Dialysebehandlung notwendig.

Meine Familie und meine Freunde halfen mir, als 19-jähriges Mädchen das eingeschränkte und abhängige Leben von einer Maschine zu akzeptieren. Nur so schaffte ich es, mein Studium weiterzuführen.

Meine Mutter spendete mir eine Niere. Eine solche Spende geht nur unter Verwandtschaft ersten Grades. So musste ich nicht, wie die meisten Patienten, jahrelang auf ein Spendeorgan warten. Viele meiner Freunde tragen deshalb inzwischen einen Organspendeausweis.

Stefanie Caramazza

Dank des medizinischen Fortschritts in der Immunsuppression (= Unterdrückung der Immunabwehr durch Medikamente) sind Lebenserwartung und Lebensqualität von Transplantierten gestiegen. Die Zahl der Transplantationen in Deutschland lag 2008 bei insgesamt knapp 4.700. Der Bedarf an Transplantationen ist weit größer als das Angebot. Rund 12.000 Patienten warten in Deutschland auf ein Organ.

Trotz der Erfolgsmeldungen ist die Transplantationsmedizin für alle Beteiligten eine Gratwanderung und keinesfalls frei von Widersprüchen.

Auf der einen Seite stehen die Toten oder die Lebendspender (etwa 600 Lebendspenden von 4.700), die sich nach medizinischen Kriterien eignen. Auf der anderen Seite stehen die chronisch, oft lebensbedrohlich erkrankten Menschen mit ihrer Hoffnung zu leben.

Über 8.000 Dialysepatienten warten in Deutschland auf eine Nierentransplantation. Ihre Zahl ist fast dreimal so hoch wie die der pro Jahr übertragenen Organe.

Die durchschnittliche Wartezeit auf eine Transplantation beträgt etwa fünf bis sechs Jahre.

So stellt Jan (13) aus der Kinderdialyse seine regelmäßige Blutwäsche dar.

„Man ist nicht gesund, wenn man ein Organ bekommen hat“

Als Irmela S. vor elf Jahren mit einem plötzlichen Nierenversagen ins Krankenhaus eingeliefert und an die künstliche Niere angeschlossen wurde, war sie gerade zwanzig Jahre alt. Ihre körperliche Befindlichkeit verbesserte sich auch nach neun Monaten Dialyse[1] nicht. Sie hatte weiterhin mit Übelkeit, Schwindelgefühlen und Ausfällen ihrer Konzentrationsfähigkeit zu kämpfen. Es war für sie kaum möglich, ohne Hilfe eine Treppe hinaufzusteigen. Ihr Studium, das sie damals gerade begonnen hatte, musste sie aufgeben. Für ihre Eltern war es natürlich ein Schock, ihr erwachsenes Kind, das bis dahin in ihren Augen sein Leben so gut gemeistert hatte, plötzlich völlig hilflos zu erleben. Nach der neunmonatigen, scheinbar wenig erfolgreichen Dialysebehandlung ihrer Tochter stand die Entscheidung der Mutter fest, ihrer Tochter eine Niere zu spenden. Über diese Entscheidung der Mutter berichtet Irmela S. heute: „Es ging mir damals physisch und psychisch so schlecht, dass ich mir wenig Gedanken darüber gemacht habe, in welche Opferrolle meine Mutter sich begibt. In der Familie haben wir auch nicht darüber geredet. Dass ich wieder gesund werde, dass ich nach der Transplantation wieder studieren kann, darüber haben wir geredet. Und das war auch meine Hoffnung. Als ich nach der Transplantation aus der Narkose aufgewacht bin, ging es mir gut. Es ging mir fantastisch. Die Niere meiner Mutter funktionierte sofort. Ich war frei von allen Beschwerden.“

Nach einem Jahr gab die transplantierte Niere ihre Arbeit auf. „Nach einer Transplantation wieder an die Dialyse zu müssen ist schlimm“, sagt Irmela S. „Was mich zusätzlich bedrückt hat, war, dass diese Niere eine Lebendspende meiner Mutter war, für die ich mich besonders verantwortlich fühlte. Aber ich habe gedacht, es war eben Pech, es war Schicksal, und ich habe versucht mich zu trösten, indem ich mir sagte, diese Zeit, in der ich die Niere meiner Mutter hatte, war sehr wichtig für mich, die habe ich gebraucht und die hat mein Körper gebraucht, um sich wieder zu stabilisieren.“

Nach einem Jahr der Dialysebehandlung wird Irmela S. ein zweites Mal transplantiert. „Diesmal war es eine Leichenniere, die nach zwei Wochen akut abgestoßen wurde und dann im Gegensatz zur Niere meiner Mutter sofort explantiert[2] werden musste. Damals bin ich in ein depressives Loch gefallen. Ich hatte ständig Alpträume. Es dauerte fast ein Jahr, bis ich mich da wieder rausgearbeitet hatte.“

Heute hängt Irmela S. wieder an der künstlichen Niere. „Ich habe in diesen Jahren gelernt, mit meiner Krankheit zu leben. Ich habe erkennen müssen, man ist nicht gesund, wenn man ein Organ bekommen hat. Nicht nur, weil man lebenslänglich Medikamente einnehmen muss und auch Angst vor den Nebenwirkungen hat. Trotzdem waren diese Transplantationen nicht ganz umsonst. Sie haben mir in gewisser Weise deutlich gemacht, dass ich lebenslang krank bin, dass eine Transplantation nicht unbedingt eine Besserung bringt, mich auch nicht heilen kann.“

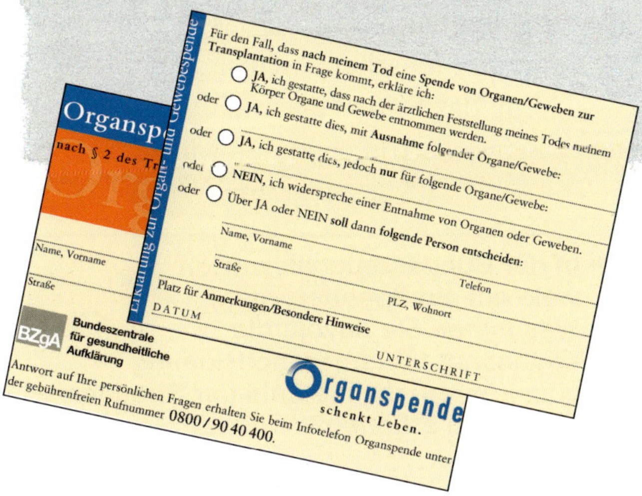
Organsp…
nach § 2 des Tr…
Name, Vorname
Straße
BZgA Bundeszentrale für gesundheitliche Aufklärung
Antwort auf Ihre persönlichen Fragen erhalten Sie beim Infotelefon Organspende unter der gebührenfreien Rufnummer 0800/90 40 400.

Erklärung zur Organ- und Gewebespende
Für den Fall, dass nach meinem Tod eine Spende von Organen/Geweben zur Transplantation in Frage kommt, erkläre ich:
○ JA, ich gestatte, dass nach der ärztlichen Feststellung meines Todes meinem Körper Organe und Gewebe entnommen werden.
oder ○ JA, ich gestatte dies, mit Ausnahme folgender Organe/Gewebe:
oder ○ JA, ich gestatte dies, jedoch nur für folgende Organe/Gewebe:
oder ○ NEIN, ich widerspreche einer Entnahme von Organen oder Geweben.
oder ○ Über JA oder NEIN soll dann folgende Person entscheiden:
Name, Vorname
Telefon
Straße
PLZ, Wohnort
Platz für Anmerkungen/Besondere Hinweise
DATUM
UNTERSCHRIFT
Organspende schenkt Leben.

* **Wo würden Sie im Organspendeausweis Ihr Kreuz machen?**
* **Vertreten Sie Ihre Meinung in einer Pro-und-Kontra-Diskussion. Tipps zur Diskussion erhalten Sie auf Seite 258.**

[1] Dialyse: künstliche Blutwäsche
[2] Explantation: Entnahme von Organen

WELCHES ENDE?

„Hirntote sind Sterbende“

Renate Greinert gab den Körper ihres Sohnes vor 22 Jahren nach einem Unfall zur Organspende frei. Sie berichtete von der dramatischen Situation rund um den Sterbeprozess ihres Kindes. Vor die Entscheidung gestellt, damit den Tod eines anderen Kindes zu verhindern, habe sie zugestimmt. Doch ihr sei damals nicht klar gewesen, dass sie sich damit gegen ein würdevolles Sterben ihres eigenen entschieden habe.

„Transplanlation setzt darauf, dass andere aufs Sterben verzichten“, sagte Greinert. Denn hirntote Menschen seien ihrer Ansicht nach nicht tot, sie seien Sterbende, die mit viel medizinischer Technik daran gehindert würden, würdevoll aus dem Leben zu gehen. Sie selbst würde so eine Entscheidung nie wieder treffen und daher auch selbst keine Spenderorgane annehmen. „Ich möchte nicht von einem Menschen verlangen, dass er auf seinen Sterbeprozess verzichtet, nur weil ich nicht sterben will“, so die Transplantationskritikerin.

„Seit es die Möglichkeit gibt, menschliche Organe verpflanzen zu können, stehen viele vor der Frage, ob sie der Organtransplantation als Heilverfahren zustimmen sollen oder nicht. Wer entscheiden können will, muss wissen, was für und was gegen die Organtransplantation spricht, (…) welche religiösen und ethischen Maßstäbe als Entscheidungshilfe herangezogen werden können.“

Aus einer Stellungnahme der Evangelischen Kirche

„Die gespendeten Organe sind Geschenke von unermesslichem Wert. Geschenke können nicht gefordert, nicht eingeklagt, nicht staatlich angeordnet werden. Keiner hat das Recht auf das Organ eines anderen Menschen – selbst dann nicht, wenn das Fehlen dieses Organs den eigenen Tod bedeuten würde.“

Eine Krankenpflegerin

Das deutsche Transplantationsgesetz (TPG) ist seit dem 1. Dezember 1997 in Kraft. Im Juli 1997 war es vom Deutschen Bundestag mit einer großen Mehrheit verabschiedet worden. Es regelt die Spende, Entnahme, Vermittlung und Übertragung von Organen, die nach dem Tode oder zu Lebzeiten gespendet werden.
Das TPG sieht eine „erweiterte Zustimmungslösung“ vor, wie sie in vielen europäischen und außereuropäischen Ländern bereits Gesetz ist: Der Wille des Verstorbenen zu Lebzeiten hat Vorrang. Ist er nicht dokumentiert oder bekannt, entscheiden die nächsten Angehörigen auf der Grundlage des mutmaßlichen Willens des Verstorbenen.

Widerspruchslösung: Jeder gilt als Organspender, es sei denn, er widerspricht zu Lebzeiten einer Organentnahme.

*** In der Bundesrepublik warten viele auf ein Spenderorgan. Was halten Sie davon, die sogenannte Widerspruchslösung einzuführen, um die Zahl der Spenderorgane zu erhöhen?**

Gemeinsame Erklärung der Deutschen Bischofskonferenz und des Rates der Evangelischen Kirche in Deutschland

„Der Hirntod bedeutet ebenso wie der Herztod den Tod des Menschen. Mit dem Hirntod fehlt dem Menschen die unersetzbare und nicht wieder zu erlangende körperliche Grundlage für sein geistiges Dasein in dieser Welt. Der unter allen Lebewesen einzigartige menschliche Geist ist körperlich ausschließlich an das Gehirn gebunden.

Ein hirntoter Mensch kann nie mehr eine Beobachtung oder Wahrnehmung machen, verarbeiten und beantworten, nie mehr einen Gedanken fassen, verfolgen und äußern, nie mehr eine Gefühlsregung empfinden und zeigen, nie mehr irgendetwas entscheiden."

Hirntod-Definition: Zu eng gefasst?

Marion P. war im Oktober nach einem Unfall aufgrund eines irreversiblen[1] Hirnschadens in der Erlanger Universitätsklinik für hirntot erklärt worden. Zunächst dachte man daran, die Angehörigen der jungen Frau um ihr Einverständnis zur Organentnahme zu bitten. Als sich herausstellte, dass Marion P. schwanger war, disponierten die Ärzte um und starteten einen Versuch. Durch die Intensivbehandlung des Leibes der für tot erklärten Frau sollte sie bis zur Entbindung des Kindes physisch am Leben gehalten werden. Der Versuch scheiterte nach acht Wochen infolge eines Spontanaborts[2].

Es gibt nur einen Tod, *aber verschiedene Ursachen, Eintrittsweisen, Zeichen und Nachweisverfahren dieses einen Todes.*
Seine Begriffsbestimmung kann nicht anders als vom Leben her geschehen, als das Ende des Lebens.

*** „Tod" – was ist das für Sie?**

[1] irreversibel: nicht umkehrbar
[2] Abort: Fehlgeburt

STERBEHILFE — IN DEUTSCHLAND

Formen der Sterbehilfe

In der Diskussion wird oft der Eindruck erweckt, als existiere bei der Sterbehilfe nur die Alternative zwischen der unumstrittenen Sterbebegleitung und der kontrovers diskutierten Tötung auf Verlangen.

Sterbebegleitung (oder Sterbebeistand): Zuwendung und persönliche anteilnehmende Begleitung eines Sterbenden im direkten Sterbeprozess durch eine bestimmte Bezugsperson.

Passive Sterbehilfe: Unterlassen von lebensunterstützenden Maßnahmen im Sterbeprozess. Abbruch von Maßnahmen (z. B. Abstellen einer Herz-Lungen-Maschine), sodass hier letztlich von einem „natürlichen Sterben" gesprochen werden kann.

Indirekte Sterbehilfe: Ungewollte Inkaufnahme eines beschleunigten Todes infolge der Verabreichung schmerzstillender Medikamente, die einen geschwächten Organismus zusätzlich belasten.

Freitod: Selbsttötung, die eine Konsequenz längerfristiger, wohlüberlegter Abwägung darstellt. Bei einer tödlichen Erkrankung, deren Ende sich langwierig und qualvoll gestaltet, stellt er als Abkürzung des Sterbeprozesses eine Variante der Sterbehilfe dar.

Beihilfe zum Freitod: Besorgung von Hilfsmitteln zum Freitod für geschäftsfähige Personen, ohne dass der Helfer auf die Durchführung des Freitods Einfluss nimmt. Die Tatherrschaft bleibt beim Betroffenen.

Tötung auf Verlangen (oder populärwissenschaftlich: aktive Sterbehilfe): Der Helfer greift bei der unmittelbaren Lebensbeendigung ein. In Deutschland wird sie nur unter der (extrem seltenen) Bedingung diskutiert, dass der Freitodwillige seinen Tod eindeutig und zurechnungsfähig wünscht, physisch aber zum Freitod nicht (mehr) in der Lage ist („Freitod von fremder Hand").

Rechtslage

Das deutsche Recht ist relativ liberal. Von den sechs angeführten Formen der Sterbehilfe ist nur die letzte strafbar. Die Rechtsgrundlage für die passive Sterbehilfe bietet der § 226a StGB. Danach ist jede Heilbehandlung Körperverletzung, wenn nicht der Patient seine Einwilligung gegeben hat. Bei Äußerungsunfähigkeit (Bewusstlosigkeit) muss der Arzt vom mutmaßlichen Willen des Patienten ausgehen. Ist dieser nicht bekannt, darf er nach eigenem Ermessen entscheiden.

Dem Betroffenen ist also zu raten, vor Eintreten des Ernstfalls eine „Verfügung an Ärzte" (Patientenverfügung) abzufassen, die den Ärzten bei Eintritt des Sterbeprozesses, ggf. aber auch schon früher, zum Beispiel lebensverlängernde Eingriffe untersagt und die Beschränkung auf schmerzstillende („palliative") Maßnahmen gebietet.

Der Freitod ist in Deutschland nicht strafbar. Diese Regelung gilt seit 1871. Ebenso ist die Beihilfe zum Suizid straffrei, weil nach dem deutschen Rechtssystem die Beihilfe zu straffreiem Handeln grundsätzlich nicht unter Strafe steht.

Die Tötung auf Verlangen hingegen ist strafbar nach § 216 StGB. Eine solche Regelung erscheint für den Normalfall begründet, doch sind verschiedene Initiativen (Strafrechtsreformkommission, Ausschuss des Juristentags, DGHS u. a.) bestrebt, auch die Möglichkeit der Straffreiheit in Sonderfällen zu gewähren, wenn die zurechnungsfähige sterbewillige Person zu einem Freitod physisch nicht mehr in der Lage ist. In den letzten Jahren haben Gerichte in einzelnen Grenzfällen bereits von einer Bestrafung abgesehen.

Streng von der Tötung auf Verlangen sind allerdings jene spektakulären Skandale zu trennen, in denen Kranken- oder Altenpfleger/-innen nach eigenem Gutdünken aus angeblicher Barmherzigkeit alte Menschen umbrachten. In all diesen Fällen handelte es sich um Tötung ohne Verlangen der Betroffenen, was mit Recht als Totschlag oder u. U. sogar als Mord geahndet wurde und wird.

10 SEIN ODER NICHTSEIN

Eine öffentliche Diskussion über Sterbehilfe (Euthanasie) war in Deutschland lange Zeit tabu. Grund waren die schrecklichen Erfahrungen der Nazi-Herrschaft, als Menschen, die als „lebensunwert" angesehen wurden, von Ärzten getötet wurden. Die Lockerung der Vorschriften zur Sterbehilfe in den Niederlanden und die Arbeit der deutschen Expertenkommission zur „Patientenautonomie am Lebensende" haben die Diskussion jetzt auch in Deutschland wieder belebt.

Patientenwille geht vor ärztliche Hilfeleistungspflicht

Ethikrat: Ausnahme ist jedoch unter anderem Wunsch nach aktiver Sterbehilfe

Der Wille eines Patienten soll nach Auffassung des *Nationalen Ethikrates* grundsätzlich Vorrang vor der ärztlichen Hilfeleistungspflicht haben. Das Expertengremium gehe davon aus, dass das Selbstbestimmungsrecht als verbindliches Menschenrecht auch die Entscheidung über den eigenen Tod einschließe, sagte der stellvertretende Vorsitzende Eckhard Nagel.

„Das Problem ist nicht im Einzelfall versteckt. Ich maße mir im Einzelfall auch kein Urteil an. Persönlich unterscheide ich zwischen der Verzweiflungstat des Suizids einerseits und dem sich durchsetzenden Ruf nach Legitimation der Suizidbeihilfe andererseits. Letzteres ist Machtübergriff, Grenzüberschreitung, wo der Mensch das Fürchten verlernt hat und dies mit einschneidenden Folgen für die Menschen und die Atmosphäre in Leben und Sterben."

(Dr. Monika Renz
begleitet als Psychotherapeutin Sterbende)

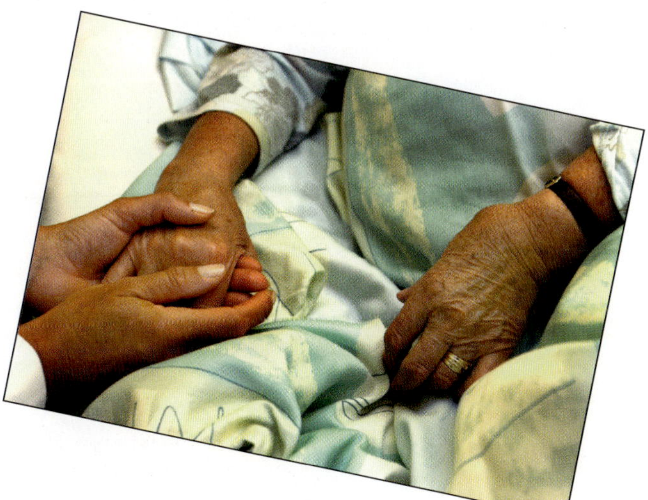

- **Was heißt für Sie selbstbestimmtes Sterben?**
- **Welche Hilfe könnten Sie einem Kranken bzw. Sterbenden bieten?**
- **Erkunden Sie Möglichkeiten der Sterbebegleitung in Ihrer Stadt. Hospize ermöglichen durch Seminare und Vorträge von Sterbe- und Trauerbegleitern Einblick in ihre Arbeit.**
- **Informieren Sie sich im Internet über Patientenverfügung, Palliativmedizin und die Hospizbewegung.**

11 RANDGRUPPEN

TEST: BIN ICH TOLERANT?

1. Fahrkartenkontrolle in der U-Bahn. Ein Dunkelhäutiger steht auf und geht zur Tür. Ich denke:

A Immer sind es die Ausländer, die schwarzfahren.

B Mal sehen, warum er es so eilig hat.

C Bestimmt ist er unsicher und hat Angst, eine Station zu verpassen.

2. Vor der Disko steht eine Gruppe junger Ausländer und unterhält sich offensichtlich über das neue Auto von Ahmed. Ich denke:

A Wo haben die bloß immer die Kohle her?

B Die halten zusammen wie Pech und Schwefel.

C Ahmeds Auto ist wirklich klasse.

3. Eine alte Frau quetscht sich auf der Rolltreppe nach vorn und zieht Grimassen, als sie an einer Gruppe Asiaten vorbeidrängt. Ich denke:

A Typisch deutsch, die gehen über Leichen.

B Sie hätte wenigstens freundlich fragen können.

C Die alte Frau hat's aber eilig.

4. Ihre Freundin will diesmal nicht mit Ihnen, sondern mit jemand anderem verreisen.

A Wenn sie das tut, braucht sie sich nicht mehr blicken zu lassen.

B Sollen die Weiber doch tun, was sie wollen.

C Endlich unternimmt sie selbst mal was.

5. Übermorgen haben Sie Zwischenprüfung und müssen sich intensiv vorbereiten. Ihr Bruder hört nebenan aber voll Stoff AC/DC.

A Sie machen ihn zur Schnecke und zerstören die CD.

B Sie schalten die Sicherung für sein Zimmer ab.

C Sie bitten ihn, etwas Rücksicht zu nehmen und den Kopfhörer zu benutzen.

6. In Ihrem Schulgebäude darf nicht geraucht werden. Sie haben Lust auf eine Zigarette, aber draußen regnet es.

A Sie rauchen in der Pausenhalle und riskieren einen Verweis.

B Sie rauchen Ihre Zigarette im WC, dort kommen die Lehrer sowieso nicht rein.

C Na gut – lieber im Regen rauchen als überhaupt nicht.

7. Deutsche sind hart wie Kruppstahl, Italiener lieben Spaghetti, Türken den Knoblauch und Engländer sind Snobs.

A Ich rieche die Nationalität eines anderen drei Meilen gegen den Wind.

B Manchmal ist schon etwas dran, manches ist schon typisch für bestimmte Landsleute.

C Auch ich esse gerne Sauerkraut, Spaghetti und Knoblauch.

8. Die Frau gehört an den Herd, der Mann hinaus ins Arbeitsleben.

A Genauso ist es.

B Eine echte Gleichberechtigung der Geschlechter scheitert ohnehin an den biologischen Unterschieden.

C Männerrolle, Frauenrolle – alles Quatsch. Ergänzung heißt das Schlüsselwort.

9. **Am Eingang der Disko steht** vor Ihnen ein Glatzkopf. Sie denken sich:

A Oje, Skins, das gibt wieder Ärger.

B Wie kann man bei dieser Kälte nur oben ohne gehen?

C So jung und schon Haarausfall.

10. **Ein Obdachloser** lungert am Bahnhof herum und macht Sie an: „Haste mal Kleingeld für mich?"

A Sie sagen ihm, er solle sich eine Arbeit suchen, statt faul herumzuhängen.

B Sie tun so, als würden Sie ihn nicht verstehen.

C Sie kramen und geben ihm das Geld.

Und nun ist Zählen angesagt:

A 2 Punkte

B 1 Punkt

C 0 Punkte

Auflösung: Bin ich tolerant?

20 – 16 Punkte: Toleranz ist nicht gerade Ihre Stärke. Vorurteile sind kein Fremdwort für Sie. Überdenken Sie öfter mal Ihren Standpunkt.

15 – 11 Punkte: Sie lavieren sich durchs Leben, ohne Farbe zu bekennen. Sie nehmen selten Stellung und hängen Ihr Fähnchen in den Wind. Wie wär's mit etwas mehr Durchsetzungskraft und Courage?

10 – 6 Punkte: Passivität und Faulheit liegen eng beieinander und haben nichts mit Toleranz zu tun. Beweisen Sie von Zeit zu Zeit Mut und vertreten Sie Ihre Meinung.

5 – 0 Punkte: Ihre Art Toleranz zu zeigen ist ausgeprägt. Sie versuchen keine Vorurteile aufzubauen und sind anderen gegenüber offen. Vorsicht: Sie laufen Gefahr, ausgenutzt zu werden.

Hatten Sie Spaß beim Ausfüllen? Lassen Sie sich durch ein mieses Testergebnis nicht enttäuschen, denn wie bei allen Tests dieser Art gilt: Sie sollen Diskussionsansätze geben, eine echte Lebenshilfe können sie nie sein.

Tolerare, lateinisch:
ertragen, aushalten,
überstehen

Glaub mir, mein Schatz
auf meine Toleranz
kannst du locker
verzichten.
Sollte sie jemals
nötig werden
ist meine Liebe
schon auf und davon!

Glaub mir, mein Schatz
mit deiner Toleranz
tätest du mir
nichts Gutes.
Ich will nicht
zu ertragen sein
nicht auszuhalten
und zu überstehen!

Jörn Pfennig

NUR GEMEINSAM — SIND WIR STARK

Ayfer Seker, 21 Jahre, noch Türkin

„Gestern habe ich Post vom Ausländeramt bekommen. Ich kann Deutsche werden, wenn ich will.

Eigentlich möchte ich schon, aber was sagt meine Familie? Und was ändert es schon groß? Man erkennt die Türkin in mir schon allein an meinem Aussehen. Na ja, aber wählen darf ich dann und öffentliche Ehrenämter übernehmen und die Möglichkeit einer Beamtenlaufbahn habe ich dann auch.

Glücklicherweise bin ich kein Junge, sonst müsste ich zur Bundeswehr und könnte mich nicht mit vier Wochen Grundwehrdienst in der Türkei und einer Geldsumme aus der Pflicht kaufen. Aber für mich als Frau – eigentlich keine Nachteile. Ich glaube, ich entscheide mich dafür, denn zurückgehen will ich nicht. Ich bin hier geboren, mein Türkisch ist begrenzt und ich könnte auch nicht auf Dauer mit so vielen Leuten in einem Haus und auf dem Dorf leben. Nach vier Wochen Urlaub bin ich jedes Mal froh, wenn ich wieder daheim in Deutschland bin.

Ich denke deutsch, fühle deutsch und spreche zwei Sprachen. Was soll's, ein deutscher Pass bringt mir nur Vorteile."

Hasan Seker, 19 Jahre, Türke

„Das sehe ich ganz anders. Ich bin auch hier geboren und spreche ebenfalls besser Deutsch als Türkisch. Doch den Weg zurück lasse ich mir offen. Nicht nur wegen der Bundeswehr. Bisher war es möglich, jederzeit selbst zu bestimmen, wo man leben wollte – das wird sich nicht ändern und der deutsche Pass macht auch keinen Unterschied.

Politik interessiert mich sowieso nicht und den ‚Kümmeltürken' sieht man mir von weitem an. Es wird sich wohl kaum ein Neonazi erst meinen Pass zeigen lassen, bevor er mich niederschlägt."

Dein Christus ein Jude
Dein Auto ein Japaner
Deine Pizza italienisch
Deine Demokratie griechisch
Dein Kaffee brasilianisch
Dein Urlaub türkisch
Deine Zahlen arabisch
Deine Schrift lateinisch
Und Dein Nachbar nur ein Ausländer?

- ✻ Proben Sie in Vierergruppen Ayfers Situation zu Hause.
  - Vater:
    Mustafa Seker, 45 Jahre, will in zehn Jahren zurück nach Anatolien
  - Mutter:
    Sevim Seker, 39 Jahre, arbeitet Schicht und spricht nicht besonders gut Deutsch
  - Bruder:
    Hasan Seker, 19 Jahre, Betriebselektriker, in Deutschland aufgewachsen, mit seiner Kusine in der Türkei verlobt
- ✻ Stellen Sie Ihr Rollenspiel der Klasse vor. Tipps finden Sie dazu auf Seite 262.

Italiener verletzt

Zwei Messerstecher festgenommen
Junger Roma verletzt – Asylbewerberheim von Rechtsradikalen angegriffen

Pamphlet[1] gegen Ausländer

Glatzen prügeln Ausländer

Brandanschlag auf Flüchtlinge

Äthiopier zusammengeschlagen

F	T	U	X	U	L	T	G	B	I	E	E
U	B	N	L	U	A	U	L	W	M	I	P
L	U	T	Y	F	R	I	E	D	E	N	U
A	N	E	S	L	M	M	I	S	N	W	T
Q	D	R	A	U	U	T	C	I	S	A	B
C	E	D	R	E	T	H	H	C	C	N	I
Y	S	R	B	C	E	A	H	H	H	D	D
J	R	U	E	H	T	E	E	E	E	E	Z
E	E	E	I	T	F	Z	I	R	N	R	V
S	P	C	T	L	R	C	T	H	R	U	M
C	U	K	R	I	E	G	K	E	E	N	R
H	B	U	D	N	I	U	F	I	C	G	D
G	L	N	A	G	H	H	N	T	H	A	B
W	I	G	V	I	E	Y	E	O	T	S	G
F	K	F	B	G	I	J	Z	L	E	C	X
N	X	P	N	W	T	D	U	P	M	R	O

✻ Legen Sie eine Folie auf und kreisen Sie die folgenden Begriffe ein: Arbeit, Armut, Asyl, Bundesrepublik, Einwanderung, Flüchtling, Freiheit, Frieden, Gleichheit, Krieg, Menschenrechte, Sicherheit, Unterdrückung. (Ä=AE, Ö=OE, Ü=UE) Die Begriffe kommen senkrecht, waagrecht und diagonal vor.

AUSLÄNDER SIND WIR ALLE – FAST ÜBERALL

Am Rande bemerkt

- Es wandern fast genau so viele Ausländer wieder aus Deutschland ab- wie zuwandern. Im Jahr 2004 kamen 740.000, aber fast 700.000 verließen das Land wieder.
- Ohne unsere ausländischen Mitbürger würde unser Sozialversicherungssystem zusammenbrechen.
- Vor-urteilen heißt oft ver-urteilen.
- 60 Millionen Amerikaner sind deutschstämmig, das sind so viele, wie die alte Bundesrepublik Einwohner hatte.
- Die beliebtesten Ferienziele der Deutschen sind Italien, Spanien, Portugal, Türkei – dort ist man immer so freundlich zu ihnen.
- Wir haben Arbeitskräfte gerufen, es kamen Menschen.

✻ Wie wäre es mit einem fächerübergreifenden Projekt zum Thema „Ausländerfeindlichkeit"? Wie das geht? Sehen Sie auf Seite 254 nach.

[1] Pamphlet: verunglimpfende Flugschrift

ALS GOTT DEN MANN SCHUF, ——— ÜBTE SIE NUR

Trugschluss

Schon als Baby diskriminiert

Viele Mädchen werden nur aufgrund ihres Geschlechts getötet

„Die Diskriminierung beginnt nicht erst mit 18 Jahren. Sie fängt schon mit der Geburt oder sogar davor an“, berichtet Carol Bellamy, Direktorin des Kinderhilfswerks der Vereinten Nationen, UNICEF.

Viele Mädchen werden oft nur aufgrund ihres Geschlechts getötet, da man Jungen für wertvoller hält.

Bei einer Umfrage in Südostasien gaben 51 Prozent zu, ein Mädchen innerhalb einer Woche nach der Geburt getötet zu haben. Eine Studie aus China zeigt, dass zwölf Prozent aller weiblichen Ungeborenen abgetrieben werden. In verschiedenen Landesteilen gibt es bereits 19 Prozent mehr Männer als Frauen. In Pakistan sind die Verhältnisse ähnlich.

„In Südasien sterben jedes Jahr eine Million Kinder, nur weil sie weiblich sind“, sagte Frau Bellamy. Viele von ihnen verhungerten. Typisch sei das Beispiel einer Frau aus Pakistan, die – im Glauben, sie hätte zu wenig Muttermilch für ihre beiden Kinder – nur noch ihren Sohn stillte, während das Mädchen die Flasche bekam, davon aber viel zu wenig. Eine Studie in Indien hat aufgedeckt, dass 51 Prozent der Jungen gestillt werden, aber nur 30 Prozent der Mädchen.

„... höchste Zeit, dass du endlich zurückkommst, Schatz!“

*** Gleiche Behandlung von Jungen und Mädchen ist bis heute nicht selbstverständlich.**
Auch im Alltag heißt es oft: „nur ein Mädchen“.
Sammeln Sie entsprechend Situationen in Wort und Bild und erstellen Sie eine Plakatwand.
Zur Präsentation finden Sie auf Seite 261 weitere Hinweise.

„Männer und Frauen sind gleichberechtigt"

Sandy explodiert

Die Mitglieder des Motorradclubs Neustadt treffen sich jedes Wochenende, um gemeinsam an den Maschinen zu schrauben und auszufahren.

Der 1. Vorsitzende ist Tobias, der auch die jährlichen Motorradtreffen organisiert und durchführt. Selbstverständlich fahren auch die Freundinnen der Mitglieder des MC Neustadt mit. Bei den Benzingesprächen am Wochenende bleiben die Jungs lieber unter sich. Keine Frauen – das ist die Devise. Doch seit einiger Zeit hat Sandy ihr eigenes Motorrad, klein, aber fein. Ein Chopper, denn die Straßenmaschinen sind für die kleine Sandy einfach zu hoch. Ab und zu fährt sie dann auch mit – z. B. wenn es auf kurvenreiche Tour geht, das macht richtig Spaß. Als nun eine größere Tour geplant ist, meint Tobias, sie solle als Sozia mitfahren, ihr Hobel sei einfach nicht flott genug.

Da explodiert Sandy …

*** Stellen Sie sich in einem Rollenspiel den weiteren Verlauf der Geschichte vor.**

Sandy ist kein Einzelfall

„Frauen – nein danke", heißt es immer noch bei vielen Vereinen und Gruppen. So ist es bis heute nicht selbstverständlich, dass Frauen bei den freiwilligen Feuerwehren, den Rettungsdiensten und technischen Hilfswerken Dienst leisten. Auch sind Frauen bei der Bundeswehr bis heute eigentlich kein Thema.

Ebenso gibt es Geschlechtertrennung in Sportvereinen, selbst bei Schülergruppen sind gemischte Fußballmannschaften eine Seltenheit.

Frauen kommen langsam, aber gewaltig

Doch die gesellschaftliche Stellung der Frauen ändert sich, wenn auch nicht rasant: Das Jahr der Frau (1975), der internationale Frauentag (8. März) und die Weltfrauenkonferenzen (2011 in Venezuela geplant) waren Meilensteine im Kampf um Gleichberechtigung und Emanzipation. Trotzdem sind Schlagzeilen wie folgende noch immer möglich:

„Mädchen genauso begabt wie Jungen"

Mädchen sind für naturwissenschaftliche Fächer genauso begabt wie Jungen.

Erst gesellschaftliche Vorurteile und die mangelnde Motivation ihrer Lehrer führen schließlich zu schlechten schulischen Leistungen. Dieses Ergebnis ihrer Forschungen haben Münchner Psychologen (…)

ARMUT

Aussage einer Mitarbeiterin in einem Sozialkaufhaus

Armut ist keine Schande, haben die Leute früher gesagt. Egal, ob Krieg, Missernten oder Wirtschaftskrisen dazu führten das Menschen hungerten, krank oder obdachlos wurden. Aber Armut ist längst nicht nur ein Phänomen vergangener Zeiten oder ein Problem der Entwicklungsländer. Armut betrifft heute viele Menschen mitten in Deutschland. Ganz besonders erschreckend: Auch Menschen, die eigene Einkünfte haben, sind auf Sozialleistungen angewiesen, weil das Einkommen häufig nicht ausreicht um die gestiegenen Lebenshaltungskosten zu bestreiten. Die EU-Richtlinien sagen, arm ist, wer über weniger als 60 % des mittleren Nettoeinkommens verfügt.

Die Sozialkaufhäuser und Lebensmittelausgabestellen leisten einen wichtigen Dienst. Hier finden die Leute neben Dingen des täglichen Bedarfs wie Brot, Obst oder Gemüse auch Kleidung, Möbel oder Spielsachen. Schnell kann so eine große Not, zum Beispiel Winterkleidung für die ganze Familie oder eine defekte Waschmaschine, abgewendet werden.

Sozialkaufhaus

✻ **Diskutieren Sie die These „Armut ist keine Schande".**

Selbst einmal von materieller Armut betroffen zu sein …
kann ich mir sehr gut/vielleicht vorstellen

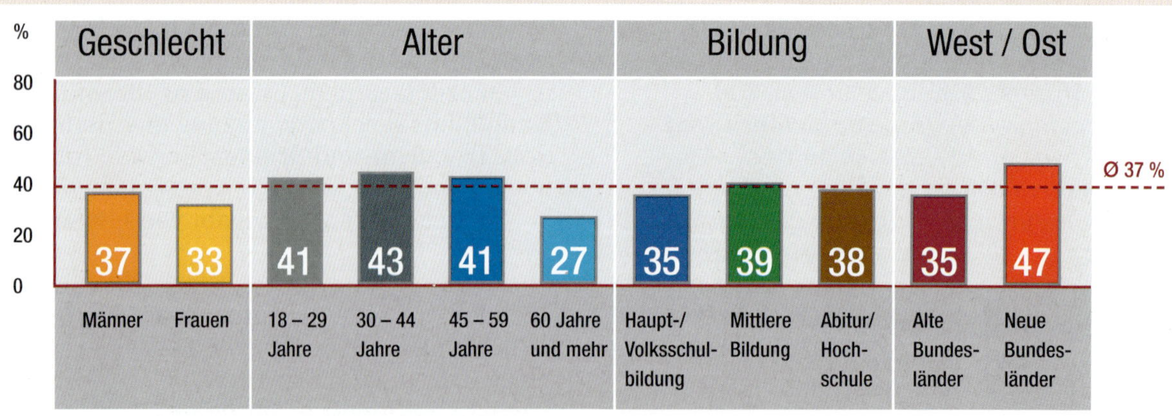

Basis: Deutschsprachige Wohnbevölkerung ab 18 Jahren; n = 2.610
Sinus Sociovision im Auftrag des Deutschen Caritasverbandes 2008

In den neuen Bundesländern kann sich jeder zweite vorstellen, einmal von materieller Armut betroffen zu sein. Zehn Prozent mehr als in den alten Ländern.

11 RANDGRUPPEN

KINDERARMUT

Wussten Sie, dass

- jedes 6. Kind in Deutschland in Armut lebt? Das sind über 2,5 Millionen Jungen und Mädchen;
- der Hartz-IV-Regelsatz im Jahr 2009 für 6- bis 13-Jährige 251 € monatlich beträgt? Darin enthalten sind 1 Euro für Spielsachen und 90 Cent für Schulsachen.

VEREIN FÜR SOZIALES LEBEN
www.kinder-armut.de

Johnny *tritt unsicher von einem Bein aufs andere. „Äh, Frau Schneider, ich, ich kann nicht mit zur Klassenfahrt!", platzt es aus ihm heraus. Frau Schneider nickt verständnisvoll. Erst letzten Monat hatte sie mit der Mutter von Johnny über die finanzielle Situation der Familie gesprochen. Als alleinerziehende Mutter dreier Kinder könne sie keine großen Sprünge machen, nur 251 Euro pro Kind und das müsse schließlich für alles reichen, von der Miete bis zum Bleistift. Da komme man hinten und vorne nicht mit hin und so bleibe einfach irgend etwas auf der Strecke.*

„Außerdem hätte ich sowieso keine Zeit", sprudelt Johnny hervor, „denn ich muss ab nächstem Ersten nachmittags auf die beiden Kleinen aufpassen. Mutter hat endlich wieder eine Arbeit gefunden."

- **Überlegen Sie, wie viel Geld Sie im Monat für Schulmaterial ausgeben.**
- **Erstellen Sie eine Rangliste: Auf welche Ihrer Freizeitaktivitäten könnten Sie verzichten?**
- **Welche Freizeitaktivitäten machen Spaß und kosten kein Geld?**

MIR IST — KALT

Streetworker Mäx plaudert aus der Westentasche

„Ich bin wieder in der Innenstadt eingesetzt. Also, denk ich mir, schau zuerst mal unter die Kettenbrücke. Na, da sind auch dann alle versammelt: Fritz, 58 Jahre, seit 13 Jahren ohne festen Wohnsitz, Benno, 42 Jahre, seit seiner Scheidung dabei, Joe, 52 Jahre, weiß gar nicht mehr, wie eine anständige Wohnung von innen aussieht, und Rudi, mit seinen 27 Jahren der Jüngste in der Gruppe.

Die Buddel geht rum und leert sich zusehends. Bis auf Benno saufen sie alle. Er ist der einzige Alkfreie auf der Platte. Ich setze mich also dazu, hole meinen Tabak raus, lass mich anschnorren und checke so ab, was die Jungs am meisten belastet. Klar, die Kälte dieses Jahr und die strenge Reglementierung in den Unterkünften Theresienstraße und Sutte. Wer dann nicht schon um 21 Uhr da oder betrunken ist, bleibt draußen. Hunger haben sie nicht, aber neue Decken und Klamotten wären gut. Ich gebe ihnen also die Adresse von der Kleiderkammer der Caritas und der des Roten Kreuzes und so ganz nebenbei ein paar Gutscheine für die Volksküche.

Keine großen Worte – das lieben sie nicht.

Fritz fängt an herumzudrucksen, sein Bein ist offen und eitert – er kann kaum mehr laufen. Ja, in München müsste man sein, sagt er, da gebe es eine Ärztin, die nur solche behandele wie ihn.

Ich rate ihm, in die Krankenhausambulanz zu gehen. Die ist ihm aber zu weit. Vielleicht hilft ihm die Krankenschwester von der Bahnhofsmission. Außerdem hat er keine Versicherungskarte.

Danach quatschen wir noch ein wenig, dann mache ich mich wieder auf den Weg. Mir ist kalt.“

Kein Dach über dem Kopf – Obdachlose erzählen

Fritz Sch., 58 Jahre:
„Letzten Januar habe ich bei minus drei Grad ohne Schlafsack in einem leer stehenden Haus übernachtet, da sind mir beide Füße abgefroren. Ich hab mich versehentlich einsperren lassen und konnte eine Woche nicht raus, weil keiner wusste, dass ich in dem Haus war. Als mich die Bauarbeiter fanden, haben sie mich gleich ins Krankenhaus transportieren lassen. Dort hat man mir die Beine bis zum Unterschenkel amputiert. Diesen Winter habe ich bei der Heilsarmee geschlafen."

Benno B., 42 Jahre:
„Seit man mir meinen Schlafsack geklaut hat, übernachte ich nicht mehr gerne draußen. Meine schlimmste Nacht war vor einem Jahr bei minus 20 Grad in einem Abbruchhaus in Schweinfurt. Dieses Jahr bin ich meist bei Kumpels untergekommen oder war in der Sutte. Zur Zeit schlafe ich bei einer Dame, die eine eigene Wohnung hat. Beinah hätte ich sogar 'nen Job gekriegt, doch ohne Kontonummer ..."

Maria D., 42 Jahre:
„Ich hab keine Wohnung und keinen Schlafplatz. In Pensionen und Unterkünfte mag ich nicht gehen wegen der Streitereien, deshalb schlaf ich lieber draußen, in Abbruchhäusern oder Parks. Das sollte ich eigentlich nicht wegen meiner Stirnhöhlensache. In einer Nacht hat mich eine Bande von Halbwüchsigen überfallen, geschlagen und ins Gesicht getreten. Ich war ganz fertig. Ich hab mich hingesetzt und geweint wie ein kleiner Hund."

„Obdachlose in der Bowery"
aus einer Ausstellung von Duane Hanson

Dies sind drei Schicksale stellvertretend für 860.000 in der Bundesrepublik Deutschland – Tendenz steigend.

- **Sammeln Sie in einem Rundgespräch die Ursachen für Obdachlosigkeit.**
- **Erstellen Sie in Gruppen eine Collage zum Thema: Kein Wohnsitz – kein Konto – kein Ausweg?**
- **Erarbeiten Sie im Klassengespräch Ursachen, die zu Obdachlosigkeit führen.**

12 WAS UNS ALLEN BLÜHT ...

ALT WERDEN

DURCH ZUFALL EIN UNFALL?

ANFÄLLE UND AUSBRÜCHE?

HOFFNUNG UND VERZWEIFLUNG?

GRENZEN

ABSCHIEDE

EIN EWIGES LEBEN?

ENTSCHEIDUNGEN

ALT ——————————————————————— WERDEN

„Aber irgendwie muss man auch sagen, je mehr alte Menschen, desto mehr Arbeit entsteht ja auch. Die Pflege, das ist ein Bereich, der kann durch Maschinen nicht besetzt werden. Das hat auch sehr positive Hintergründe, das Seelische, das kann man nur persönlich pflegen. Und ich denke, das mit den alten Menschen, das hat Vor- und Nachteile – aber die Sache mit der Pflege kann auch eine Chance sein."

(Zivildienstleistender, 18 Jahre)

Zum Nachdenken

Die Jugend achtet das Alter nicht mehr,
zeigt bewusst ein ungepflegtes Aussehen,
sinnt auf Umsturz, zeigt keine Lernbereitschaft,
ist ablehnend gegen überkommene Werte …

Ägyptische Inschrift,
zirka 1100 vor Christus

Das Altwerden ist bisher das einzige Mittel,
um lange zu leben.

Adele Sandrock
(Schauspielerin)

Die erste Hälfte unseres Lebens wird von unseren Eltern verdorben – und die zweite Hälfte von unseren Kindern.

ENDSTATION ALTERSHEIM?

ALTERSHEIM
ALTERSHEI
ALTERSHE
ALTERSH
ALTERS
ALTER
ALTE
ALT
AL
A
AL
ALT
ALTE
ALTER
ALTERN
ALTERNA
ALTERNAT
ALTERNATI
ALTERNATIV

ALTERNATIVE!

✻ **Diskutieren Sie Alternativen zum Altersheim oder einer Pflegeeinrichtung für Senioren.**

Meine Uroma und ich sind eher Freunde
Niklas, 16 Jahre, Realschüler;
seine Familie hat vier Generationen

Niklas hält sich gerne bei seiner Uroma auf. Mit ihren 89 Jahren ist sie äußerst munter und, wie Niklas sagt, „von außen und innen happy".

Eine freundschaftliche Beziehung kann man auch zu einem sehr viel älteren Menschen haben, meint Niklas. Das Verhältnis zu seiner Uroma ist von gegenseitiger Liebe und Toleranz geprägt, außerdem wird er nach Strich und Faden verwöhnt.

„Also, als kleines Kind hab ich eigentlich jeden Tag da geschlafen und alles. Und sie verwöhnt mich halt immer. Holt immer alles für mich. Das ist eigentlich kein richtiges Oma-Verhältnis oder Oma-und-Urenkel-Verhältnis – das ist eher so wie Freunde, finde ich."

Mit Niklas' Outfit ist die Uroma nicht immer zufrieden. Niklas versucht es ihr recht zu machen. „Immer, wenn ich da bin, zieh ich dann halt die Hose hoch, und wenn ich draußen bin, zieh ich sie wieder runter." Ihretwegen hat er sich sogar die Haare schneiden lassen. Aber das tut der Liebe keinen Abbruch.

Niklas findet seine Uroma „süß". „Meine Freunde auch alle. Die ist ganz klein, die geht mir ungefähr bis hier und hat so 'ne Knaufnase. Und sie geht immer so wie ein Model, immer so mit dem Po rumschwenken. (lacht) Das finden meine Freunde und ich voll cool (lacht) und deswegen hat sie halt den Spitznamen ‚Model' gekriegt."

Die hochbetagte Uroma hat eine Vorbildfunktion: Ihre Art zu altern empfinden Niklas und seine Freunde als beispielhaft. Auch sein Opa ist für Niklas ein Vorbild. Er meint, er habe seine soziale Einstellung von seinem Opa.

(aus: 16. Shell-Jugendstudie 2006)

Kathrin berichtet über ihre Einstellung zum Älterwerden

„Ich bin 58 Jahre, das soll man mir aber nicht ansehen, sagt man mir. Ich bin schon zweifache Großmutter, aber ich habe mich schon immer fit gehalten. Außerdem tue ich auch etwas für mein Aussehen. Heute hat man doch auch die Möglichkeiten dazu. Meine Mutter sagte immer: Man ist so alt, wie man sich fühlt. Dem stimme ich zu, denn ich fühle mich wie 25 und ich werde mein Alter zwar nicht verheimlichen, aber ich finde 58 schon richtig alt. Ich arbeite für eine Seniorenmodelagentur. Die Auftragslage ist gut, denn jenseits der 50 will man auch noch gut angezogen sein, sich pflegen und schließlich hat man noch ein halbes Leben vor sich. Die Alterspyramide beweist es: Wir über 50 sind die meisten und wir haben auch Geld.

Ich will mein ganzes Leben genießen, verreisen, mich wohl fühlen und mir auch ein bisschen Luxus gönnen. Das Gejammere um alte und bedürftige Menschen ist schlimm, aber jeder muss sehen, wo er bleibt. Da werde ich ganz depressiv, wenn ich mir vorstelle, dass auch ich um Alterserscheinungen wie Krähenfüße nicht herumkommen werde, aber ich werde ihnen mit allen Mitteln Widerstand entgegensetzen."

✻ Niklas' Uroma und Kathrin vermitteln unterschiedliche Vorstellungen vom Älterwerden. Wie möchten Sie „altern"?

12 WAS UNS ALLEN BLÜHT ...

DURCH ZUFALL — EIN UNFALL?

Jürgen K. (24 Jahre) und Sonntag, 1. September

„Seit ich ihn 1996 in einer Autozeitschrift gesehen hatte, wollte ich ihn haben. Ich war gerade dabei, mich auf die Führerscheinprüfung vorzubereiten und träumte von Ferraris, Bugattis und BMWs. Dann sah ich den ersten Bericht über den Mercedes SLK und ich pinnte das Bild sofort an die Wand neben meinem Bett. Der war's! Liebe auf den ersten Blick. Geld hatte ich als Azubi immer zu wenig, aber nach dem Führerschein lebte ich auf kleinem Fuß. Alles, was nicht unbedingt sein musste, dafür gab ich keine müde Mark aus. Ich sparte und schuftete, schuftete und sparte. Einen nagelneuen konnte ich mir nie leisten, deshalb wartete ich während meiner Sparerei ab, ob es endlich einen gebrauchten SLK – natürlich in Silbermetallic – zu kaufen gab. Am 27. August war es so weit: Ich hatte die Wagenpapiere, die Kennzeichen und einen silbermetallic lackierten SLK mit einem Supersoundpaket. Fast wäre ich ausgeflippt. Die erste Fahrt wollte ich so richtig genießen. Mit voller Kanne über die Autobahn bis nach München.

Es war wirklich die Erfüllung eines Traums, es ist kaum zu beschreiben. Den ganzen Sonntag war ich unterwegs und völlig high. Zur Krönung habe ich mir am späten Nachmittag dann an einer Tankstelle einen Sekt gekauft, um die Sache angemessen zu feiern. Der Sekt war warm und das erste, was an diesem Supertag schlecht lief. Die Laune habe ich mir aber nicht verderben lassen. Gegen halb sechs näherte ich mich wieder der Ausfahrt Hof. Musik noch mal aufdrehen und den letzten Kilometer genießen. Dann sah ich sie wie in Zeitlupe, es waren nur Bruchteile einer Sekunde: ‚Steig in die Eisen! Bremsen! Die hat Vorfahrt! Jetzt ist es zu spät! Du bist zu schnell! Mist! Das Auto!' Dumpfer Schlag und die Frau flog über mein Auto. Die Uferböschung runter! ‚Mensch, du hast sie erledigt, hast gesoffen und das Auto ruiniert!'

Endlich stand das Auto. Ich war wie gelähmt. Im Rückspiegel sah ich das demolierte Rad und wollte nur weg. ‚Das kann doch nicht wahr sein! Du träumst jetzt!' Erst jetzt nahm ich meine gesplitterte Windschutzscheibe zur Kenntnis. Ein Autofahrer klopfte an meine Seitenscheibe.

Zu spät! Für die Frau, für mich und das Traumauto?"

12 WAS UNS ALLEN BLÜHT ...

Dirk Holbe (37 Jahre) und Sonntag, 1. September

„Caroline sagte nach dem Mittagessen, dass sie bei dem schönen Wetter noch mal Lust hätte, zum Baden an den See zu fahren. Manuel, unser Sohn, hatte eine Verabredung mit seiner Freundin. Ich hatte am Schreibtisch noch Verschiedenes aufzuarbeiten und wollte mich, obwohl es Sonntagnachmittag war, um den Kram kümmern.

Caroline entschied sich dann, mit dem Rad zu fahren. Sie hätte sowieso während der Woche zu wenig Bewegung. Fröhlich packte sie ihre Utensilien ein. Sie versprach, gegen sechs zurück zu sein, wenn sie sich nicht entscheiden würde, als Meerjungfrau für immer im See zu leben.

Ich vergrub mich in den Akten und vergaß die Zeit. Kurz vor sieben klingelte das Telefon. Ein Polizist teilte mir mit, dass Caroline einen Unfall erlitten habe und im Klinikum liege.

Der Kilometer bis zum Krankenhaus zog sich ewig hin. Der Arzt der Notaufnahme teilte mir mit, dass eine schwere Schädelfraktur vorliege. Den Rest könne man wieder ‚zusammenflicken'."

Aus dem Polizeibericht

Am gestrigen Sonntag nahm ein 24-jähriger Sportwagenfahrer einer 37-jährigen Radfahrerin auf der Friedensbrücke stadteinwärts die Vorfahrt. Der Pkw erfasste die Radfahrerin und schleuderte sie auf einen zirka 15 Meter entfernten Uferweg. Die Frau wurde mit lebensgefährlichen Verletzungen ins Klinikum eingeliefert.

Beim Pkw-Fahrer wurde eine Blutprobe entnommen.

✻ Unser Alltag folgt geregelten Bahnen. Alles geht seinen „normalen Gang": vom Aufstehen bis zum Schlafengehen. Überlegen Sie: Welche Ereignisse hätten Sie heute schon aus der Bahn werfen können?

12 WAS UNS ALLEN BLÜHT …

ANFÄLLE UND AUSBRÜCHE?

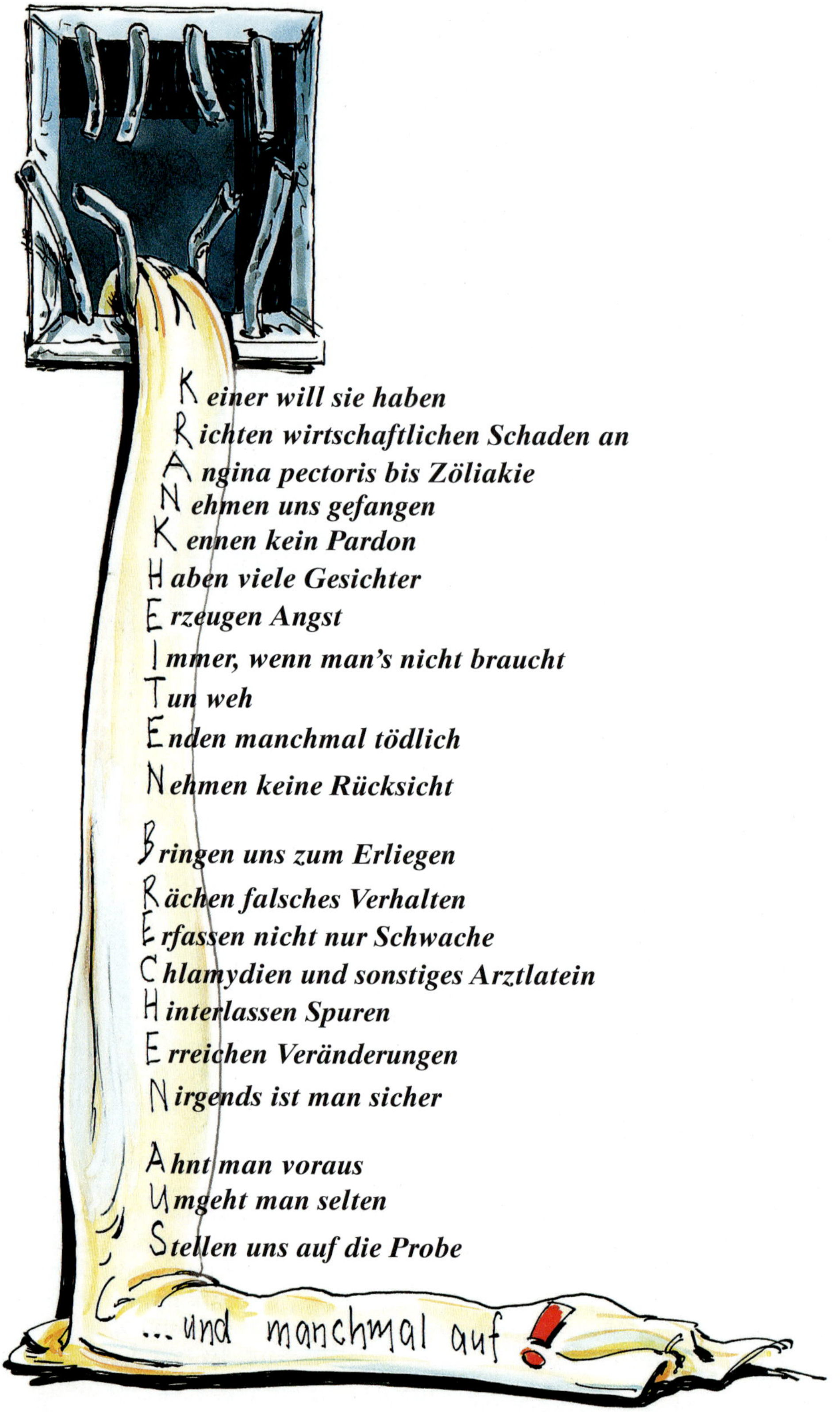

Keiner will sie haben
Richten wirtschaftlichen Schaden an
Angina pectoris bis Zöliakie
Nehmen uns gefangen
Kennen kein Pardon
Haben viele Gesichter
Erzeugen Angst
Immer, wenn man's nicht braucht
Tun weh
Enden manchmal tödlich
Nehmen keine Rücksicht

Bringen uns zum Erliegen
Rächen falsches Verhalten
Erfassen nicht nur Schwache
Chlamydien und sonstiges Arztlatein
Hinterlassen Spuren
Erreichen Veränderungen
Nirgends ist man sicher

Ahnt man voraus
Umgeht man selten
Stellen uns auf die Probe

… und manchmal auf!

WAS UNS ALLEN BLÜHT ...

Caroline Holbe und ihr Leben nach dem Unfall vom 1. September

„Dass ich noch lebe, ist ein großes Glück. Dirk kann immer noch nicht richtig begreifen, wie die Ärzte mich wieder zusammengeflickt haben. Es war mühsam, wieder so weit zu kommen, wo ich jetzt bin. Vom Laufenlernen bis zur völligen Wiederherstellung meiner Sprache wird noch einige Zeit vergehen. Dass ich wieder aufwachte, war eine Sensation für meine Familie, denn anfangs sah's düster aus. Die Knochenbrüche und einiges andere sind schon fast verheilt und die Krücken erwarten mich. Seit ich wieder bei Sinnen bin, mache ich mir keine Gedanken über die Herstellung meines Skeletts. Da gibt es fast Wunder!

Was mich aus der Bahn warf, war die Tatsache, dass ich einige Wörter nicht mehr artikulieren konnte und mir bestimmte Wörter und deren Zuordnung zu Dingen völlig entfallen war. Ich wollte diese weißen, quadratischen Papierdinger vom Nachttischchen, aber mir fehlte das Wort. Der zu dieser Erscheinung gehörende Fachbegriff ‚Aphasie' war schneller in meinem Wortschatz als ‚Papiertaschentuch'.

Die Zeit schleicht für mich im Moment. Es gibt Tage, an denen ich sehr zuversichtlich bin und denke: ‚Du hast es überlebt!' Was ist das aber für ein Leben!

Ich muss abwarten, ob ich meinen Beruf wieder ausüben kann. Wer behält schon jemand in der Firma, der sich nicht konzentrieren kann, weil er unter ständigen Kopfschmerzen leidet. Erst dachte ich, es seien die vielen Medikamente, die sie mir zur Aufrechterhaltung meiner Lebensfunktionen gaben, aber auch das Absetzen verschiedener Pillen und Tabletten hat zu keiner Verbesserung geführt.

Die Ärzte schweigen sich aus, wollen nur ein anderes Präparat verschreiben.

Wenn mein Kopf kurz vor dem Zerspringen ist, mache ich nur die Augen zu und versuche, nichts mehr zu hören und zu sehen. Durch meinen Kopf rasen dann große schwere Eisenpfeile, die gegen meine Schädeldecke donnern.

An den Unfall will ich nicht mehr denken, denn ich weiß nicht, warum mir das passierte. Ich werde damit leben müssen, sowohl körperlich als auch seelisch nicht mehr die zu sein, die unbekümmert vor dem Unfall das Leben genoss."

- ✻ **Kranksein hat viele Seiten: leichte Störungen der Befindlichkeit bis zu lebensbedrohlichen Beeinträchtigungen. Beschreiben Sie die Situation, in der Ihre persönliche Schmerzgrenze erreicht ist.**
- ✻ **Ziehen Sie Vergleiche in der Klasse/Gruppe.**

HOFFNUNG UND VERZWEIFLUNG

***Wie stark Andrea Schmid** unter ihrem Zustand leidet, weiß niemand. Weihnachten 1999 bekam sie einen Asthmaanfall. Anstatt eines lindernden Präparates spritzte die Bereitschaftsärztin ein Kreislaufmittel.*

„Die sollen doch aufhören, Papa, ich packe das nicht!“, schrie Andrea. Es waren ihre letzten Worte. Bevor sie die Hälfte der Injektion erhalten hatte, stürzte die 19-Jährige mit Herzstillstand zu Boden. Der Notarzt konnte sie zwar wieder beleben, doch Andrea liegt seitdem im Wachkoma.

Erst fünf Jahre danach erkannte die Versicherung der Bereitschaftsärztin den Schaden grundsätzlich an. Von Abschlagszahlungen wurde unter anderem Familie Schmids Reihenhaus in Kaufbeuren behindertengerecht umgebaut. Seit Mai 2005 ist Andrea wieder zu Hause. Mit offenen Augen liegt sie regungslos im Bett. Ernährt wird sie über eine Magensonde. Nahezu täglich wird sie von Asthmaanfällen gequält. Dann bebt der gekrümmte Körper.

Die Schreie, mit denen sie sich über die Torturen beklagen will, sind nicht zu hören. Andrea hat einen Katheter im Hals. Dadurch saugen die Eltern mit einer Maschine den Schleim aus der Luftröhre, wenn ihre Tochter zu ersticken droht.

„Meine Stärken: lache gern, bin für jeden Blödsinn zu haben“, schrieb sie in ihrem Steckbrief, als sie als 17-Jährige von einer Jugendzeitschrift zum „Mädchen des Monats“ gewählt wurde. Sie kellnerte in der Disko, jobbte gelegentlich als Model. „Durch unsere Liebe wird sie eines Tages wieder aufwachen“, will ihre Mutter glauben. Die „zermürbende und skrupellose Feilscherei“ um die Höhe der Entschädigung, die bis heute andauert, findet sie demütigend: „Ich habe den Eindruck, dass die Versicherung hofft, Andrea stirbt. Dann wird es billiger.“

12 WAS UNS ALLEN BLÜHT ...

Elisabeth Kübler-Ross arbeitet seit Jahren als Psychiaterin in den USA und wurde durch ihre Forschungen über Tod und Sterben zur anerkannten Expertin auf diesem Gebiet.

Sie beschreibt in ihrem Buch „Interviews mit Sterbenden" den Fall von Herrn J.:

***Herr J.**, in zwanzig Jahren des Leidens zum Philosophen geworden, verriet seinen verborgenen Zorn – im Grunde klingt es durch die ganzen Interviews hindurch: „Warum gerade ich, obwohl ich so anständig war?" Er schildert ausführlich, wie stark und zäh er war, wie arbeitsam, anständig und solide er lebte, wie gut er für seine Familie sorgte. Für die Zeit, in der seine Kinder auf eigenen Füßen stehen können, hat er auf ein paar gute Jahre mit Urlaub und Reisen gerechnet; nun muss er einsehen, dass seine Hoffnungen wohl vergebens waren – jetzt braucht er seine Kraft, um bei Verstand zu bleiben und das Jucken und Unbehagen zu bekämpfen, das er so anschaulich schildert.*

Im Rückblick auf die Jahre des Leidens und des Kämpfens schließt er immer mehr Alternativen aus: den Selbstmord auf der einen Seite, das friedliche Alter im Genuss des Erreichten auf der anderen. Erwartungen und Ansprüche schrumpfen, und schließlich akzeptiert er die Tatsache, dass er nur noch von einer Remission[1] zur anderen leben kann. Wenn er sich besonders elend fühlt, möchte er in Ruhe gelassen werden und zu schlafen versuchen; geht es ihm besser, dann gibt er zu verstehen, dass er wieder zu geselligem Kontakt und zu Kommunikation bereit ist. Seine Formel „Man muss zufrieden sein" besagt, dass er auf eine weitere Periode der Remission hofft. Und er hofft auf eine neue Therapie, ein frisch entdecktes Medikament, das ihn von seinem Leiden befreien wird.

An dieser Hoffnung hat Herr J. bis zu seinem letzten Tag festgehalten.

✻ In beiden geschilderten Fällen spielen Hoffnung und Verzweiflung eine Rolle. Versuchen Sie zunächst in Gruppen, verschiedene Einstellungen von Angehörigen, Verwandten etc. zu beschreiben, und setzen Sie diese im Rollenspiel in Szene.
Hinweise hierzu befinden sich auf Seite 262.

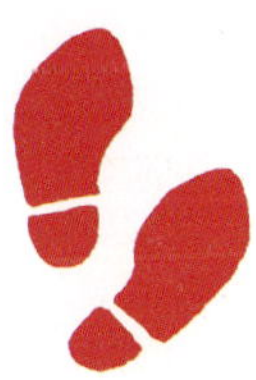

[1] Remission: vorübergehende Rückbildung von Krankheitserscheinungen

Tod in der Abstellkammer?

Die Großmutter meiner Frau war in ihrer Wohnung zusammengebrochen. Als sie ins Krankenhaus eingeliefert wurde, ging es ihr schon sehr schlecht. Trotz intensiver ärztlicher Bemühungen war kaum etwas zu machen. Zwar konnte man ihre Körperfunktionen im Krankenhaus noch einigermaßen stabilisieren, aber als noch eine Lungenentzündung dazukam, gab es kaum noch Hoffnung. Wir besuchten sie mehrmals und stellten jedes Mal eine deutliche Verschlechterung ihres Zustandes fest. Ihre Reaktionen wurden immer schwächer. Zuletzt erkannte sie uns nicht einmal mehr. Es gab nicht viel, was man während der Besuchszeit tun konnte:

Ein bisschen Händchenhalten, ein paar tröstliche gemurmelte Worte, ein bisschen das Gesicht abtupfen …

Gegen 18:30 Uhr klingelte das Telefon. Man teilte uns mit, dass die Großmutter um zirka 16:00 Uhr gestorben sei.

Als wir im Krankenhaus ankamen, schickte man uns in eine Abstellkammer. Dort lag sie. Sie fühlte sich schon recht kalt an und war sauber aufgebahrt. So hatten wir uns Abschied nehmen nicht vorgestellt: in einer Abstellkammer. Ohne ein letztes Wort. Ob sie noch im Krankenzimmer gestorben war? Oder hatte man sie zum Sterben in die Abstellkammer geschoben, um den anderen Patienten das Miterleben der letzten Minuten zu ersparen?

Auf die Frage, weshalb man uns erst so spät informiert habe, reagierte die Schwester mit Unverständnis. Die meisten Angehörigen hätten es lieber, wenn die Verstorbenen schon zurechtgemacht, also gereinigt und aufgebahrt seien.

„So ist es doch viel schöner.“

Die fünf Phasen des Sterbens

Nach Elisabeth Kübler-Ross

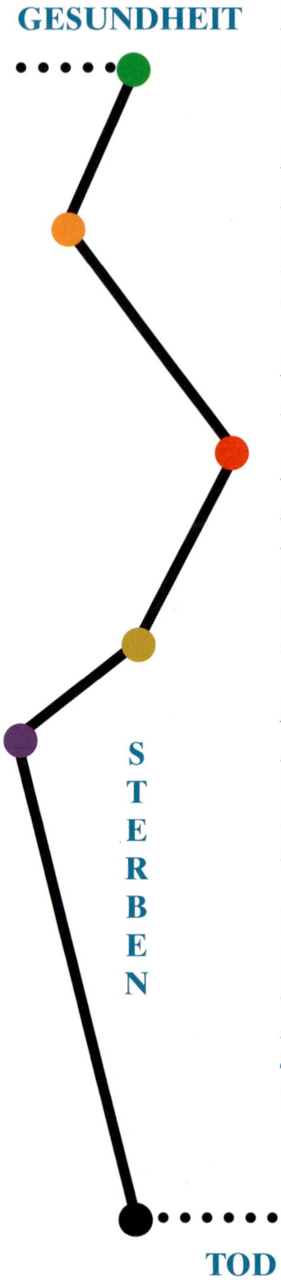

***Diagnose** der tödlichen Erkrankung (starke Belastung)*

***I Verleugnen** (Schock)*
„Nein, ich nicht!“
Einsamkeit
Innere Konflikte
Sinnlosigkeit

***II Zorn** (Emotion)*
„Warum ich?“

III Verhandeln
„Ja, ich, aber …“
Allmähliche Erkenntnis der tatsächlichen Folgen

IV Depression
„Ja, ich.“
Wachsendes Selbstvertrauen und Kontakte zu anderen

V Zustimmung
(gesteigertes Selbstvertrauen)
„Meine Zeit wird nun sehr kurz und das ist in Ordnung so.“

12 WAS UNS ALLEN BLÜHT …

***Ich ziehe den glücklichen Tod** einem verzweifelten, nutzlosen Leben tausendmal vor. Mein Streben gleicht einem ewigen Hunger nach Liebe und Schönheit. Ich weiß nun, dass die, welche irdische Güter besitzen, unglücklich sind … Das Leben der Wolken ist ein Abschied und ein Wiederfinden; ein Weinen und Lachen. Ebenso wird der Geist vom Körper getrennt und geht in die Welt der Materie ein; er eilt wie die Wolken über die Täler der Trauer und über die Berge des Glücks, bis er den Windhauch des Todes trifft und dorthin zurückkehrt, von wo er gekommen: vom endlosen Meer der Liebe und Schönheit, in dem sich Gott offenbart.*

Khalil Gibran

Paul Klee „Gefangen“

Hör dir das an, Gott

*Hör dir das an, Gott, ich will heute
mit dem Auto unterwegs sein, morgen
schließ ich den Kaufvertrag ab,
das neue Haus wird in zehn Monaten
stehn, dann ziehen wir ein, machen das
dritte Kind, schicken das erste zur
Schule, das Geschäft wird vergrößert, den
Kompagnon schmeiße ich raus, kaufe das
restliche Aktienpaket, übernehme den
Vorsitz in der Waschmittelgesellschaft,
wechsle die Freundin, der Bungalow im
Tessin ist fällig, die Gören springen
mir von der Tasche, die Frau hat eine
Operation, ich bin Generaldirektor,
vielleicht Prostata, gut, wird repariert,
man ist sechzig, Konzern gesund, rapide
wächst das Grundkapital, glänzende
Aussichten für die nächsten zehn Jahre,
was sag ich, für zwanzig – hör dir das an,
Gott, und komme mir nicht dazwischen.*

Rudolf Otto Wiemer

Tod und Sterben im Christentum

Das Christentum betont die Freiheit des Menschen, die auch zur Wahl des moralisch Schlechteren führen kann. Erst nach dem Tod wägt Gott als gerechter Richter die Taten der Menschen ab, belohnt die Gerechten mit dem ewigen Leben und bestraft die Sünder.

Im Neuen Testament gibt es wenig Angaben über den Tod und das Sterben, in jedem Fall aber wird die Auferstehung von den Toten – wie bei Jesus Christus – körperlich verstanden. Der Körper wird „am Ende aller Zeiten auferweckt“, er gilt dann als makellos und unverweslich.

*** Menschen gehen mit der Grenze Tod sehr unterschiedlich um. Welche der auf dieser Seite angebotenen Auffassungen kommt Ihrer eigenen am nächsten? Versuchen Sie eine Begründung zu geben.**

ABSCHIEDE

Ihr Bestattungsinstitut in Frankfurt
martens
Bestattungen
5 gute Gründe, sich unserem
Erledigung aller
Jederzeit
Lieferung von
Särgen
Auf Wunsch Hausbesuch
Schulstraße 100 · Frankfurt
2 000.– €

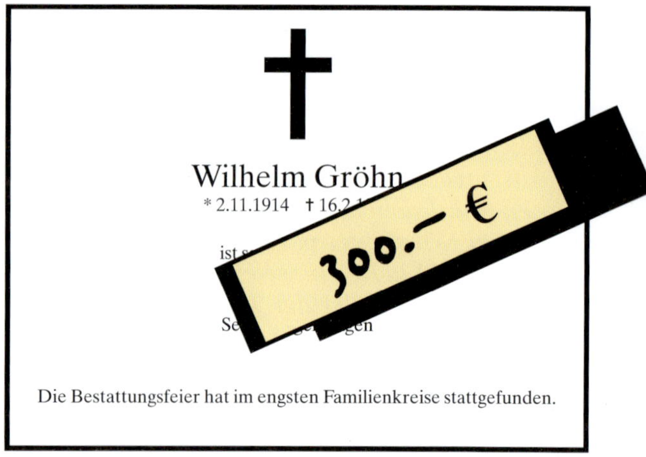
Wilhelm Gröhn
* 2.11.1914
Die Bestattungsfeier hat im engsten Familienkreise stattgefunden.
300.– €

500.– €

2 250.– €

?

Edith Mize verliert ihren 18-jährigen Sohn durch Krebs. Sie beschreibt die Situation des „Abschiednehmens für immer“ in zwei Gedichten.

Einwilligung

Warum ist man traurig,
wenn man sterben soll?
Man nimmt Abschied,
deshalb die Tränen.

Er hat keine Angst,
wovor denn auch?
Es liegt an dem,
was er aufgeben soll.

Suche nach dem Licht!
Voran und aufwärts.
Verzweifle nicht,
es ist schon richtig so.

Wenn jemand stirbt,
dann denkt er an das Leben,
beides ist Kampf,
doch wert, dass man ihn kämpft.

Edith Mize

Versuche es noch einmal

Ich bin der Schwermut müde
und müde des Schmerzes;
ich will wieder hinein
in diese Welt.

Das Leben geht weiter,
wenn der, den wir lieben, davongeht;
aber für mich ist es schwer,
der ich zurückbleibe im Schmerz.

Heute will ich versuchen,
noch einmal zu lächeln.
Der Tod ist verschwunden
von der Schwelle meinerTür.

Ich werde mich aufraffen
und es wieder versuchen;
mich anstrengen will ich,
und wieder wirksam sein.

Es wird nicht einfach sein,
ich weiß das nur zu gut,
doch aufgeben werde ich nicht,
der Wechsel ließ mich reifen.

Ich liebte ihn so sehr,
das Schicksal schlug uns hart.
Er ging als erster davon;
und mich ließ er zurück.

Der Schmerz wird eine Zeit
in meinem Herzen bleiben;
doch gestern ist vorüber,
heut werde ich lächeln.

Edith Mize

✱ Wie geht man in unserer Gesellschaft mit dem Tod um? Ein Besuch eines Friedhofs in Ihrer Nähe kann vielleicht Fragen beantworten. Was ist bei einer Erkundung zu beachten? Schauen Sie vorher auf Seite 253.

✱ Von Toten kann in unterschiedlichster Weise Abschied genommen werden. Warum werden Tote nicht „einfach entsorgt“?

EIN EWIGES LEBEN?

Ich stelle mir den Tod schrecklich vor. *Man liegt in einem Bett oder ist sonst irgendwo und man macht plötzlich die Augen zu und lebt nicht mehr. Man weiß nicht, wie es nach dem Tod aussieht. Ob man nach dem Tod auf irgendeine Weise doch noch weiterlebt. Wenn der Körper verwest ist und wir vielleicht mit einem anderen Körper weiterleben und das Treiben der Menschen beobachten können.*

Ich habe meinen Vater gesehen, als er mit dem Tod kämpfte. *Es war grauenhaft. Ich werde es nie in meinem ganzen Leben vergessen. Manchmal stelle ich mir auch vor, wie das ist, wenn man tot ist und dann im Grabe liegt. Wie wird das Jenseits sein? Es muss doch schrecklich sein, nicht mehr leben zu können. Ich habe eine unsagbare Angst vorm Sterben. Manchmal sitze ich eine halbe Stunde da, döse vor mich hin und denke nur an den Tod. Auch habe ich Angst, dass meine Mutter stirbt und dass ich dann Vollwaise bin. Meine Mutter sagt immer: „Das Leben geht viel zu schnell vorbei.“ Und davor, dass mein Leben auch schnell vorbei ist, habe ich Angst. Ich möchte noch sehr lange leben, denn das Leben ist schön.*
(Petra, 14 Jahre)

Am liebsten würde ich gar nicht sterben. *Wie das wohl ist, wenn ich sterbe? Wenn ich mich schon nicht mehr bewegen kann, ob ich dann noch etwas denke? Wenn ich dann im Sarg liege, wo dann wohl meine Seele ist? Wenn ich wieder auferstehe, ob ich dann noch alles über mein Leben weiß?*

Warum Lebt man?

Nur um dann zu sterben?

Wenn der Tod nicht da sein würde, gäbe es auf der Welt bald keinen Platz für Lebewesen. *Der Tod bildet für die Organe des Körpers und des Gehirns ein Ende. Viele Menschen meinen, die Seele würde noch erhalten bleiben und dass Gott der Seele des Menschen ein ewiges Leben biete. Der Mensch versucht sich durch diesen Gedanken zu trösten. Er meint, wenn er böse war, würde er keinen guten Platz im Jenseits erhalten. Das ganze Geschehen ist für mich ein biologischer Vorgang. Der Körper verwandelt sich zu Aas und wird zu Erde. Er schenkt anderen Lebewesen Nahrung. An seinem Platz erhält ein anderer Mensch sein Leben.*

Wenn der Mensch nach seinem Tode noch einmal leben könnte, dann würde er gewiss keinen Fehler mehr machen.

Dass das Leben einfach einmal aufhört, kann ich mir dann nicht vorstellen. *Ich habe öfter über den Tod nachgedacht und kann mir einfach nicht vorstellen, dass ich die Sonne, die Blumen, die Erde und die Menschen einmal nicht mehr sehen kann.*

Der Tod ist für mich eine Erholung von dem Leben auf der Erde. *Man schläft und denkt an nichts mehr.*

Ich komme immer mehr zu dem Entschluss, *dass man, wenn man an Gott und an ein Weiterleben nach dem Tode glaubt, keine Angst vor dem Tod zu haben braucht, weil für diesen Menschen der Tod das Tor zum ewigen Leben ist.*

Nirwana, Schlaf und Paradies

In allen Kulturen und Religionen gibt es Vorstellungen über die Bedeutung des Lebens und des Todes. Die Begräbnisriten bzw. der Umgang mit dem Tod werden geprägt von bestimmten Bildern, die der Religion oder der jeweiligen Kultur entspringen.

Bei den Juden heißt der Friedhof „Haus des Lebens“ oder „guter Ort“, denn hier „schlafen“ die Toten im Staub der Erde, bis Gott sie aufgrund seines Erbarmens wieder belebt. Der Friedhof gilt als Ruheplatz der Verstorbenen bis zum Kommen des Messias, deshalb bleibt das jüdische Grab Eigentum des in ihm Ruhenden für alle Zeit. Jüdische Friedhöfe werden im Gegensatz zu christlichen Friedhöfen, wo nach der üblichen Zeit Gräber aufgelöst werden, weder verlegt, verkauft noch bebaut.

Der behutsame Umgang mit den jüdischen Verstorbenen lehrt, dass sich Seele und Körper langsam trennen, damit auch die trauernden Angehörigen den Trennungsschmerz angemessen durchleben können. Um sich vom Verstorbenen wirklich zu trennen, besteht ein 30-tägiges Verbot, den Begräbnisort aufzusuchen. Nach elf Monaten werden Grabsteine errichtet, die sich jedoch sehr ähnlich sind, um die Gleichheit aller Menschen zu betonen.

Der christliche Glaube geht ebenso wie der jüdische davon aus, dass sich Seele und Körper beim Sterben trennen. Im Christentum gilt nicht nur die Seele als unsterblich, sondern auch der Körper soll wieder auferstehen.[1]

Im Islam zieht Allah mit dem Tod Bilanz. Sündern droht die große Feuerspein. Wenn sich der Gläubige für Allah eingesetzt hat und einmal nach Mekka gepilgert ist, dann wird er nach seinem Tod im Paradies weiterleben. Mit Ausnahme der Märtyrer und anderer, die unmittelbar nach ihrem Tod ins Paradies eintreten, warten die Toten in ihren Gräbern auf die Auferstehung und das Weltende.

Moslems stellen sich das Paradies als einen wunderschönen, schattigen Garten mit ewigem Frühling vor, in dem sie von Allah mit ewiger Freude belohnt werden.

Hindus legen ihre Toten auf Bahren und verbrennen sie unbekleidet auf einem Scheiterhaufen – der Mensch muss die Welt so nackt verlassen, wie er sie betreten hat.

Die Seele des Hindus wird so lange durch Pflanzen, Tiere und Menschen wandern, bis sie endlich so gut ist, dass sie bei Gott sein darf. Diese Vorstellung haben die Hindus Naturbeobachtungen entnommen. Der Tod gilt als Zwischenstation auf dem Weg zum endgültigen Eins-Sein mit dem Weltgeist (Brahman). Wenn der Leichnam ganz oder teilweise verbrannt ist, wird sein Schädel gespalten, damit die Seele ausfahren kann.

Jüdischer Friedhof, Ruheplatz auf ewig

[1] Vgl. auch Seite 177 „Tod und Sterben im Christentum“

12 WAS UNS ALLEN BLÜHT …

ENTSCHEIDUNGEN

Wie will ich leben?

„Der Tod gehört zum Leben wie die Geburt. Das Gehen vollzieht sich im Heben wie im Aufsetzen des Fußes.“

(Tagore)

„Nicht die äußeren Hilfen sind es, die ein menschenwürdiges Sterben ermöglichen, sondern die inneren.“

(Mediziner zur Sterbehilfe)

Wie will ich sterben?

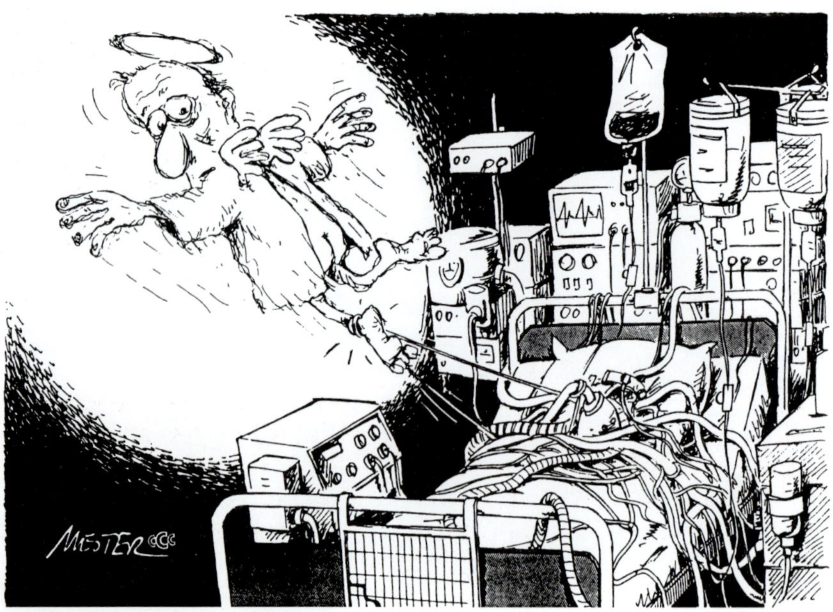

Was würde ich tun, wenn ich nur noch einige Tage zu leben hätte?

… den letzten Tag genießen.

… meine Sachen ordnen und regeln.

… mit Menschen, die mir wichtig sind, ein Fest feiern.

… beten.

… Beruhigungsmittel nehmen.

… tanzen und Musik hören.

… meine Vorbereitungen für die Bestattung treffen.

… mit meinem Freund nocheinmal ins Bett gehen.

… mich mit meinem Bruder versöhnen.

… Selbstmord begehen.

* Wählen Sie Ihre Mittel (geschriebenes, gesprochenes Wort, Bilder, Zeichen …), um die Fragen dieser Doppelseite für sich zu beantworten.
* Überlegen Sie dabei, was man Ihrer Meinung nach lernen kann, wenn man sich ernsthaft mit dem Thema des eigenen Todes auseinandersetzt.

Was kann ich lernen?

Der Theologe Jörg Zink meint, dass man aus der Beschäftigung mit dem eigenen Tod, der uns eines Tages treffen wird, etwas lernen kann.

Er nennt vier Bereiche:
1. Umgang mit der Zeit
2. Umgang mit anderen Menschen
3. Umgang mit sich selbst
4. Bilanz ziehen

* Sie können Ihre Ergebnisse hinterher auch gemeinsam in der Klasse präsentieren. Sollten Sie Anregungen zur Präsentation benötigen, so blättern Sie zu Seite 255.

13 ERZIEHUNG

WAS ELTERN FÜR IHRE KINDER WÜNSCHEN

ERZIEHEN – ABER WOZU?

VON WEM HAT DAS KIND DAS NUR?

FAMILIENOPFER KIND

ZWISCHEN FREIHEIT UND ZWANG – ERZIEHUNGSSTILE

WAS FRÜHER ANDERS WAR

KINDER ÜBER-FORDERN

DIE JUGENDLICHEN PLAUSCHEN ANDERS

DIGITALER AKTIVISMUS

WWW UND SO

Erfolg Kraft
Sicherheit
Erziehung
Bildung
Würde

13 ERZIEHUNG

WAS ELTERN FÜR IHRE KINDER WÜNSCHEN

Meine Kinder sollen aufrichtig sein. Zu sich selber stehen, in ihren Stärken und Schwächen und zu dem, was sie tun.
Sie sollen mit anderen ehrlich und aufrichtig umgehen.

Sie sollen nicht nur auf ihren eigenen Vorteil bedacht sein.

Sie sollen auf eigenen Füßen stehen können.

Sie sollen ihren Platz in der Gesellschaft haben und sich darin realistisch einschätzen.

Sie sollen sich Konflikten und Problemen stellen und angemessen damit umgehen.

Sie sollen Respekt haben, vor sich und anderen und dem Leben.

Mutter, 46 Jahre, drei Kinder

Mein größter Wunsch ist, dass mein Sohn seinen Schulabschluss schafft und danach eine Lehrstelle findet, sodass er sich ein eigenes Leben aufbauen kann.

Vater, 41 Jahre, ein Sohn

Ich wünsche meiner Tochter einen guten Mann, der sie und die Kinder liebt und unterstützt in allem, was sie gemeinsam für ihr weiteres Leben planen und erreichen wollen.

Mutter einer alleinerziehenden Tochter

Meine Kinder sollen ihr Leben so leben, wie sie es möchten. Ich konnte das nie. Mein Vater war sehr streng und sagte mir immer, was ich zu tun und zu lassen habe. Es gab nur Gebote und Verbote.

Vater, 27 Jahre, zwei Kinder

Meine Kinder sollen eigenständige Persönlichkeiten werden, die fähig sind, ein gutes Leben zu führen.

Sie sollen Möglichkeiten haben, ihre Anlagen zu nutzen und mit ihren Fehlen umzugehen.

Sie sollen nicht nur nach sich, sondern auch nach links und rechts schauen, nach ihren Mitmenschen und der Umwelt.

Sie sollen selbstbewusst und selbstständig sein und sich auch kritisch abgrenzen können.

Mutter, 47 Jahre, drei Kinder

Ich wünsche meinem Sohn noch viele ereignisreiche und ausgefüllte Tage, mit Menschen, die ihn mögen und unterstützen.

Vater eines krebskranken Jungen

- **Welche Erziehungsziele und Werte sind in den Wünschen der Eltern enthalten?**
- **Was würden Sie selbst Ihren Kindern für deren Leben wünschen?**

Art. 131 Bayerische Verfassung

(1) Die Schulen sollen nicht nur Wissen und Können vermitteln, sondern auch Herz und Charakter bilden.

(2) Oberste Bildungsziele sind Ehrfurcht vor Gott, Achtung vor religiöser Überzeugung und vor der Würde des Menschen, Selbstbeherrschung, Verantwortungsgefühl und Verantwortungsfreudigkeit, Hilfsbereitschaft und Aufgeschlossenheit für alles Wahre, Gute und Schöne und Verantwortungsbewusstsein für Natur und Umwelt.

(3) Die Schüler sind im Geiste der Demokratie, in der Liebe zur bayerischen Heimat und zum deutschen Volk und im Sinne der Völkerversöhnung zu erziehen.

(4) Die Mädchen und Buben sind außerdem in der Säuglingspflege, Kindererziehung und Hauswirtschaft besonders zu unterweisen.

Erziehungsziele

Früher

Heute

Ehrlichkeit

Fleiß

Kritikfähigkeit

Sauberkeit

Gehorsam

Anpassungsfähigkeit

Pünktlichkeit

Toleranz

Durchsetzungsfähigkeit

Selbstbewusstsein

Kreativität

ein „richtiger Junge“, ein „richtiges Mädchen“ sein

Respekt vor Älteren

Selbstständigkeit

Mut

*** Welche Erziehungsziele waren früher vorherrschend, welche heute?**

*** Welche gesellschaftlichen Werte und Einstellungen stecken hinter dem Artikel 131 der bayerischen Verfassung?**

13 ERZIEHUNG

ERZIEHEN ——————— ABER WOZU?

Natürlich könnte alles viel schlimmer sein. Sie könnte einen Vater haben, der sie einsperrt und prügelt und ihr verbietet, zur Schule zu gehen, aber das tut er nicht. Hatices Vater ist nicht grausam, er verlangt nur, was sein muss. Und es muss eben sein, dass die Tochter des Hodschas von Duisburg-Bruckhausen ihren Körper verhüllt. Denn schließlich, wenn der Vorbeter einer Moschee nicht einmal seine Familie im Griff hat, warum sollen dann die Gläubigen auf ihn hören?

Religion ist anstrengend bei 25 Grad im Schatten. Religion heißt lange Ärmel und ein Kleid, das bis an die Knöchel reicht, und dann noch das Kopftuch, dieses unentbehrliche Stück Stoff. Wenn eine Frau auch nur ein Haar zeigt, sagen die ganz Frommen, dann hat sie dafür 40 Jahre Hölle verdient. Sehr ernst blickt sie drein und ein wenig verlegen, bis sich das rundliche Gesicht zu einem halben Lächeln verzieht: Nein, sagt das

Hatice (l.), Freundin

Mädchen Hatice, sie spüre keinen Zwang. Sie trage diese Gewänder „aus dem Herzen heraus“. Dieses Kopftuch, das weiß man doch, bietet Freiheit, bietet Schutz vor gierigen männlichen Blicken. Und wenn es bloß die der Jungen aus ihrer Klasse sind, der 16-, 17-Jährigen aus der 9 b.

Şengül, Schwester

Freiheit: Man muss wohl wie Şengül sein, um darunter etwas anderes zu verstehen. Şengül? Das ist die mit den rötlichen Haaren da drüben auf dem Schulhof. Şengül, die in Hatices Klasse geht und genauso türkisch ist wie sie. Sie trägt eine ärmellose Bluse und zeigt sonnenbraune Haut, sie hat ein paar Jungs um sich herum und schwenkt ihre grüne Sonnenbrille und lacht. Jung sieht sie aus, wie 16 eben, und sehr zufrieden mit sich. Ein Mädchen, das die Haare aus dem Gesicht pusten und Blicke genießen darf. Ein anderes Wesen. Eine andere Welt.

Şengül ist Schulsprecherin.

Vielleicht, überlegt sie zurzeit, will sie gar nicht heiraten und Kinder kriegen. „Andere Sachen machen viel mehr Spaß.“

Şengül heißt „glückliche Rose“, und sie findet, dass das stimmt. Sie hat ja Glück mit ihren Eltern. Glück, dass sie Aleviten sind – dass sie zu jener Richtung des Islam gehören, die keine Moscheen besucht, die keine Schleier vorschreibt und einer Frau dieselben Rechte gibt wie einem Mann.

- ✻ **Bestimmen Sie die Erziehungsziele von Hatices und Şengüls Eltern. Wie wollen beide Elternteile ihre Ziele erreichen?**
- ✻ **Diskutieren Sie, ob die Erziehungsziele der Eltern von den Kindern verändert werden können.**

13 ERZIEHUNG

VON WEM HAT DAS KIND ——— DAS NUR?

Kinder haben ein starkes Bedürfnis nach Aufmerksamkeit.
Diese Aufmerksamkeit muss nicht nur positiv, sie kann auch negativ sein. Durch Zuwendung wird das Verhalten des Kindes verstärkt, dementsprechend zeigt das Kind das Verhalten häufiger, das die verstärkte Aufmerksamkeit bewirkt hat. Will man also ein bestimmtes Verhalten fördern, so sollte dieses durch Lob oder Belohnung bekräftigt werden. Unerwünschte Verhaltensweisen sollte man, wenn möglich, ignorieren.

Es ist Sonntagnachmittag. *Oma, Tante und Onkel sind zu Besuch. Alle sitzen um den Kaffeetisch. Die vierjährige Sara hat Mühe, ein Stück Kuchen auf die Gabel zu bringen. Als sie es zum Mund führen will, fällt ihr das Stück hinunter. „Scheiße", sagt sie daraufhin. Die Oma bekommt entsetzte Augen: „Aber Herzilein, das ist doch ein böses Wort, das sagt man nicht." Auch die Tante schaltet sich ein: „Nur ganz schlimme Kinder sagen solche schlimmen Wörter, aber du bist doch ein liebes Mädchen." „Hast du das Wort vielleicht aus dem Kindergarten?", fragt der Vater. „Ich weiß nicht", entgegnet Sara und wiederholt das Wort in der nächsten Stunde noch zweimal, jedes Mal mit ähnlichen Reaktionen bei den Erwachsenen.*

✱ Wie sollte demnach ein Lehrer auf aggressive Schüler reagieren?

Florian (17) *hat Angst vor Hunden. Wahrscheinlich hatte er sich in seiner frühen Kindheit einmal von einem Hund bedroht gefühlt oder ist sogar tatsächlich gebissen worden. Jedes Mal, wenn er einen Hund auch nur von weitem sieht, wechselt er die Straßenseite. Kann er einmal nicht ausweichen, so bekommt er einen ganz ängstlichen Blick und fängt bei großen Hunden sogar zu zittern an. Wann immer es geht, flüchtet er, damit kein Hund in seine Nähe kommt.*

Die Erleichterung, die er durch die Flucht erlebt, verstärkt sein Verhalten negativ. Er wird also weiterhin vor jedem Hund flüchten und jede vermiedene Begegnung als Erfolg empfinden.

✱ Welche Probleme können demnach bei Prüfungsangst oder anderen Ängsten entstehen?

FAMILIENOPFER — KIND

Im Brei der Entsetzlichkeiten geht fast unter, was Ursula, die Älteste, als Zeugin berichtet. Sie schildert ihre und ihrer Halbgeschwister Jugend, darunter als Jüngste Gisela, die in den vergangenen Tagen in Bamberg vor Gericht stand: „Wir haben nie gelernt zu dem zu stehen, was wir getan haben. Wir kennen allein die Angst vor Sanktionen. Wir haben nur gelernt zu hoffen, dass nichts herauskommt. Gisela hat immer als Erste die Flucht ergriffen.“

Die Flucht vor dem alkoholkranken, tyrannischen Vater, der prügelte und randalierte; die Flucht vor der egozentrischen, erschöpften, verbitterten Mutter, die, gleichfalls auf der Flucht vor dem Mann, den Kindern keinen Halt gab; die Flucht vor einer lieblosen, bedrohlichen Realität. Gerade die zuletzt geborene Gisela bekam zu spüren, was es heißt, als Kind immer wieder vor den Kopf gestoßen und im Stich gelassen zu werden.

Mit zwölf sollte sie dem unberechenbaren, gewalttätigen Vater den Haushalt führen. Alle anderen Familienmitglieder hatten sich längst davongemacht – bis sie eines Nachts barfuß und im Hemd zitternd vor der Tür ihrer Mutter stand.

Im Prozess gegen Gisela Hofmann, 22, und ihren Mann Frank, 25, wegen Mordes an ihrem eineinhalbjährigen Sohn Tobias sollte Giselas Mutter vor dem Landgericht Bamberg als Zeugin über ihre Tochter aussagen. Sie schickte ein Fax. Sie komme nicht, sie sage nichts. Sie ließ ihr Kind noch einmal im Stich.

Die nun angeklagte junge Mutter Gisela hat ihre Kinder nach ihren Kräften geliebt, so paradox das klingen mag. Sie waren ihre Puppen, ihr Besitz, ihr ganzer Stolz. Sie putzte sie heraus wie ihre Wohnung im 1. Stock eines adretten Hauses. Fleckenlos, tadellos, nichts Abgelegtes, Ausgebessertes, nichts Geliehenes. Sie sollten aussehen wie Puppen und sein wie Puppen: artig, süß, rund und gesund. Zum sozialen Erfolg tragen ja nicht zuletzt wohlerzogene, gehorsame Kinder bei.

Doch Ein-, Zweijährige beschmutzen die schönste Kleidung im Handumdrehen, sie bringen die ordentlichste Wohnung im Nu durcheinander. Sie werfen Blumentöpfe um, ziehen Decken vom Tisch und interessieren sich mit Schokoladenfingern jederzeit für Messer, Schere, Gabel, Licht. Dazu kam noch das Neugeborene.

Am 3. August um die Mittagszeit trat Gisela ihrem Sohn Tobias so unglücklich gegen den Bauch, weil er nicht gehorcht und aus seiner Flasche Kaba verschüttet hatte, dass er einen Milzriss erlitt und zwölf Stunden später starb.

✻ **Bereiten Sie ein Rollenspiel vor, in dem Sie folgende Rollen auf Gruppen verteilen: Vater, Mutter, Staatsanwalt, Verteidiger. Jede Gruppe erarbeitet ihre Aussagen (Eltern), Anklagepunkte (Staatsanwalt) und Verteidigungsgründe (Verteidiger). Ein Mitglied jeder Gruppe wird zum Rollenspieler ernannt, der seine Rolle dann im Gerichtssaal mit den drei anderen Rollenspielern vorführt. Eine fünfte Person spielt den Richter in Form eines Diskussionsleiters, der das Wort erteilt. Im Anschluss kann eine Pro-und-Kontra-Diskussion erfolgen.**
Weitere Hinweise zum Rollenspiel finden Sie auf Seite 262.

„Wir möchten Tobias wiederhaben“

Am 5. August, etwa um 13:15 Uhr, begann Gisela Hofmann in einer Fußgängerzone der Innenstadt von Bamberg durch Hilferufe darauf aufmerksam zu machen, dass ihr anderthalb Jahre alter Sohn Tobias verschwunden war. Von Passanten und Verkäuferinnen unterstützt, suchte sie immer erregter das Kind. Sie musste schließlich in einem Geschäft ärztlich versorgt werden.

Wiederholt von der Polizei befragt, sagte sie, das Kind sei plötzlich verschwunden, während sie mit ihrer sechs Wochen alten Tochter Jasmin im Kinderwagen vor einem Schaufenster stand. Sie weinte oft, während die Polizei mit ihr sprach. Und wenn ihr Mann, Frank Hofmann, heute 25, dabei war, dann legte er den Arm um sie. Und auch er hatte Tränen in den Augen. Nicht nur in dem kleinen Ort bei Bamberg, in dem die Hofmanns lebten, nahm man Anteil, umgab sie Mitgefühl und Fürsorge. Die ganze Bundesrepublik bangte um Tobias.

Im Fernsehen beschwor Frank Hofmann die Entführer, sich zu melden, und mit brechender Stimme sagte er weinend: „Wir möchten Tobias wiederhaben.“ Als der Pfarrer die Eltern besuchte und tröstete, brachte Frank Hofmann ihn zur Tür und flüsterte: „Beten Sie für uns.“

Doch am 23. August führte die Arbeit der 14-köpfigen Sonderkommission, die nicht nur in Bamberg und Umgebung Hunderten von Hinweisen nachgegangen war, zu einem Ergebnis, das Entsetzen und Wut auslöste: Tobias ist in der Nacht auf den 4. August in der Wohnung seiner Eltern an den Folgen schwerer Misshandlung gestorben. Seine Leiche wurde am 5. August auf einem Campingplatz in den Müll geworfen. Man hat sie nicht bergen können. Sie dürfte in einer Müllanlage verbrannt sein.

Von dieser Woche an stehen die Eltern von Tobias in Bamberg vor Gericht wegen Misshandlung eines Schutzbefohlenen in Tateinheit mit Mord und Vortäuschen einer Straftat. Die Angeklagten werden versuchen zu erklären, wie es dazu kam.

Doch Frank und Gisela Hofmann werden auch versuchen, von ihrer Reue zu sprechen. Auf Verachtung und Wut werden sie damit prallen. Kindestötung steht in der öffentlichen Meinung unter den unverzeihlichen Verbrechen obenan.

Es gibt aber Eltern, die keine Chance haben, Eltern zu werden oder zu sein; die Kinder wie eine Krankheit bekommen oder denen Kinder, auch wenn sie sich diese gewünscht haben, zu einer Krankheit werden. Es müssen soziale und, das gilt für Tobias’ Eltern, seelische Voraussetzungen gegeben sein, damit geduldige Liebe zum Kind gelingen kann. Gisela Hofmann gebar nach einer Fehlgeburt Sascha, ein Jahr später Tobias und das Jahr darauf Jasmin. Warum sie derartig hastig, ja hektisch, eine Familie um sich aufbaute, wird in Bamberg erörtert werden.

Man wird den Film sehen, in dem Frank Hofmann sagt, dass sie Tobias wiederhaben möchten. Das Wiederhaben-Wollen war nicht böseste Heuchelei – es war eine Verzweiflung, so nackt wie keine andere, die nichts mehr ungeschehen machen kann. Und das „Beten Sie für uns“ war eine inständige Bitte.

Wenn in Bamberg zur Sprache kommt, dass der Leiche von Tobias die Gliedmaßen und der Kopf abgetrennt wurden, damit sie in zwei schwarze Müllsäcke passte, wird mancher endgültig den Stab über diese Eltern brechen. Doch die Hofmanns sind in eine unsägliche Schuld getappt, die sie erst erkannten, als ihre Schuld nur noch Vergeltung zuließ. Wer sich je in einer geringeren Schuld gefangen sah, und wem blieb das erspart, sollte diese Eltern nicht hassen. Er sollte sehen, dass sie nur zu sehr Menschen sind.

∗ Suchen Sie die Gründe, die das Verhalten der Eltern, insbesondere der Mutter, verständlich machen können.

∗ Wie beurteilen Sie den Fall?

13 ERZIEHUNG

ZWISCHEN FREIHEIT UND ZWANG — ERZIEHUNGSSTILE

„Wenn ich etwas will, dann gehe ich zu meinem Vater.

Hab ich jedoch Sorgen oder Probleme, wende ich mich immer an meine Mutter.“

Im Stamm der Lakota war jeder gern bereit, Kinder zu betreuen. Ein Kind gehörte nicht nur einer bestimmten Familie an, sondern der großen Gemeinschaft – sobald es gehen konnte, war es im ganzen Lager daheim, denn jeder fühlte sich als sein Verwandter. Meine Mutter erzählte mir, dass ich als Kind oft von Zelt zu Zelt getragen wurde und sie mich an manchen Tagen kaum zu Gesicht bekam. Niemals sprachen Eltern oder Verwandte ein unfreundliches Wort zu mir, niemals schalten sie mich, wenn ich etwas Falsches getan hatte. Ein Kind zu schlagen war für einen Lakota eine unvorstellbare Grausamkeit.

Luther Standing Bear
(Sioux-Indianer, 1868 – 1939)

Luther Standing Bear

Dann wachsen sie besser

Großvater
war ein Gärtner.
Wilde Rosen
hat er veredelt
und Kirschen, er sagte,
dann wachsen sie besser.
Mit uns aber
tollte er
wild.

Siegfried Macht

ERZIEHEN – ABER WIE?

LOB
STRAFE
VERBOT
ERKLÄREN
ISOLIEREN
BELOHNEN
IGNORIEREN
ERMUTIGEN
LIEBESENTZUG
UNTERSTÜTZEN
LÄCHERLICH MACHEN
ENTZUG VON PRIVILEGIEN
KÖRPERLICHE ZÜCHTIGUNG
APPELLE AN DIE VERNUNFT

---

* **Ergänzen Sie die Liste.**
* **In welchen Situationen würden Sie welches Mittel anwenden?**
  Beispiele: Erziehung zur Ordnung, richtiges Verhalten bei Tisch, Streit um Freiheiten, Pünktlichkeit, schlechte Schulleistungen.

13 ERZIEHUNG

Kurt Lewin führte in den 1930er-Jahren ein sehr berühmtes Experiment in drei verschiedenen Gruppen von 11-jährigen Kindern im Ferienlager durch. Er wollte herausfinden, wie sich unterschiedliche Führungsstile der Gruppenleiter auf das Verhalten der Kinder auswirken.

Er unterschied folgende Typen:

gleichgültig:
nachgeben, schweigen, vernachlässigen, resignieren, verachten, sich selbst überlassen

autoritär:
befehlen, schimpfen, drohen, strafen, missachten, ablehnen, warnen, bloßstellen

partnerschaftlich:
loben, anbieten, ermutigen, achten, annehmen, aufklären, schützen, schweigen

Eine Aufgabe von ihm bestand z. B. darin, ein Zeltlager aufzubauen oder eine Schnitzeljagd vorzubereiten. Folgende Ergebnisse traten ein:

Es waren kaum Aggressionen zu beobachten. Die Atmosphäre war freundlich und ausgeglichen. Der Zusammenhalt in der Gruppe war relativ hoch, auch in Abwesenheit des Gruppenleiters entstanden bei gemeinsamen Aufgaben konstruktive Lösungen.

✻ Die unterschiedlichen Reaktionen der Kinder sind den falschen Zeichnungen zugeordnet. Welcher Pädagoge bewirkt welches Gruppenverhalten?

Die Kinder verhielten sich grundlos aggressiv gegeneinander. Bei Gruppenaufgaben verhinderte Uneinigkeit ein gemeinsames Unternehmen und damit den Erfolg. Am Schluss waren alle frustriert, hilflos, lustlos und in schlechter Stimmung.

In dieser Gruppe waren die Aggressionen untereinander am höchsten, einige reagierten ängstlich. Die Kinder bestimmten meist einen Sündenbock, wenn etwas nicht funktionierte. Sie waren stark auf den Gruppenleiter zentriert, zeigten sich in seiner Anwesenheit angepasst und unterwürfig. Sobald er weg war, wurde jedoch Unfug getrieben.

✻ Rollenspiel:
Die Klasse wird in drei Gruppen eingeteilt, von denen jeweils eine einen Führungsstil behandelt. Jede Gruppe soll ein Zeltlager möglichst zweckmäßig aufbauen. Bereiten Sie Möglichkeiten des Erzieherverhaltens und die Reaktionen der Kinder im Gruppengespräch vor. Spielen Sie anschließend Ihre jeweilige Gruppensituation den anderen vor. Sie brauchen Hinweise für ein Rollenspiel? **Schauen Sie doch auf Seite 262.**

13 ERZIEHUNG

WAS FRÜHER — ANDERS WAR

Nicht nur die Kinder aus schwierigen Verhältnissen, sondern Kinder aus allen Schichten fallen durch gestörtes – und störendes – Sozialverhalten auf. Der 61-jährige Bremer Schulleiter Karl Witte vermutet, dass Eltern längst im großen Stil resigniert haben und sich gar nicht mehr die Mühe machen, ihre Kinder zu erreichen.

Ob aus Überforderung oder Gleichgültigkeit – das Ergebnis ist oft das gleiche. Kinder von Alleinerziehenden und Arbeitslosen fielen natürlich häufiger auf, aber auch solche von Eltern, die sich vor lauter Karriere nicht mehr um ihre Kinder kümmern. Frau Kutschka, die gute Seele im Schulsekretariat, meint dazu: „Früher habe ich bei den Kindern zu Hause angerufen, wenn eines krank war, dann kamen die Mütter und haben das Kind abgeholt." Heute hingegen höre sie am Telefon immer öfter: „Haben Sie auch wirklich alles versucht?" Oder gar: „Nee, auf keinen Fall, vor vier Uhr kann ich den hier überhaupt nicht gebrauchen." Und dann liege es eben hier auf der Pritsche, das fiebernde Kind, bis jemand komme, um es nach Hause zu holen.

Geben Eltern ihre Erziehungsaufgaben ganz gerne an die Schule ab und die Fürsorge gleich mit? Service-Mentalität? „Nun, man könnte schon sagen, dass Eltern sich heute zunehmend davor drücken, dem Nachwuchs Themen wie Anstand, Achtung, Respekt, Fleiß, Höflichkeit und Leistungsbereitschaft nahezubringen", formuliert der Schulleiter vorsichtig. Hinzu komme, dass man in den letzten beiden Jahrzehnten auf gutes Benehmen keinen Wert mehr gelegt habe – es galt als altmodisch und verzopft, auf die Einhaltung bestimmter Umgangsformen zu bestehen. „Stattdessen legte man viel Wert darauf, die Individualität, die Selbstentfaltung und Kreativität des Kindes zu fördern." Doch ohne eine gewisse gute Form bleibe auch die persönliche Entwicklung auf der Strecke, davon ist der „Lehrer aus Leidenschaft", wie er sich selbst beschreibt, überzeugt. So schnell bringt ihn nichts davon ab, dem einmal eingeschlagenen Pfad zu folgen und Nägel mit Köpfen zu machen: „Mir reicht's. Ich zieh das jetzt durch."

13 ERZIEHUNG

WAS FRÜHER ——— ANDERS WAR

Der UBV-Unterricht[1] an seiner Bremer Schule zielt durch die Form auf den Kern – eine neuer Versuch, Rempeleien, rüpelhaftem Verhalten, ruppigen Umgangstönen energisch Einhalt zu gebieten. Über das Pauken von Regeln soll der Benimm-Unterricht, dessen Stoff keinem festen Lehrplan folgt, sondern aus dem Leben schöpft, weit hinausgehen. Schön zu wissen, wie man sich am Buffet benimmt, fein auch, wenn ein Zehnjähriger imstande ist, sich in aller Höflichkeit ein Stück Kreide auszuleihen, erfreulich, wenn ein Kind grüßt.

Aber hinter den üblichen Regelverletzungen hat Karl Witte etwas anderes ausgemacht, das ihm viel größere Bauchschmerzen bereitet: Es fehle an gegenseitigem Respekt, an Einfühlungsvermögen und auch an Solidarität zwischen den Kindern. „Wenn ein Kind von älteren Mitschülern verprügelt wird, schauen die anderen zu, ohne einzugreifen. Fragt man sie, warum sie nichts tun, sagen sie, das sei doch alles nur Spaß – wenn sie überhaupt etwas sagen und nicht nur („keine Ahnung") mit den Schultern zucken. Vor den anderen als Weichei dazustehen, ist die große Angst, die sie alle umtreibt." Teilzunehmen, sich einzumischen, einem anderen etwas nachfühlen zu können – das sei eben einfach nicht cool. „Und cool sein, das ist alles."

In einer frühen UBV-Stunde haben die Bremer Kinder anonym einen Fragebogen ausgefüllt, in dem sie ihre Gefühle zur Schule schilderten. Über ihre Antworten erschrak der Schulleiter nicht wenig – und widmete die nächste Stunde dem Thema: „Könnt ihr euch in jemanden hineinversetzen, der große Angst hat?" Schließlich hatten über die Hälfte der Kinder geschrieben, dass sie Angst vor Erpressung, Prügeleien und Bedrohung hätten. Sie befürchteten nichts so sehr, wie als schüchtern oder zurückhaltend verschrien zu sein – denn den Schüchternen werde viel eher die Jacke abgezogen, das Fahrrad zertreten oder das Geld abgeknöpft.

Wenn Kinder ihre inneren Nöte mit sich herumtragen, ohne jemandem davon erzählen zu können, wächst der Druck. Das enorm angewachsene Gewaltpotenzial auf dem Schulhof hat ein Gegenstück im Elternhaus. Bei der Frage „Wie geht es dir nachmittags, wenn du zu Hause bist?" schrieben viele Kinder: Angst vor Krach im Elternhaus, Angst vor dem Versagen, Bauchschmerzen, Angst vor der Schule.

*** Was gehört für Sie zu guten Umgangsformen?**
*** Wie wichtig sind für Sie gute Umgangsformen?**
*** In welchen Situationen spielt gutes Benehmen für Sie eine Rolle?**

[1] UBV-Unterricht: Umgang, Benehmen, Verhalten (als Schulfach)

KINDER ÜBER-FORDERN

Wir sind Elite!

Kaum brauchen sie keine Windeln mehr, beginnt für die Kleinsten der Kleinen schon der Leistungsdruck. Weltweit unternehmen Eltern viel, um ihre Kinder auf Erfolg zu trimmen.

In den USA lernt beispielsweise die 4-jährige Happy Chinesisch für ihre Karriere. In Südkorea drillt das Militär eine Woche lang Wohlstandskinder – auf Wunsch der Eltern, damit ihre Kinder gut gerüstet sind für ihre Zukunft.

Etwas entspannter geht es in einem teuren Schweizer Internat zu: Dort büffeln Mädchen und Jungs aus aller Welt hoch oben in den Bergen. Hier bestimmt jeder selbst, was er lernen will, und bis zum Abi gibt es keine Noten. Ganz anders dagegen der Alltag für den 12-jährigen Amouris in Paris. Wer an seiner Schule nicht pariert, fliegt. Selbst beim Mittagessen in der Kantine stehen die Kinder stramm.

Auch eine Art von Elite: In Großbritannien bilden manche Eltern ihre Kinder regelrecht zu Schlägern aus. Fäuste statt Federhalter. 5-Jährige werden in den Ring geschickt und boxen gegen Gleichaltrige.

Zeit	Mo	Di	Mi	Do	Fr	Sa	So
8 – 12	Kindergarten					Reitstall	
13 – 16	Kindergarten						
17 – 18	Tennis	Fußball	Chinesisch		Geige		

* Was halten Sie davon, die Zukunft der eigenen Kinder zu planen, indem man ihnen vorgibt, welche Sprachen sie lernen, welchen Sport sie betreiben oder mit welchen Freunden sie sich treffen?

13 ERZIEHUNG

„Lob ist wie Penicillin, es sollte nicht wahllos gegeben werden“, heißt es. Wer zu viel davon verabreicht, muss mit schädlichen Nebenwirkungen rechnen. Stimmen aber Diagnose und Dosierung, wirkt ein lobendes Wort Wunder.

DOs and DON'Ts des Lobens

Motivieren Sie Ihr Kind und stärken Sie die Selbsteinschätzung

+

- Loben Sie den Einsatz, die Strategie oder die Ausdauer, die das Kind für seine Leistung gezeigt hat. Z. B: „Schön, dass du das zu Ende gedacht hast.“
- Das Lob sollte dem Anlass angemessen sein: Kinder unter Dauerlob werden unsicher und müssen sich ständig vergewissern. „Du bist ein Engel“, nur weil das Kind am Tisch ein Glas gereicht hat, ist übertrieben.
- Seien Sie immer aufrichtig und glaubwürdig: Ich-Botschaften helfen dabei.
- Beschreiben Sie, ohne zu werten, was Ihnen positiv auffällt: „Du hast alle Kästchen ausgemalt …“

Tabu sind Urteile über die Person

—

- Globale Bewertungen: „Du bist genial“, „so ein Naturtalent“, „das liegt dir offensichtlich“. Sie vermitteln die Erwartung, so müsse es nun immer sein.
- Falsche Mutmacher: „Du weißt, dass du intelligent bist“, „der Trainer ist schuld“, „für mich bist du die Beste“. So lernt das Kind nicht, Frustrationen auszuhalten.
- Lob fürs Tempo: „Und das, ohne zu üben!“, „Das geht ja wie von selbst“. Und was ist, wenn es mal nicht flutscht? Bedeutet das umgekehrt, das Kind ist dumm?
- Indirekte Botschaften durch Vergleiche wie „Der kann dir nicht das Wasser reichen“. Dies ist besonders fatal, da das Lob eine völlig falsche Selbsteinschätzung vermittelt.

✻ Erinnern Sie sich an eine Situation, in der Sie ein Lob nicht ernst nehmen konnten?

✻ Erinnern Sie sich auch eine Situation, in der ein ernstgemeintes Lob Sie wirklich vorangebracht hat?

✻ Versuchen Sie sich gegenseitig in der nächsten Unterrichtsstunde zu loben. Beachten Sie dabei die DOs und DON'Ts des Lobes.

DIE JUGENDLICHEN —— PLAUSCHEN ANDERS

„Mein Gott, jetzt leg doch endlich einmal das Handy weg, sieh mich an und sprich mit mir!"

Jessica rennt aus der Küche und schlägt die Tür zu. Ihre Mutter verstand aber auch gar nichts! Kevin hatte per SMS einfach mit ihr Schluss gemacht. Logisch, dass sie dann mit ihrer besten Freundin Verena telefonieren muss, um das, was da eben passiert war, klar zu kriegen.

Da halfen ihr Mutters kluge Sprüche und deren Wunsch nach einem Gespräch „unter vier Augen" auch nichts.

Jessica findet es leichter, mit Verena zu telefonieren - so kann sie auch vor ihrer Freundin verbergen, dass ihr Tränen in den Augen stehen, als diese ihr sagt, sie habe Kevin eh nie leiden können und Jessi solle nicht traurig sein, der habe sie ohnehin nicht verdient und sei außerdem schon mit Caro fremd gegangen. Sie habe es ihr bisher nur nicht sagen wollen, um sie nicht zu verletzen.

Das saß – so ein richtiger Schlag in den Magen. Alle hatten es wohl gewusst, dass Kevin schon einige Zeit etwas mit Caro hatte. Nur sie dumme Gans nicht. Wahrscheinlich ging das schon per SMS durch die ganze Stadt, wie Kevin sie verarscht hatte!

Zur gleichen Zeit in der Küche beklagt sich Jessicas Mutter bei ihrer Nachbarin über das unverständliche Verhalten ihres Kindes: „Die muss doch total fertig sein! Also ich wäre es ja, wenn mein Freund mit mir Schluss gemacht hätte. Und das per SMS – feiger geht es ja wohl gar nicht! Ich wollte sie doch so gerne trösten und ihr beistehen, aber das Kind lässt ja niemanden an sich ran. Nicht einmal in den Arm hat sie sich von mir nehmen lassen – telefoniert lieber stundenlang mit ihrer Freundin. Und wenn die eine Freundin keine Zeit hat, geht sie in den ‚Chat' und ‚spricht' da die ganze Nacht mit Wildfremden. Aber solche Herzensdinge kann man doch nicht einfach mit jedem besprechen!"

- **Welche Vorteile hat Jessicas Form der Kommunikation? Welche Vorteile hat Kommunikation, wie die Mutter sie führen möchte? Wägen Sie die beiden Arten zu kommunizieren gegeneinander ab.**
- **Wann nutzen Sie welche Art der Kommunikation?**

DIGITALER AKTIVISMUS

Cyberaktivismus
(= Cyberprotest, E-Protest, Internetaktivismus, Online-Aktivismus)
So wird die Nutzung digitaler Informations- und Kommunikationstechnologien (z. B. Foren, E-Mail, Twitter, Podcasts oder Webseiten) für verschiedene Protestformen bezeichnet. Internettechnologien werden von Protestakteuren dabei zum Mobilisieren von Gleichgesinnten und zum Aufbauen von Netzwerken genutzt. National und international möglich.

Online-Demonstration
(= virtuelles Sit-In)
Bezeichnet eine neue politische Aktionsform des Internet-Zeitalters.

Durch wiederholtes Aufrufen einer bestimmten Webseite von zahlreichen Computern aus und innerhalb einer festgelegten Zeitspanne wird die Blockade jenes Servers beabsichtigt, über den die betreffende Seite erreichbar ist. Bei einem technischen Erfolg ist die entsprechende Webseite unerreichbar oder nur stark verlangsamt abrufbar.

Online-Demonstration gegen Tierversuche

„Cyber-Demo" startet in 13 verschiedenen Ländern

In einer einzigartigen Aktion beteiligen sich internationale Tierschützer an einer virtuellen Demonstration vor dem EU-Parlament. Ziel der Aktion ist es, EU-Abgeordneten die breite Ablehnung der Öffentlichkeit gegenüber Tierversuchen zu zeigen. Die Aktion „Make Animal Testing History" ist die erste „Cyber-Demo" des internationalen Tierschutzes und wurde von der Tierschutzstiftung „Vier Pfoten", dem „Dr. Hadwen Trust for Humane Research" sowie der „Humane Society" ins Leben gerufen. Die Online-Demonstration startet in dreizehn europäischen Sprachen, darunter Deutsch, Französisch und Spanisch, Bulgarisch, Griechisch, Rumänisch und Ungarisch.

Auf der Webseite www.makeanimaltestinghistory.org werden Bürger aus der gesamten EU aufgefordert, online zu protestieren und einen eigenen „Avatar" zu erschaffen. Dieser Avatar reiht sich in den virtuellen Demonstrationszug ein; sein Ziel: das EU-Parlament in Brüssel. Die Demonstration ist der Startschuss für eine EU-weite Kampagne, die die Schutzbestimmungen für Versuchstiere verbessern will.

* Wo ergibt Ihrer Meinung nach digitaler Aktivismus einen Sinn?
* Wo ist die herkömmliche Art des Protestes (Demonstration, Leserbrief u.a.) sinnvoller?

WWW — UND SO

Warnung: Das Internet vergisst nichts

Kampagne Die Aktion „Watch your web“ der Bundesverbraucherministeriums soll mit Videoclips helfen, dass Jugendliche sensibler für die Risiken im Netz werden. Die Nutzer sollen lernen, sorgsamer mit ihren Daten umzugehen.

Berlin – Anna weiß, dass das Internet zur Falle werden kann. Die Berliner Schülerin trifft sich oft mit einer Gruppe von Freundinnen aus ihrer Klasse im Netz, wo die Mädchen über private Dinge tratschen. Nach einer Weile bemerkte Anna, dass ihr Foto zweimal unter den Mitgliedern der Gruppe auf dem Portal SchülerVZ erschien. Was war passiert? Ein Junge aus ihrer Klasse hatte Annas Zugang kopiert und ihn gefälscht, berichtet die Schülerin. Schlimmer noch: Er habe ihren Freundinnen Botschaften geschickt, in denen er schrieb, in wen sie gerade verliebt sei. Dieser Fall ging gut aus: „Dann habe ich gesehen, wie er das gelöscht hat.“

„Das Internet ist der Schulhof des 21. Jahrhunderts“
Ilse Aigner, Ministerin

Anna ist eine von mehr als 20 Millionen Jugendlichen in Deutschland, die sich in sozialen Netzwerken, wie SchülerVZ, StudiVZ, Facebook, Wer-kennt-wen oder Lokalisten tummeln. (…)

„Es bleibt nichts anonym“, warnt die Fachstelle für Internationale Jugendarbeit. Eine Studie der Universität Texas habe ergeben, dass ein Nutzer in einem Netzwerk zwar anonym sein kann, durch Querverweise auf andere Seiten aber möglicherweise erkannt wird. So kursierten kurz nach dem Amoklauf von Winnenden Fotos von Opfern, die aus Profilen sozialer Netzwerke stammten.

Drei Viertel der 12- bis 19-Jährigen stellen vor allem Informationen zu Hobbys und Vorlieben online, ergab eine Studie des Medienpädagogischen Forschungsverbunds Südwest aus dem Jahre 2008. 60 Prozent zeigen Fotos von sich, Freunden oder der Familie. Ein Drittel erlaubt dabei, dass die Daten für alle einsehbar sind, 61 Prozent lassen nur Freunde zu. Mädchen geben zudem bereitwilliger Persönliches von sich in Communities preis als Jungen.

WATCH YOUR WEB

✻ Annas Geschichte ging glimpflich aus, es ergaben sich keine Folgen für sie. Bei Einstellungsverfahren suchen Arbeitgeber nicht selten im Internet nach Auskünften über den Bewerber. Welche Informationen über sich (in Wort und Bild) haben Sie im Internet veröffentlicht, von denen Sie nicht möchten, dass Ihr Chef davon erfährt?

WWW — UND SO

„Sexting“: alles sexy oder was?

USA: In Amerika fotografieren sich Jugendliche leicht bekleidet oder in freizügigen Posen und stellen die Bilder ins Internet. Die Behörden ermitteln, es drohen sogar Haftstrafen.

Washington – Das Foto, das unlängst auf den Bildschirmen von Mobiltelefonen im US-Staat Pennsylvania kursierte, zeigt zwei zwölfjährige Mädchen. Sie liegen nebeneinander auf einem Bett und lachen. Die eine, Marissa Miller, telefoniert mit dem Handy, ihre Freundin spreizt die Finger zum Peace-Zeichen. Zu sehen sind die Oberkörper, beide tragen nur einen BH. Gegen die Mädchen ermittelt nun ein Staatsanwalt – wegen Verbreitung von Kinderpornografie. Marissa drohen im schlimmsten Fall sieben Jahre hinter Gittern.

Aufgenommen hat das Foto eine gleichaltrige Freundin bei einer gemeinsamen Übernachtung. Nach Marissas eigener Darstellung war es einfach ein Schnappschuss, ein Jux übermütiger Mädchen. Der zuständige Staatsanwalt George Skumanick befand, die Pose sei „provokativ“. Er stellte die Mädchen vor die Wahl: entweder Erziehungskurs und Bewährungsstrafe oder Gefängnis. Marissas Antwort: „Ich finde nicht, dass ich etwas Falsches gemacht habe.“ Daraufhin eröffnete der Staatsanwalt das Verfahren. Das offenbart den Gegensatz, der Amerika in Fragen der Sexualität immer wieder spaltet. Religiöse Rechte stemmen sich gegen jede Form sexueller Freizügigkeit und prägen so das Image des prüden Amerikaners. Liberale US-Bürger können es nicht fassen.

Seit Jahren kursieren im Internet und auf Schülerhandys Bilder von Minderjährigen, die spärlich oder gar nicht bekleidet vor der eigenen Kamera posieren. „Sexting“ wird dieses Phänomen genannt, abgeleitet vom amerikanischen Wort „texting“ für „eine SMS schreiben“.

Einer Studie der privaten Organisation „National Campaign to Prevent Teen and Unplanned Pregnancy“[1] von 2008 zufolge haben sich 20 Prozent der befragten US-Teenies nach eigenen Angaben schon einmal so abgelichtet und die Bilder oder Videos verschickt. „Sexting“ ist demnach längst ein Massenphänomen geworden. In zehn US-Bundesstaaten laufen Ermittlungen wegen dieser Praktiken.

✻ Was halten Sie davon, zwölfjährige Mädchen dafür zu bestrafen, dass sie freizügige Bilder von sich ins Internet stellen?

[1] Kampagne, um Teenagerschwangerschaften zu vermeiden

14 WENN DAS GEWISSEN SCHLÄGT

GEWISSEN – NOCH NIE GESEHEN, ABER OFT GEFÜHLT

GEWISSENSBISSE?

SOLL SIE DAS KIND KRIEGEN?

FATMA HAT EIN PROBLEM

WELCHER ANFANG UND WELCHES ENDE?

FRIEDEN SCHAFFEN – OHNE WAFFEN

NIE WIEDER KRIEG?

IN MEMORIAM – ZUR ERINNERUNG

14 WENN DAS GEWISSEN

GEWISSEN – NOCH NIE GESEHEN, ——— ABER OFT GEFÜHLT

„Gewissen –
rein menschlich?“

Klirr.
Was war denn das?
Klirr.

Das Geräusch kommt aus der Küche. Ich stehe auf, tappe vorsichtig im dunklen Gang zur Küchentür, und was sehe ich?

Zwei gelbe Katzenaugen, die zögernd näher kommen.

Mit einem entschuldigenden Maunzen schmiegt sich Kasimir an mein Bein und bittet um Vergebung. Die Sahnetorte war wohl doch zu verführerisch. Nun liegt sie halb auf dem zerbrochenen Teller, halb auf dem Boden. Kasimir weiß, dass er etwas angestellt hat, und maunzt weiter um Verzeihung.
Hat er womöglich ein schlechtes Gewissen?

- **Ist schlechtes Gewissen das Wissen um die Schlechtigkeit der Tat oder bekommt man auch sonst von Zeit zu Zeit ein schlechtes Gewissen?**
- **Ist Gewissen angeboren oder erworben?**
- **Würde ein Mensch ohne jegliche Erziehung einen Sinn für Gut und Böse entwickeln?**
- **Ist ein gutes Gewissen ein sanftes Ruhekissen?**
- **Was bedeutet es, eine Arbeit gewissenhaft zu erledigen?**
- **Welche Gewissensentscheidungen mussten Sie bisher treffen?**

✻ Diskutieren Sie diese Fragen.

SCHLÄGT

GEWISSENS—BISSE?

*„**Hey, Smiley,** was ist denn mit dir los? Warum bist du denn so schlecht drauf? Ist etwas passiert?"*
„Ja."
„Was Schlimmes?"
„Ja, schon."
„Was war es denn?" Siggi bohrt weiter.
„Na, du weißt doch letzte Woche, das mit Heike."
„Hm." Eine lange Pause entsteht.
„Warst du mit ihr zusammen, ist es das?"
„Nein, es ist ganz anders."
„Aber du kannst doch nichts dafür, dass sie sich umgebracht hat, oder?"
„Nein, natürlich nicht – oder eben doch."
„Was?"
„Na ja, ich werde einfach nicht damit fertig, was Heike mich bei unserem letzten Treffen gefragt hat. Ich hätte es wissen müssen. Sie war schon eine ganze Zeit so verändert. Und ich Idiot habe nichts davon bemerkt."
„Was hättest du denn merken sollen?"
„Ich hab ihr auch noch geholfen dabei, ich wusste ja nicht …"
„Wie? Geholfen?"
„Ja, sie fragte, wo man einen Schlauch kaufen kann, der ungefähr diesen Durchmesser hat." Smiley krümmt seine Finger zu einem Kreis mit dem Durchmesser eines mittleren Rohres. „Ich hab ihr noch den Tipp mit dem Eisenwarengeschäft gegeben. Und jetzt ist sie tot."
„Das konntest du doch nicht ahnen."
„Doch – ich war einfach nicht sensibel genug. Ich wusste ja, dass es ihr schlecht ging. Ich hab einfach nicht nachgedacht und war viel zu sehr mit mir selbst beschäftigt."
„Den Schlauch hätte sie woanders auch besorgen können. Das ist doch nicht deine Schuld."
„Das nicht. Und doch fühle ich mich schuldig. Ich hätte aufmerksamer sein müssen."

Warum nicht?

Als der Krieg aus war, kam der Soldat nach Haus. Aber er hatte kein Brot. Da sah er einen, der hatte Brot. Den schlug er tot. Du darfst doch keinen totschlagen, sagte der Richter. Warum nicht, fragte der Soldat.

(Wolfgang Borchert, 1921 - 1947)

*** Hätten Sie an Smileys Stelle auch Gewissensbisse? Weshalb?**

14 WENN DAS GEWISSEN

SOLL SIE — DAS KIND KRIEGEN?

***Anja hat Bernd** auf einer Raveparty kennengelernt. Sie waren sich auf Anhieb sympathisch. Zuerst flirteten sie nur ein bisschen, später kamen sie sich immer näher. Bernd hat Anja nach Hause gebracht. Sie hatte „sturmfreie Bude", da ihre Eltern übers Wochenende weggefahren waren. Bernd hat bei Anja übernachtet, sie haben miteinander geschlafen. Am anderen Tag hat sich Bernd verabschiedet und nichts mehr von sich hören lassen. Einen Monat später bemerkt Anja, dass sie schwanger ist.*

***Petra und Thomas** diskutieren, wie es passieren konnte, dass Petra trotz ihrer natürlichen Verhütungsmaßnahmen schwanger wurde. Petra meint, dass ihr Zyklus durcheinander kam, als sie die schwere Erkältung hatte. Wahrscheinlich habe sie aufgrund der erhöhten Temperatur fälschlicherweise angenommen, sie habe ihren Eisprung bereits gehabt. Beide wissen nicht, wie es jetzt weitergehen soll. Petra ist erst im zweiten Jahr der Berufsausbildung, Thomas im dritten. Sie überlegen, welche Möglichkeiten sie in dieser Situation haben.*

***Lange Zeit haben sich** Ayşe und Mehmet ein Kind gewünscht. Sie sind bereits seit zwei Jahren miteinander verheiratet. Die Nachricht von Ayşes Schwangerschaft bedeutete ein Freudenfest für beide. Nach fünf Monaten hat die Frauenärztin ihnen eröffnet, dass das Kind schwerbehindert zur Welt kommen würde. Sie hat ihnen angeboten, das Kind durch eine künstliche Fehlgeburt abzutreiben. Ayşe möchte das Kind trotzdem, Mehmet ist dagegen.*

„Ich bin absolut gegen Abtreibung!"

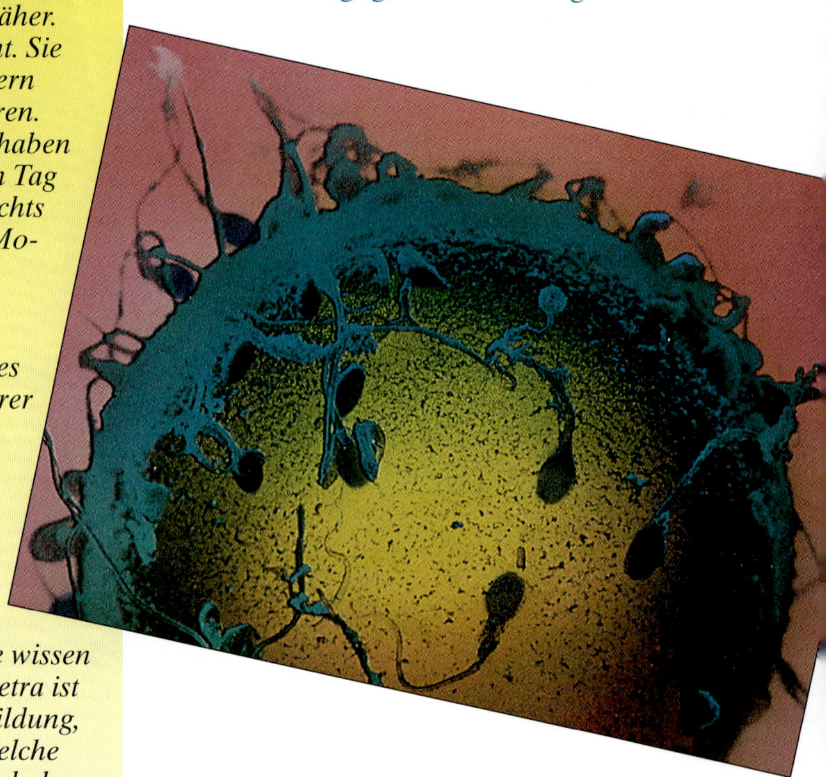

„Und was würdest du machen, wenn du nach einer Vergewaltigung schwanger werden würdest?"

* **Was raten Sie Anja?**
* **Wie würden Sie in der Situation von Petra und Thomas handeln? Wo würden Sie sich Rat holen?**
* **Suchen Sie Argumente für Ayşes und Mehmets Einstellung, und entscheiden Sie dann, wie Sie sich verhalten würden.**

SCHLÄGT

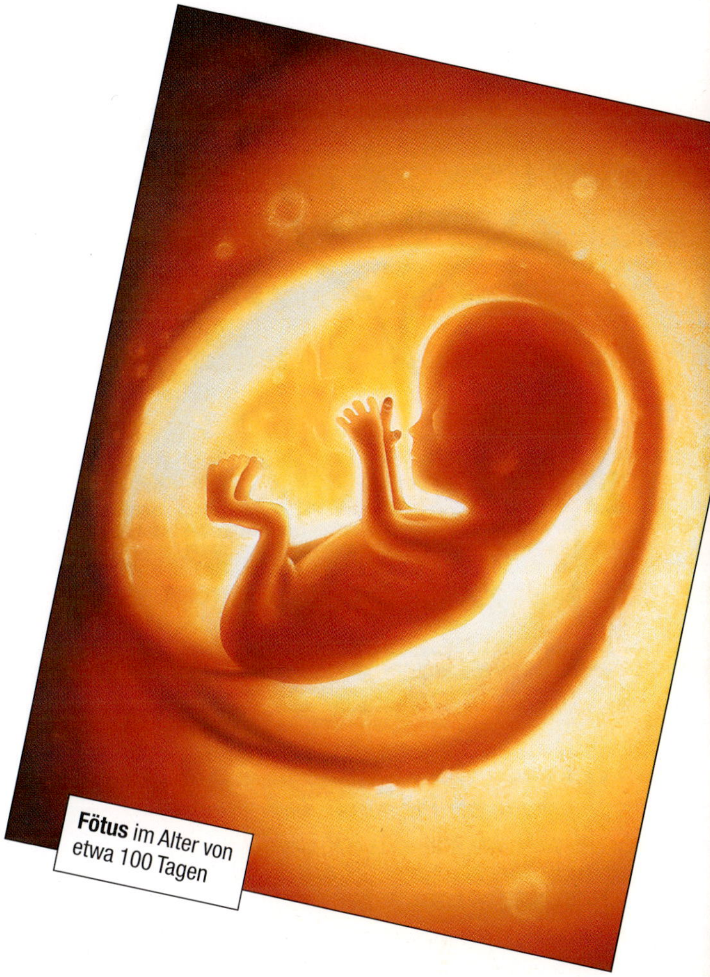

Fötus im Alter von etwa 100 Tagen

Brief an meine werdende Mutter

Hallo, hier bin ich.

Nun wohne ich schon 70 Tage
in deinem Bauch.

Seit ich 21 Tage alt bin,
habe ich ein Rückgrat und ein Herz,
das schlägt.

Seit ich 35 Tage alt bin,
habe ich Finger und Zehen.
Auch meine Augen könntest du erkennen.

Seit ich 50 Tage alt bin,
habe ich ein Gesicht mit Augen, Ohren, Nase,
Lippen und Zunge.

Seit ich 70 Tage alt bin, bin ich schon
5 Zentimeter lang und wiege
20 Gramm. Meine Nerven und Muskeln
arbeiten bereits zusammen.
Seit ich … HALT

Du hast noch 14 Tage Zeit, dich zu entscheiden.

„Auch wenn ich vor der Geburt gewusst hätte, dass Stefanie behindert ist, abgetrieben hätte ich auf gar keinen Fall. Für mich ist sie ein einzigartiger, wertvoller Mensch.“

(Marga Schlüter, 37,
Mutter einer behinderten Tochter)

*** Versetzen Sie sich in Frau Schlüters Situation. Wie würde ein behindertes Kind Ihr Leben verändern?**

14 WENN DAS GEWISSEN

FATMA HAT EIN PROBLEM

Teil 1

„Ich habe ein Problem“, beginnt Fatma. „Wie ist das mit den fruchtbaren und unfruchtbaren Tagen?“ Frau Schneider, ihre Lehrerin, erklärt es ihr. „Dann kann ich also gar nicht schwanger sein, so ein Glück. Wissen Sie, Ahmed wollte unbedingt. Ich war ja auch neugierig und jetzt habe ich nur noch Angst. Meine Eltern dürfen nichts erfahren. Sie würden mich sofort in die Türkei schicken. Vielen Dank, Frau Schneider.“

Fatma drückt ihrer Lehrerin voller Überschwang noch einen Kuss auf die Wange und verlässt strahlend das Zimmer.

Teil 2

Zwei Wochen später. Es klopft.

„Frau Schneider, haben Sie einen Moment Zeit?“ Fatma steht vor der Tür, blass und sichtlich nervös.

„Sie wissen schon – das mit Ahmed. Ich habe meine Periode noch immer nicht. Was soll ich tun? Ich habe solche Angst.“

„Wie wäre es denn, wenn Sie erst einmal zum Arzt gehen würden?“, schlägt Frau Schneider vor.

„Zum Arzt, nein. Der will meinen Namen haben und vielleicht erfahren es ja dann doch meine Eltern. Geht es nicht ohne Arzt?“

„Ein Arzt unterliegt der Schweigepflicht. Aber probieren Sie erst einmal einen Schwangerschaftstest aus.“

„Ja, mach ich sofort. Vielen Dank, Frau Schneider.“

SCHLÄGT

FATMA HAT EIN PROBLEM

Teil 3

„Na, Fatma – was ist denn jetzt los? Sie sehen ja richtig krank aus."
„Der Test war positiv, ich bin am Boden zerstört. Und Ahmed ist ein Schwein. Er meint, dass das Kind vielleicht gar nicht von ihm sei. Ich weiß nicht mehr ein noch aus. Wenn meine Eltern …"
Fatma beginnt zu weinen und zittert am ganzen Körper.
„Ich will das Kind auf keinen Fall. Meine Eltern schlagen mich tot."

Teil 4

Fatma war einige Tage nicht im Unterricht. Am Montag kommt sie wieder herein.
„Ihnen geht es besser, Fatma?", fragt Frau Schneider.
„Ja, ich war in der Schwangerenambulanz, nachdem ich mich beraten ließ. Dort haben sie mir aus der Klemme geholfen."
„Und Ahmed? Es war doch auch sein Kind?"
„Ahmed versprach mir mich zu heiraten, aber erst nächstes Jahr. Er ist ja so lieb."
„War er mit bei der Beratung und im Krankenhaus?"
„Nun – da hatte Ahmed keine Zeit, das habe ich ganz alleine geschafft. Ich bin ja so erleichtert."
Frau Schneider ist im Zwiespalt. Soll sie sich freuen oder Moralapostel spielen? Sie entschließt sich für keines von beidem.

Hier geht es um ein Menschenleben, seine Entstehung und sein Ende.

- **Wird das „schlechte Gewissen" Fatma vielleicht einholen?**
- **In welchen Gewissenskonflikt sieht sich Frau Schneider gedrängt?**
- **Jeder Arzt schwört den Eid des Hippokrates, auch der Arzt, der Fatmas Kind abgetrieben hat. Wie kann er das mit seinem Gewissen vereinbaren?**

WELCHER ANFANG — UND WELCHES ENDE?

Tagebuch eines Ungeborenen

Die Sekunde null

Ein neuer Mensch entsteht bei der Vereinigung der mütterlichen Eizelle und der väterlichen Samenzelle.

Die erste Woche

Getragen von einem warmen Strom wandert der junge Mensch seinem Zuhause für die nächsten neun Monate, der Gebärmutter, entgegen. Die Mutter ahnt noch nicht, dass sie ein Baby erwartet, doch das Baby ist voll aktiv.

Die dritte Woche

Das Zentralnervensystem entwickelt sich, und am 21. Tag beginnt das winzige Herz regelmäßig zu schlagen. Das Kind ist nun 1,8 mm groß.

Die vierte Woche

Das Baby ist 4 bis 5 mm groß. Es entwickeln sich u. a. Lunge, Galle, Nieren. Es wachsen Arme und Beine, die bereits Nerven enthalten.

Die sechste Woche

Jetzt sind fast alle Organe gebildet. Das Skelett ist in Knörpelchen vorhanden. Das Baby beginnt greifen zu lernen.

Die achte Woche

Das Kind, erst 4 cm groß, macht Atembewegungen und kann schon schlucken.

Die neunte Woche

Das Baby lernt Daumen lutschen.

Die zehnte Woche

Es ist 6 cm groß, 60 000-mal so groß wie das Ei.

Die zwölfte Woche

45 Gramm schwer und 9 cm groß ist das Baby. Es hat die – durch Abtreibung – vielleicht gefährlichste Zeit seines Lebens überstanden.

„Es gibt keine guten Lebensschützer und keine bösen Abtreiberinnen."

„Wann beginnt menschliches Leben?"

*** Bei der Frage des Schwangerschaftsabbruches kommt es darauf an, dass klare Vorstellungen vom Beginn neuen menschlichen Lebens herrschen. Beschreiben Sie Ihren eigenen Standpunkt zu dieser Frage.**

Aus dem Erfahrungsbericht einer Beratungsstelle

„Auffallend ist der geringe Anteil von 19,2 % Männern, die am Beratungsgespräch teilnahmen. Frauen werden leider, gerade mit ihrem Konflikt der ungewollten Schwangerschaft, von ihren Partnern allein gelassen. Wie ist das möglich?

Die Ursache liegt darin, dass Verantwortung für die eingetretene Schwangerschaft vielfach ungleich verteilt ist. Frauen lassen sich in diesem Punkt allzu leicht die ‚Schuld' aufladen. In der Partnerschaft sind sie oft unausgesprochen zuständig für Empfängnisverhütung. Das Gefühl, bei der Entscheidung für das Kind logischerweise auch allein verantwortlich zu sein, drückt schwer.

Hier versuchen wir die Frauen zu ermutigen, in der Auseinandersetzung mit ihrem Partner die Hälfte der Verantwortung an ihn zurückzugeben.

Wie schon deutlich wurde, hängt der Schwangerschaftskonflikt eng mit der Beziehungsqualität des Paares zusammen. 40,6 % befürchteten, alleinerziehend zu sein, wenn sie sich für die Fortsetzung der Schwangerschaft entscheiden.

Hier werden existenzielle Ängste wach: ‚Wovon kann ich leben?' Der soziale Abstieg ist vorprogrammiert.

52,1 % der Frauen wünschen zurzeit kein Kind. Dies ist unseres Erachtens Ausdruck dafür, dass Lebensplanung, gerade bezüglich des Zeitpunktes der Familiengründung, einen hohen Stellenwert hat.

Im Bereich der Familienplanung, sei es in der Reproduktionsmedizin (ein eigentlich entwürdigender Begriff) oder in der Empfängnisverhütung, scheint vieles machbar und kalkulierbar.

Umso schwerer fällt die Auseinandersetzung, wenn eben trotz Verhütung (bei unseren Frauen ein Anteil von 63 %) eine Schwangerschaft eingetreten ist.

Sich auf eine vollkommen neue Lebenssituation einstellen zu können, erfordert viel Mut, Zuversicht in eigene Kräfte und die Sicherheit, von nahe stehenden Menschen unterstützt zu werden."

§ 218 a Strafgesetzbuch

Straflosigkeit des Schwangerschaftsabbruchs

(1) Der Tatbestand des § 218 ist nicht verwirklicht, wenn
1. *die Schwangere den Schwangerschaftsabbruch verlangt und dem Arzt durch eine Bescheinigung nach § 219 Abs. 2 Satz 2 nachgewiesen hat, dass sie sich mindestens drei Tage vor dem Eingriff hat beraten lassen,*
2. *der Schwangerschaftsabbruch von einem Arzt vorgenommen wird und*
3. *seit der Empfängnis nicht mehr als 12 Wochen vergangen sind.*

§ 5 Schwangerschaftskonfliktgesetz

Inhalt der Schwangerschaftskonfliktberatung

(1) Die nach § 219 des Strafgesetzbuches notwendige Beratung ist ergebnisoffen zu führen. Sie geht von der Verantwortung der Frau aus. Die Beratung soll ermutigen und Verständnis wecken, nicht belehren oder bevormunden. Die Schwangerschaftskonfliktberatung dient dem Schutz des ungeborenen Lebens.

*** Laden Sie sich eine Beraterin einer staatlich anerkannten Schwangerschaftsberatungsstelle ein und führen Sie eine Expertenbefragung durch.**
Tipps für die Befragung erhalten Sie auf Seite 260.

FRIEDEN SCHAFFEN OHNE WAFFEN

Das Grundgesetz

Artikel 4 Abs. 3

Niemand darf gegen sein Gewissen zum Kriegsdienst mit der Waffe gezwungen werden. Das Nähere regelt ein Bundesgesetz.

Artikel 12 a Abs. 2

Wer aus Gewissensgründen den Kriegsdienst mit der Waffe verweigert, kann zu einem Ersatzdienst verpflichtet werden. Die Dauer des Ersatzdienstes darf die Dauer des Wehrdienstes nicht übersteigen. Das Nähere regelt ein Gesetz, das die Freiheit der Gewissensentscheidung nicht beeinträchtigen darf und auch die Möglichkeit eines Ersatzdienstes vorsehen muss, die in keinem Zusammenhang mit den Verbänden der Streitkräfte und des Bundesgrenzschutzes steht.

Johannes

„Heute ist alles einfacher. Da schreibst du deine Gründe auf und schickst den Brief an das zuständige Kreiswehrersatzamt. Damals, als ich vor der Frage stand: „Militärdienst oder Dienst am Menschen?“, gab es noch Anhörungen verbunden mit sogenannten Konfliktfragen. Z. B. ‚Was würden Sie tun, wenn Sie mit Ihrer Freundin im Wald beim Pilzesammeln überfallen werden würden? Würden Sie von Ihrem Taschenmesser Gebrauch machen? Würden Sie das Leben Ihrer Freundin riskieren? Würden Sie Ihr eigenes Leben aufs Spiel setzen, um Ihrer Freundin zu helfen? Würden Sie bei äußerster Bedrohung nicht vielleicht doch töten?‘

Egal, was du auch getan oder gesagt hättest. Du hattest immer nur die Wahl zwischen zwei Übeln.“

Überlegen Sie:

- ✻ **Kann man das Gewissen eines anderen Menschen überprüfen?**
- ✻ **Wie kann man das eigene Gewissen hinterfragen?**

Auch die christlichen Kirchen beziehen Stellung in der Frage der Wehrdienstverweigerung:

Für und Wider

Wirst du Soldat,

– weil man dich dazu zwingt, dann werde dir klar, ob du ein Sklave oder ein Mensch bist. Man kann nicht für die Freiheit kämpfen, wenn man innerlich kein freier Mensch ist.

– weil es dir Spaß macht, dann mach dir klar, dass dieses Handwerk mit Spaß fast nichts zu tun hat.

– weil du dadurch ein Mann werden willst, dann mach dir klar, dass durch eine Uniform allein noch keiner ein Mann geworden ist.

– weil du dir in deinem Gewissen noch nie Rechenschaft gegeben hast, dann besprich das Für und Wider mit einem ernsthaften Christen.

– weil du als Verweigerer berufliche Nachteile in Kauf nehmen müsstest? Dann frage dich, ob du für das Handwerk des Soldaten genug Mut aufbringst.

– Bist du der Überzeugung, dass dein Dienst in der Uniform mit der Waffe notwendig ist, weil der Friede nicht anders gesichert und die Freiheit nicht anders bewahrt werden kann, dann werde Soldat.

Willst du den Wehrdienst verweigern,

– weil du keine Lust hast, Soldat zu sein, dann werde Soldat.

– weil dir der Trott im Dienst und der Ton auf dem Kasernenhof gegen den Strich geht? Dann werde Soldat.

– weil du den Krieg nicht leiden kannst, weil dir Kanonen, Bomben und Schützenpanzer unsympathisch sind oder weil du die NATO für eine politisch falsche Konstruktion hältst? Dann werde Soldat.

– weil du dir selbst nicht die Hände schmutzig machen und im Unterschied zu allen anderen eine weiße Weste behalten willst, dann werde Soldat.

– weil du glaubst, dass Gott dir nicht gestattet, einen Menschen zu töten, dann verweigere den Wehrdienst.

– Willst du das Wort und das Gebot Jesu wörtlich erfüllen, dass man dem Bösen keine Gewalt entgegensetze, dann verweigere den Wehrdienst.

Jörg Zink

Die Last der Erinnerung

Das Trauma nach dem Einsatz

In den letzten drei Jahren wurden etwa 62.000 deutsche Soldaten zu Auslandseinsätzen in Krisengebiete entsandt, vor allem nach Afghanistan. Mithilfe von Stressmanagement-Techniken wurden sie darauf geschult, mit Belastungen wie Verwundung, Isolation oder Geiselnahme umzugehen. Doch immer mehr deutsche Soldaten kehren mit einem schweren psychischen Trauma von Auslandseinsätzen zurück. 2008 wurden 245 Soldaten nach ihrer Rückkehr wegen Posttraumatischer Belastungsstörungen (PTBS) in Bundeswehrkrankenhäusern behandelt. Die Zahl hat sich innerhalb von zwei Jahren vervierfacht.

In Angst um das eigene Leben, die Verantwortung für Kameraden, Attentate, Schusswechsel, sterbende Menschen - Soldaten in Kriegsgebieten stehen unter ständiger Anspannung. Darauf reagiert der Körper mit Schutzmechanismen, um in akuten Stresssituationen handlungsfähig zu bleiben.

Scham und falscher Stolz

Nach traumatischen Erlebnissen wie Attentaten kehren bei manchen Soldaten diese Bilder immer wieder zurück, der Verdrängungsprozess wird zum täglichen Kampf. Auch Monate oder Jahre nach einem schockierenden Erlebnis können Posttraumatische Belastungsstörungen auftreten. Albträume, Herzrasen, Schlaflosigkeit, Depressionen, Suchtprobleme oder „Flashbacks", in denen die belastenden Erlebnisse immer wieder durchlebt werden, sind typische Anzeichen für PTBS. (…) Häufig gestehen es sich Soldaten aus Scham und falschem Stolz nicht ein, dass sie diese Erlebnisse nicht allein verarbeiten können. Oft nehmen sie keine Hilfe in Anspruch, auch aus Angst, vor Kameraden das Gesicht zu verlieren. (…)

Am liebsten allein

Peter Hämmerle führte 2003 einen Bundeswehrkonvoi an, der in Kabul/Afghanistan von einem Selbstmordattentäter in die Luft gesprengt wurde. Vier Soldaten starben dabei, 30 wurden verletzt. Körperlich blieb er unversehrt, doch die Bilder kehren immer wieder, lassen ihn nicht mehr schlafen. Er zieht sich immer mehr zurück, ist am liebsten alleine und inzwischen arbeitsunfähig. In seiner Umgebung stößt er zunehmend auf Unverständnis. Denn seine Wunden sind nicht sichtbar.

Kennst du das Land, wo die Kanonen blühn?

Du kennst es nicht? Du wirst es kennenlernen!
Dort stehn die Prokuristen stolz und kühn
in den Büros, als wären es Kasernen.
Wenn dort ein Vorgesetzter etwas will
– und es ist sein Beruf, etwas zu wollen –,
steht der Verstand erst stramm und zweitens still.
Die Augen rechts! Und mit dem Rückgrat rollen!

Kennst du das Land? Es könnte glücklich sein.
Es könnte glücklich sein und glücklich machen!
Dort gibt es Äcker, Kohle, Stahl und Stein
und Fleiß und Kraft und andere schöne Sachen.

Erich Kästner

- **Lesen Sie eine Woche lang aufmerksam Zeitungen und Zeitschriften und sammeln Sie alle Berichte über Kriege auf der Welt.**
- **Erstellen Sie dann eine Wandzeitung, die Antwort auf folgende Fragen gibt:**
  - **Was bedeutet der Kriegszustand für die Zivilisten?**
  - **Welche Maßnahmen zur Beendigung der Kriege wurden ergriffen und von wem?**

Tipps dazu auf Seite 261.

Mit roten Händen gegen Kindersoldaten

Berlin/dpa – Aus Protest gegen den Einsatz von Kindersoldaten in vielen Ländern hat Bundespräsident Horst Köhler (rechts mit seiner Ehefrau Eva Luise) die Abdrücke von über 100.000 Händen überreicht bekommen. Die „Roten Hände" wurden ihm in Berlin vom Sänger der Rockgruppe BAP, Wolfgang Niedecken (M.) und einer Gruppe von Jugendlichen übergeben. Das Ehepaar Köhler drückte die eigenen Hände ebenfalls auf ein rotes Stempelkissen, um sich an der Aktion zu beteiligen. Der „Red Hand Day" soll an jedem 12. Februar eines Jahres auf das Schicksal von rund 300.000 Kinder und Jugendlichen in aller Welt aufmerksam machen, die als Soldaten missbraucht werden.

Friede

Bloß keinen Zank
und keinen Streit
Das heißt auf Englisch
ganz einfach
PEACE
und auf Französisch
PAIX
und auf Russisch
MIR
und auf Hebräisch
SHALOM
und auf Deutsch
FRIEDE

oder:
„Du, komm,
lass uns
zusammen spielen,
zusammen sprechen
zusammen singen
zusammen essen
zusammen trinken
und zusammen
leben,
damit wir
leben.

Rede auf dem
Internationalen Schriftstellertreffen
von Sofia

Bei Verdun (Frankreich) ragen heute noch Gewehre aus verschütteten Schützengräben

Vaterland

Vater, is des wirklich wahr,
warst du wirklich a Sozi in die dreißiger Jahr?
Warst du wirklich damals im Widerstand?
Hast gekämpft gegns eigene Vaterland?
Vater, i muaß mi schama,
i möcht an andern Nama.
In der Schui, du glaubst ned wie peinlich des is,
da hoaßens di an Kommunist.

Und der Bua träumt von Recht und Ordnung,
von am gsunden graden Tritt,
und im Geist da hört ers marschieren,
und im Geist da marschiert er schon mit.
Und der Vata woaß ned aus no ein,
so weit is scho kumma mit der Duckerei,
mit Kommunistenhatz und Berufsverbot
und Wirtschaftswunder und Arbeitsnot,
da wehrst di dei Lebn lang gegen all den Schutt
und dann machas dafür deinen Sohn kaputt.

Und der Vater nimmt si a Nacht lang Zeit
und verzählt dem Buam von der Unmenschlichkeit,
von Krieg, von KZ, von der Feigheit der Leit,
und er plärrt, pass auf, die macha si bald wieder breit!
Dann packt der Bua seine Sachen,
sagts Vater, da muaß i doch lachen, du
kannst es doch überall lesen, des is doch ganz anders gewesen.

Und dann träumt er von hohen Stiefeln
und von Männern aus Stahl und Granit.
Und im Geist da hört er Trompeten,
und im Geist da marschiert er schon mit.
Und der Vater woaß ned aus no ein,
so weit is scho kumma mit der Duckerei,
mit Kommunistenhatz und Berufsverbot
und Wirtschaftswunder und Arbeitsnot.
Da wehrst di dei Lebn lang gegen all den Schutt
und dann machas dafür deinen Sohn kaputt.

Und ein paar Wocha später steht der Bua vor der Tür
und zittert und flüstert: i ko nix dafür,
die macha Ernst, die basteln Granaten,
die reden von Volkssturm und Attentaten.
Vater, i muaß mi schama,
i möcht an andern Nama
Wir ham – i trau mirs gor ned sagn –
gestern nacht im Streit an Mo derschlagn.

Und der Vater denkt an früher,
hört die grausamen Stiefel marschieren,
und im Geist da marschieren die noch immer,
und schon morgen ko des wieder passieren.
Und wia so vui andere kriagt er an Zorn,
was is bloß wieder aus Deutschland worn?
Mit Kommunistenhatz und Berufsverbot,
mit Wirtschaftswunder und Arbeitsnot.
Da wehrst di dei Lebn lang gegen all den Schutt.
Da machas dafür deine Kinder kaputt.

Konstantin Wecker

SCHLÄGT

IN MEMORIAM — ZUR ERINNERUNG

Afghanistan 2009:
Ein Junge inmitten völlig zerstörter Häuser

Mannheim 1944:
Nur das Leben gerettet

Über 55 Millionen Opfer zählte der Zweite Weltkrieg, davon 7,37 Millionen Deutsche. Was bedeuten Zahlen und Statistiken dieser Art? Ein einziger gewaltsam durch den Krieg umgekommener Mensch ist schon zu viel.

Der Schmerz, die Qualen und die Trauer lassen sich nicht mit Zahlen – in welcher Größe auch immer – ausdrücken. Wenn Steine reden könnten, dann würden wir besser erkennen, dass hinter jedem Kriegsgrab ein menschliches Schicksal, hinter jeder Aufschrift auf einem Stein ein denkender und fühlender Mensch mit all seinen guten und weniger guten Eigenheiten, seinen Träumen und Hoffnungen, seinen Ängsten und Nöten steht. Millionen Menschen, jeder eine unverwechselbare Persönlichkeit, haben eines gemeinsam: Krieg und Gewalt zerstörten ihr Leben.

55 Millionen Schicksale mahnen uns!

Aus der Vergangenheit für die Zukunft lernen! Nichts ist wichtiger als der Friede.

Als 1945 die Waffen schweigen, erkennen die Menschen das ganze Ausmaß des Krieges. 55 Millionen sind umgekommen, 35 Millionen leiden an Kriegsverletzungen, viele Millionen haben Wohnung oder Heimat verloren. Vertreibung, Hunger und Krankheiten fordern auch nach Kriegsende unzählige weitere Opfer.

*** Viele junge Menschen verbringen ihre Ferien auf einer der vielen Kriegermahnstätten oder auf einem Gräberfeld. Dort helfen sie mit, die Erinnerung an die Gefallenen wach zu halten.**
Weshalb scheint dies über 60 Jahre nach Beendigung des Krieges noch immer nötig?

*** Lesen Sie sich den Liedertext auf der vorhergehenden Seite durch. Welche Parallelen zwischen damals und heute werden aufgezeigt?**

15 GEWALT

AUSSER KONTROLLE

GEWALT IM ALLTAG

GEWALT IN DER FAMILIE

EIN ENGEL IN DER NOT

GEWALT FÄNGT IN DEN KÖPFEN AN

DER BLAUE BRIEF

HORROR – EIN BISSCHEN
NERVENKITZEL MUSS SCHON SEIN

MOBBING

BULLYING

Legen Sie Ihr Geld in dada an!
dada
Komm
nf
Die
anti
dada
istische
Bewegung
He, he, Sie junger Mann
Dada ist keine Kunstrichtung
Die große
dada
Tretet dada bei.
DADA i Sten
HH

AUSSER KONTROLLE

Blutbad in Realschule: 16 Tote

Amoklauf

Ein 17-Jähriger tötete im schwäbischen Winnenden Schüler, Lehrer und Passanten. Der Täter nahm sich selbst das Leben. Die Bundesregierung ordnete Trauerbeflaggung an.

Tränen und Schweigen

Einen Tag nach dem Amoklauf von Tim K. war in den Schulen der Stadt kein normaler Unterricht möglich.

„Das kannst du nicht verkraften“

Todesschüsse

Das Massaker in der Schule von Winnenden löst blankes Entsetzen aus. Die ganze Stadt befindet sich für Stunden im Belagerungszustand. Noch lange nach der Tat liegen die Leichen in den Schulräumen.

Die Waffen nieder!

Acht Millionen Gewehre und Pistolen sind in Deutschland in Privatbesitz: Das ist zu viel.

Das Massaker von Winnenden brachte es an die Öffentlichkeit: Deutschland ist bis an die Zähne bewaffnet. Mehr als acht Millionen genehmigungspflichtige Gewehre und Faustfeuerwaffen befinden sich im Privatbesitz, ungezählte kursieren illegal durch die Gesellschaft. Allein in der Hauptstadt Berlin sind 56.377 Waffen registriert – Polizeipistolen nicht mitgerechnet.

Der Vater des Amokläufers von Winnenden hortete angeblich 15 Schusswaffen und kiloweise Patronen in seiner Wohnung, 4.600 Stück hat die Polizei gezählt. Alles legal. Nur die großkalibrige Beretta, die 15 Menschen und den Schützen das Leben kostete, hatte er nicht verschlossen, wie vom Waffengesetz verlangt, und die dazugehörige Munition womöglich auch nicht. (…) Doch was hat eine mächtige 9-Millimeter-Beretta, die einen Stier fällen könnte, bei einem Hobbyschützen zu suchen?

Zweimal ist das Waffengesetz in den vergangenen sieben Jahren geändert worden, stets unter dem Eindruck eines Amoklaufes an einer Schule. Jetzt, meint Innenminister Wolfgang Schäuble, sei das Gesetz umfassend genug. Das Gesetz hält in der Tat eine Fülle von Einschränkungen bereit, Sanktionen inklusive, nur an zentraler Stelle grenzt es an unfreiwillige Komik: Eine Waffen- und Munitionserlaubnis setzt voraus, „dass ein Bedürfnis nachgewiesen“ wird. Und ein Bedürfnis liegt unter anderem vor, wenn „glaubhaft gemacht“ wird, dass man „Jäger, Sportschütze, Brauchtumsschütze, Waffen- oder Munitionssammler … oder Mitglied eines schießsportlichen Vereins ist“. Ein Segelschein dürfte in Deutschland schwieriger zu erwerben sein als die Berechtigung, eine Waffe nach Hause zu tragen. (…)

Nein, das Waffengesetz mit seinen 51 raschelnden Seiten bietet keinen wirklichen Schutz vor dem nächsten Massenmord in Deutschland. Darum sollte es nachgebessert werden. Der Vorschlag Angela Merkels, deutsche Waffenbesitzer überraschenden Polizeibesuchen auszusetzen, ist dem Waffengesetz nicht ganz fremd – nur sollte dies den Schützenvereinen bei Strafe ihrer Auflösung selbst überlassen bleiben. Was spricht dagegen, in den Schützenvereinen statt tödlicher Gewehre nur kleinkalibrige zuzulassen? Luftdruckpistolen eignen sich zum Zielschießen genauso wie Berettas, Walther- oder Glock-Pistolen. Und warum den Besitz von Waffen nicht auf zwei pro Vereinsmitglied begrenzen?

Nach jedem sogenannten school shooting führt unsere Gesellschaft ein intensives Selbstgespräch über die Folgen von Gewaltverherrlichung in allen Medien, über die Vereinsamung spätpubertierender junger Männer, über die sprachlose Familie, über den Verlust sogenannter normativer Orientierungen, die früher als die Zehn Gebote bekannt waren. Die naheliegende Frage, ob es wirklich nötig ist, dass Millionen Handwaffen und Gewehre in deutschen Wohnungen herumliegen, ist weniger tiefsinnig. Der Gesetzgeber muss sie beantworten, ehe es wieder einmal zu spät ist.

Michael Neumann

*** Sammeln Sie aus der Tageszeitung eine Woche lang Berichte und Artikel, in denen Gewalt thematisiert wird und erstellen Sie damit eine Wandzeitung.**

15 GEWALT

GEWALT — IM ALLTAG

„Wer mit dem Zeigefinger auf einen anderen zeigt, sollte nicht vergessen, dass drei Finger auf ihn selbst gerichtet sind.“

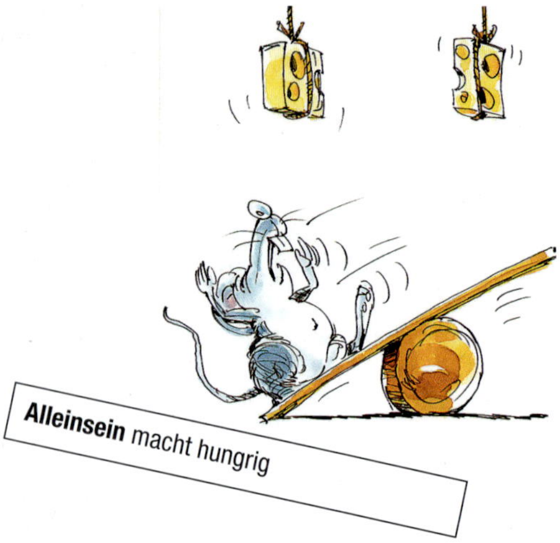

Was ist Gewalt?
Was verstehen Sie persönlich unter Gewalt?

Rang	Gewaltformen	ist Gewalt	ist keine Gewalt
1	Jemanden mit einer Waffe oder einem waffenähnlichen Gegenstand zu töten oder zu verletzen	98,3	1,7
2	Jemandem mit körpereigenen Mitteln Schmerzen zuzufügen	97,9	2,1
3	Jemanden zu sexuellen Handlungen zu zwingen	97,4	2,6
4	Jemandem sein Eigentum wegzunehmen	54,7	45,3
5	Jemandem die Existenzgrundlagen zu entziehen, z. B. den Arbeitsplatz wegzunehmen	41,1	58,9
6	Gefühle anderer Menschen zu verletzen oder zu missbrauchen	40,6	59,4
7	Jemanden mit Worten, Gesten oder Gebärden zu beschimpfen oder zu beleidigen	23,0	77,0
8	Jemanden durch Lärmen, Gestikulieren o. Ä. zu belästigen oder zu behindern	22,1	77,9
9	Beziehungen zwischen Menschen, z. B. Freundschaften, Partnerschaften oder Gruppen, auseinander zu bringen	20,7	79,3

✻ Und wie sieht es bei Ihnen aus?

Jugendgewalt geht zurück

STUDIE Große Sorge bereitet die rechtsextremistische Einstellung der jungen Deutschen. Etwa jeder Siebte ist den Ergebnissen zufolge sehr ausländerfeindlich.

Berlin. Fast jeder fünfte männliche Jugendliche in Deutschland ist sehr ausländerfeindlich, ein erheblicher Teil hat rechtsextreme und antisemitische Einstellungen. Gleichwohl ist die Jugendgewalt in den vergangenen zehn Jahren insgesamt deutlich zurückgegangen. Das sind die zentralen Aussagen der Studie „Jugendliche in Deutschland als Täter und Opfer von Gewalt“, die Bundesinnenminister Wolfgang Schäuble und der Direktor des Kriminologischen Forschungsinstituts Niedersachsen, Christian Pfeiffer, am Dienstag in Berlin vorstellten.

Laut Pfeiffer ist es die größte Jugendstudie, die es jemals in Europa gegeben hat. Sie korrigiert die Aussagen der Polizeilichen Kriminalstatistik, die zuletzt eine zunehmende Gewaltbereitschaft jugendlicher Krimineller belegte. Die amtliche Statistik erfasst nur die der Polizei bekannt gewordenen Fälle.

Für die Studie wurden 2007 und 2008 in 61 Landkreisen und kreisfreien Städten fast 45.000 Schüler der neunten Klasse im Alter von 14 bis 16 Jahren befragt, ob sie Opfer von Gewalttaten wurden oder selbst Delikte begangen haben. In einem weiteren Forschungsbericht sollen die Ergebnisse einer repräsentativen Befragung von 8.000 Viertklässlern vorgelegt werden.

Mit großer Sorge sieht Pfeiffer die ausländerfeindlichen und rechtsextremistischen Einstellungen. Vergleichszahlen gibt es nicht, weil bei einer früheren Untersuchung nicht danach gefragt wurde. Etwa jeder siebte Jugendliche in Deutschland ist demnach sehr ausländerfeindlich. Unter den Jungen liegt dieser Anteil bei 19 Prozent, unter den Mädchen bei 9,6 Prozent.

4,9 Prozent der Jungen und 2,6 Prozent der Mädchen gaben an, Mitglied einer rechtsextremen Gruppe oder Kameradschaft zu sein.

„Das muss uns aufrütteln, dass ein hoher Anteil der Jungen in West- und Ostdeutschland ins Fahrwasser der Rechten geraten ist.“ (Pfeiffer)

Am stärksten ausgeprägt seien Ausländerfeindlichkeit und Rechtsextremismus an Hauptschulen. Der Aussage, in Deutschland gebe es zu viele Ausländer, stimmten knapp 30 Prozent der Jugendlichen uneingeschränkt zu. Bei den Jungen waren es sogar 36,5 Prozent.

Als eindeutig rechtsextrem stuft die Studie 5,2 Prozent der Jugendlichen ein, als stark antisemitisch 4,3 Prozent. Der Anteil der Jugendlichen, die ausgeprägte Sympathien für solche Einstellungen haben, liegt noch deutlich darüber.

Weniger Gewalt bei Jugendlichen
Anteil der Jugendlichen, die in den vergangenen 12 Monaten ein Gewaltdelikt begangen haben (in Prozent)

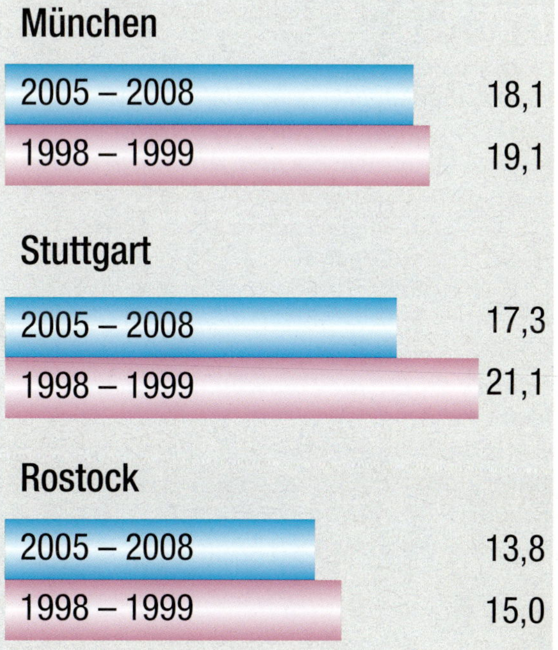

GEWALT IN DER FAMILIE

Der Fall Maria D.

Maria D. kommt als erstes Kind unerwünscht auf die Welt. Die Geburt dauert lange. Sie kommt aufgrund von Atemnot blau auf die Welt. Die Mutter ist überfordert und kann das Kind nur zwei Wochen stillen. Der Säugling erbricht häufig und nimmt nur langsam zu. Er ist unruhig und schläft schlecht. Die Mutter schiebt den Säugling in einen entfernten Raum und dreht Musik an oder verlässt das Haus,wenn sie das Weinen nicht ertragen kann. Zunehmend schlägt sie den Säugling.

Nach einem Treppensturz wird das Kind auf einer Kinderstation behandelt. Die Mutter wird tablettensüchtig, der Vater trinkt und schlägt Mutter wie Tochter. Als Maria drei Jahre alt ist, kommt die Schwester erwünscht zur Welt. Die ältere Tochter muss bei der Kinderbetreuung helfen. […]

Die Mutter droht häufiger mit Selbstmord und Maria horcht angstvoll an der Tür, wenn sich die Mutter mit Tabletten zurückzieht. Je größer die Patientin wird, desto mehr schlägt der Vater sie mit der Begründung, die Schwester oder die Mutter nicht genug oder zu viel zu versorgen. In der Schule ist Maria gut, aber sozial isoliert. Ihr Übergewicht provoziert Spott und Verachtung. Sie besucht die Hauptschule, obwohl die Lehrer den Besuch des Gymnasiums empfehlen. Maria fehlt häufig in der Schule, weil sie sich um die Mutter kümmern muss. Während eines Klassenausflugs, an dem Maria aufgrund des Drängens der Lehrer teilnimmt, stirbt die Mutter an Tablettenvergiftung. Der Vater tobt, macht Maria heftige Vorwürfe und schlägt die Tochter zusammen. Zwei Tage nach der Beerdigung der Mutter schneidet sich Maria D. erstmalig in den linken Unterarm.

Sie macht eine Krankenschwesterausbildung und zieht in das Wohnheim. Der Vater verschwindet im Ausland. Einzige Stütze ist ihr ehemaliger Klassenlehrer, der sie zu einer sexuellen Beziehung drängt. Sie wird mehrfach in der Nähe des Wohnheims sexuell belästigt und einmal vergewaltigt, ohne dass sie die Ereignisse zur Anzeige bringt. Sie wird zunehmend krank. Sie injiziert sich heimlich Schmutzwasser. Sie beginnt, sich offen die Unterarme zu verletzen. Es folgt ein Suizidversuch[1] und die Einweisung in eine psychiatrische Klinik.

Hier wird eindringlich geschildert, wie es Maria D. gelingt, durch ihre hasserfüllte, feindselige Beziehung zu ihrem eigenen Körper vom Opfer zum Täter zu werden.

- **Arbeiten Sie aus vorliegendem Text Beispiele für die verschiedenen Formen von Gewalt heraus.**
- **Wie reagiert Maria D. auf die Gewalt, die sie von ihrer Umgebung erfährt?**
- **Worin liegen die Ursachen dafür?**

[1] Suizid: Selbstmord

15 GEWALT

Fast
16 %
der Bevölkerung waren in den letzten fünf Jahren Opfer von körperlicher Gewalt in engen sozialen Beziehungen.

Über
80 %
der Opfer von physischer Gewalt standen dem Täter nahe.

Rund
10 %
aller Befragten zwischen 16 und 60 Jahren waren in ihrer Kindheit mindestens einmal massiv von ihren Eltern misshandelt worden (z. B. gewürgt, mit der Faust geschlagen usw.).

Rund
70 %
waren körperlich gezüchtigt worden (von Ohrfeigen bis zum Schlagen mit einem Gegenstand).

Von den Frauen zwischen 20 und 60 Jahren gaben
6,1 %
an, mindestens einmal von einem Familienangehörigen vergewaltigt oder genötigt worden zu sein.

Fast
20 %
der Frauen sind als Kind einmal Opfer von sexuellen Übergriffen gewesen.

6,2 %
der Mädchen hatten bis zum Alter von 14 Jahren sexuelle Missbrauchserfahrung mit Körperkontakt. Jeder fünfte Täter war der Vater oder der Stiefvater des Opfers.

- **✱ Warum werden Gewalttaten, die in der Familie passieren, häufig nicht bekannt?**
- **✱ Mit welchen Mitteln arbeiten die Täter?**

EIN ENGEL – IN DER NOT

***„Das geht dich doch nichts an.** Kümmere dich um deine eigenen Angelegenheiten. Ich will keinen Streit mit den Nachbarn.“ Herr Öksüz nimmt seine Zeitung und liest weiter.*

„Trotzdem muss endlich was geschehen, bevor es irgendwann einmal zu spät ist. Die beiden Kleinen habe ich schon seit einer Woche nicht gesehen. Nur der Achim geht in die Schule.“ Frau Öksüz ist besorgt.

„Wozu gibt es die Polizei? Erstens sind wir keine Deutschen und zweitens ist das die Privatangelegenheit der Krämers.“ Herr Öksüz will nirgendwo anecken. „Das ist es ja, die Polizei nützt ja nichts“, gibt seine Frau zurück. „Haben die Kinder blaue Flecken, dann sind sie gefallen, haben sie eine Gesichtsverletzung, dann sind sie gegen die Türklinke gerannt, haben sie sich etwas gebrochen, dann sind sie von der Treppe gestürzt. Es gibt für alles Erklärungen. Die Polizei kann erst wirklich etwas tun, wenn die Kinder schon halb tot sind oder wenn es ganz zu spät ist.“ „Halte dich da raus – bitte.“ Herr Öksüz ist ratlos. Auch er hatte vor ein paar Wochen das laute Kinderweinen gehört und das Aufheulen der kleinen Rebecca nach jedem Schlag oder Tritt. Auch hört man häufig lautes Schimpfen mit den Kindern, manchmal wildeste Drohungen.

Natürlich sollte etwas getan werden, aber sollten es doch die anderen tun, nicht gerade seine Frau.

„Ich habe eine Idee“, versucht Frau Öksüz ihren Mann umzustimmen. „Ich frag mal nach etwas Mehl. Vielleicht öffnet Frau Krämer die Tür und ich kann etwas sehen.“ „Mach, was du willst, aber mische dich nicht ein.“ Irgendwie versteht er seine Frau.

„Guten Morgen, Frau Krämer. Entschuldigen Sie, wenn ich störe. Mir ist gerade heute am Sonntag das Mehl ausgegangen. Könnten Sie mir etwas borgen?“

Frau Krämer hat Probleme, Frau Öksüz zu verstehen. Nicht wegen der Sprache, sondern weil sie offensichtlich getrunken hat. „Mehl? Ja, ja, natürlich. Augenblick.“

Frau Krämer verschwindet in Richtung Küche. Für Frau Öksüz ein Grund, ihr ein paar Schritte nachzulaufen. In der Wohnung sieht es chaotisch aus. Sie ist ja auch viel zu klein für eine Familie mit drei Kindern, obwohl der Vater die meiste Zeit auf Montage ist. „Hier das Mehl, ist es genug?“, fragt Frau Krämer mit unsicherer Stimme. „Entschuldigen Sie die Unordnung. Aber mir wächst alles über den Kopf. Alles hängt an mir. Mein Mann ist ja nur selten daheim. Jeden Tag acht Stunden Putzen in der Sparkasse und dann die Kinder. Dauernd ist etwas anderes.“

„Schlafen sie noch, die Kleinen?“ „Nein, ich habe sie übers Wochenende zu meiner Mutter bringen können, nur Achim ist da.“ Frau Krämer streicht sich nervös die fransigen Haare aus der Stirn.

„Wenn ich Ihnen helfen kann, kommen Sie ruhig vorbei. Ich mag Ihre Kinder wirklich gerne und von Zeit zu Zeit könnten sie ja bei uns spielen. Dann haben Sie etwas Zeit für sich.“

„Das würden Sie tun?“

„Ja, klar! Ich bin ja ohnehin den ganzen Tag zu Hause und auf meine Kinder muss ich sowieso aufpassen. Also, abgemacht?“

„Danke, Frau Öksüz, das hätte ich nie zu fragen getraut.“

Gewalt erzeugt Gegengewalt

Hilfe statt Strafe? *Aus der Begründung zum neuen § 1631 Abs. 2 BGB, in dem Kindern ein Recht auf gewaltfreie Erziehung zugesprochen wird:* „Ziel des Gesetzentwurfs ist die Ächtung der Gewalt in der Erziehung ohne Kriminalisierung der Familie. Nicht die Strafverfolgung oder der Entzug der elterlichen Sorge dürfen deshalb in Konfliktlagen im Vordergrund stehen, sondern Hilfen für die betroffenen Kinder, Jugendlichen und Eltern.“

MIT GEWALT ERREICHST DU BEI MIR GAR NICHTS

15 GEWALT

Bedenken Sie:
Es ist wichtig, den Teufelskreis der Gewalt zu durchbrechen, denn Gewalt prägt für das ganze Leben. Das Verhältnis geschlagener Kinder zur Gewalt ist dahingehend gestört, dass auch sie aggressiv reagieren. Entweder nach außen oder gegen sich selbst. Am Ende einer solchen „Karriere“ steht oft ein Selbstmordversuch.

In der Bundesrepublik sterben jedes Jahr zirka

180 Kinder

durch die Hand ihrer Eltern.

Ungefähr

1,4 Millionen Kinder

werden in der Bundesrepublik im Jahr geschlagen.

* Wie verhalten Sie sich, wenn Sie Eltern beobachten, die ihre Kinder in der Öffentlichkeit verprügeln?
* Was bringt Eltern dazu, ihre Kinder zu schlagen?

GEWALT — FÄNGT IN DEN KÖPFEN AN

Der geteilte Schulausflug

„Hallo, Frau Kollegin. Ich hätte da mal eine Bitte. Nehmen Sie mir ein paar Schülerinnen ab?"

„Guten Morgen, Herr Fiebig, wieso denn das?"

„Sie wissen doch sicherlich, dass ich mit meiner Klasse am Mittwoch den Schulausflug nach München plane – da gibt es jetzt allerdings Probleme."

„Und die wären?"

„Ein Teil der Klasse, speziell die türkischen Mädchen, möchte nicht mitfahren."

„Na ja, die werden strenger erzogen und dürfen halt nicht."

„Nein, nein, Sie verstehen mich falsch. Sie wollen nicht. In der Klasse gab es Stunk wegen des Fahrtziels – wie halt in jeder Klasse, jedes Jahr. Doch diesmal geschah etwas Neues. Einige deutsche Mädchen schlugen das Deutsche Museum in München vor. Daraufhin kam prompt die Antwort der türkischen Schülerinnen: Dahin gehen wir nicht!"

„Na, das gibt es doch nicht, Herr Fiebig. Nur weil das Museum Deutsches Museum heißt."

„Tja, der eigentliche Grund ist es sicher nicht, nur der Aufhänger. Ich glaube, es gilt zu beweisen, wer mehr Macht hat."

„Da muss doch zuvor schon einiges vorgefallen sein."

„Natürlich gab es hier und da Auseinandersetzungen und Meinungsverschiedenheiten. Doch der eigentliche Grund liegt wahrscheinlich darin, dass es zu wenig Kontakte und Freundschaften zwischen den verschiedenen Nationalitäten gibt. Nur, wie kann ich als Lehrer mit sechs Unterrichtsstunden wöchentlich da was ändern?"

„Vielleicht sollten wir im nächsten Jahr keine gemischten Klassen mehr bilden. Nur noch Ausländerklassen und deutsche Klassen."

„Oje, Frau Hasler – ich glaube, dann wird es nur noch schlimmer. Mehr Integration, mehr Miteinander scheinen mir aussichtsreicher zu sein. Aber wie?"

---

* **Helfen Sie Herrn Fiebig bei seiner pädagogischen Arbeit.**
* **Was halten Sie von Frau Haslers Vorschlag? Begründen Sie Ihre Meinung.**

Ein ganz normaler Tag

„He, Alter, schau bloß, dass du verschwindest."

Eine Gruppe Jugendlicher betritt das gut gefüllte U-Bahn-Abteil und will offensichtlich zusammensitzen. „Hau ab, Bimbo, mach Platz für gute Deutsche."

Der Junge mit den Kraushaaren sieht noch immer unverdrossen aus dem Fenster und genießt die Musik, die aus seinem mp3-Player tönt.

„Bist du Affe taub, los, weg da." Erschrocken sieht der farbige Junge auf. Vor ihm haben sich vier Skins aufgebaut. Schwarze lederne Springerstiefel, Arbeitshosen, Bomberjacken mit Nationalitätszeichen, kahle Schädel.

Schon neigt sich einer von ihnen vor.

„Soll ich nachhelfen, Nigger, oder verschwindest du freiwillig?" Der Junge kann nun gut verstehen. Das Gebrüll der vier ist unüberhörbar. Schnell steht er auf und will Richtung Ausgangstür.

„Nicht so schnell, du kleiner Dreckspatz – sag schön bitte, bitte."

Der Junge sagt: „Bitte, bitte." Mit einem Rempler in die Rippen und einem Tritt in den Rücken rumpelt er zur Tür.

Die anderen Fahrgäste helfen nicht. Sie lesen intensiv Zeitung oder starren auf die Spiegelbilder in den Waggonscheiben.

Die nächste Station ist erreicht. Tom Schneider, das Kind eines farbigen US-Soldaten und einer weißen Deutschen, steigt aus – vier Stationen eher als er wollte. Seinen deutschen Pass hat er dabei und die deutsche Muttersprache beherrscht er sowieso – aber wer will das wissen?

✻ Haben Sie schon einmal solche oder ähnliche Szenen erlebt? Berichten Sie.
✻ Schildern Sie die Reaktion der anderen Fahrgäste.
✻ Was veranlasst diese, sich so zu verhalten?

WORTE, DIE WIRKEN Als Zeuge oder Zeugin einer Gewalttat, zum Beispiel einer Schlägerei, kannst du Folgendes tun

Ich mache auf die Situation aufmerksam.
Eine große Öffentlichkeit schreckt die Täter meist ab. Sie erwarten nämlich gleichgültiges Verhalten. Mach andere darauf aufmerksam, was gerade passiert.

Ich fordere andere zur Mithilfe auf.
Und das möglichst konkret, zum Beispiel: „Sie in der grünen Jacke! Finden Sie okay, was hier gerade passiert?" oder „Könnten Sie bitte dem Fahrer/dem Wirt Bescheid sagen, er soll die Polizei rufen?" Denn sonst fühlen sich viele nicht angesprochen und ignorieren die Situation.

Ich spreche den Täter oder die Täterin an.
Aber Vorsicht, höflich bleiben und Erwachsene immer siezen. Das verhindert, dass andere denken, es wäre ein privater Konflikt. Also heißt es: „Sie mit den blonden Haaren, lassen Sie diesen Mann in Ruhe. Wenn Sie ihn noch einmal beleidigen, rufe ich die Polizei." Da Täter Angst davor haben, wiedererkannt zu werden, mach ihm oder ihr deutlich, dass du dir Äußerlichkeiten gemerkt hast. Wenn dir der Täter oder die Täterin antwortet, versuche ruhig zu sprechen und ihn oder sie nicht mit Beleidigungen zu provozieren oder gar anzufassen.

Ich rede mit dem Opfer.
Du kannst zum Beispiel sagen: „Ich helfe Ihnen/dir." „Kommen Sie/Komm zu uns herüber." Das stärkt die angegriffene Person. Dann kannst du fragen: „Was ist denn passiert?" „Kann ich Ihnen/dir helfen?"

Ich rufe die Polizei.
Wenn du dir nicht sicher bist, ob andere die Polizei gerufen haben, dann tu es selbst. Die Notrufnummer lautet 110 und kostet nichts. Die Feuerwehr hat die Notrufnummer 112, ebenfalls kostenfrei. Wenn du dich dann noch als Zeuge oder Zeugin zur Verfügung stellst, ist die Wahrscheinlichkeit größer, dass eine Anzeige aufgenommen wird und die Täter verurteilt werden können. *(Quelle: www.aktion-tu-was.de)*

DER ———— BLAUE BRIEF

__Es klingelt.__ „Wer ist das wohl?“ Frau Eiser geht zur Tür und öffnet sofort. „Guten Morgen. Ein Einschreiben.“ Der Zusteller grinst verhalten. „Ein Einschreiben? Woher denn?“, wundert sich Frau Eiser. „Hat es wohl Zoff in der Schule gegeben?“ Frau Eiser weiß von nichts. „Vielen Dank, Herr Bartel. Auf Wiedersehen.“

Frau Eiser ist neugierig und zieht schnell die Tür hinter sich ins Schloss. „Es musste ja einmal so kommen, so ungern wie Sascha in die Schule geht“, denkt sie sich und reißt den Brief auf.

VERSÄUMNISSE steht da und es sind nicht gerade wenige. Seltsam, Sascha ging doch jeden Morgen, wenn auch zögernd, aber er ging – nur wohin? Na ja.

Es klingelt. Um halb zwei ist dies nicht ungewöhnlich, da kommt Sascha normalerweise von der Schule oder sonst woher. „Gibt's was Neues?“, fragt er gleich beim Eintreten und „Was gibt's zum Essen?“ Frau Eiser lässt sich nichts anmerken. Sie legt den Brief neben Saschas Teller und wartet ab. Sascha stürmt in die Küche, setzt sich, sieht den Brief und wird kreideweiß.

„Na, wie war's in der Schule?“, Frau Eiser macht den Anfang.

„Ich war nicht.“ Sascha hält in diesem Stadium Lügen für sinnlos. „Ich geh da nicht mehr hin.“

Frau Eiser wartet. Sascha liefert keine weiteren Erklärungen. „Du magst einen Lehrer nicht“, vermutet Frau Eiser.

„Nein, das ist es nicht.“ Sascha schweigt.

„Du hast dich mit Pascal verkracht.“

„Nee, Pascal passt schon. Es ist was anderes.“ Frau Eisers Geduld ist erschöpft. „Was ist es denn? Sag schon.“

„Ich darf es nicht sagen, sonst bekomme ich noch mehr Prügel.“

„Wie bitte? Von wem denn?“

Langsam lockt sie Saschas Geheimnis Stück für Stück heraus.

✻ **Wie könnte die Geschichte weitergehen?**

15 GEWALT

„Das fing ganz harmlos an, da stand einer vor der Schule mit einem Motorroller. Ich fragte ihn, ob ich mal fahren dürfte, und er sagte ja, kostet fünf Euro. Ich dachte mir, was sind schon fünf Euro, Hauptsache ich darf einmal fahren. Das tat ich auch, doch beim Absteigen fiel mir der Roller um und ich beschädigte leicht die rechte Verkleidung.

Ich wollte es dir schon sagen – wir sind ja versichert, aber das wollte der andere nicht. Der Roller war geklaut, sagte er, und ich müsste den Schaden anderweitig wieder gutmachen. ‚Besorge mir 'ne Joker-Jacke', meinte er. Du weißt ja, was die kosten. Ich kratzte alles Geld zusammen – es reichte nicht.

‚Dann klau sie einfach.' Klang verführerisch. Während des Unterrichts hängen auf den Gängen ja genug Klamotten.

Aber ich traute mich einfach nicht. Als ich zwei Tage später noch immer nichts hatte, lauerten sie mir auf. Drei gegen einen. Was sollte ich machen? Ich versprach alles, was sie wollten, und versuchte, ihnen aus dem Weg zu gehen. Tja, das war's."

- **Welche Möglichkeiten hat Sascha, das Dilemma zu meistern?**
- **Wie kann ihm seine Mutter dabei helfen?**

15 GEWALT

HORROR

EIN BISSCHEN NERVENKITZEL MUSS SCHON SEIN

Vor der Bluttat Horror-Video gesehen

14-Jähriger schlug mit der Axt den Schädel seiner Kusine ein – Ärzte kämpfen um ihr Leben

Wegscheid. Das Vorbild mit der Figur „Jason" aus einem Horror-Video ist das Motiv der grausigen Bluttat eines 14-jährigen Schülers mit einer Axt im niederbayerischen Wegscheid bei Passau. Nach Angaben der Staatsanwaltschaft Passau vom Montag wird der Hauptschüler psychiatrisch auf seine Strafreife untersucht. Er hatte seiner zehnjährigen Kusine den Schädel mit dem Beil eingeschlagen und seine 69-jährige Nachbarin verletzt. Ärzte kämpften am Montag noch um das Leben des Mädchens.

Laut Staatsanwaltschaft hatte sich der 14-Jährige von einer Figur namens „Jason" aus einem indizierten Horror-Video stark beeindrucken lassen. In dem Streifen „Freitag, der 13. – Das letzte Kapitel" massakriert die Figur reihenweise Opfer mit einer Axt. Als der 14-Jährige am Samstagabend seine Kusine mit einer Bekannten in der Küche des Nachbarhauses sitzen sah, bekleidete er sich mit einem Parka, Stiefeln sowie Arbeitshandschuhen und stülpte sich eine bemalte Stofftasche über den Kopf. Dann stürmte er ins Haus, schlug mit der zwei Kilogramm schweren Axt zweimal auf die 69-Jährige und mehrfach auf das Mädchen ein. Anschließend sprang er aus dem Fenster und gestand seinen Eltern die grausige Tat. Der Ermittlungsrichter erließ bereits Haftbefehl gegen den Jugendlichen. Psychiatrische Untersuchungen müssen nun klären, ob der jugendliche Täter bereits strafmündig ist oder ob er strafrechtlich wie ein strafunmündiger 13-Jähriger zu behandeln ist.

- ✻ **Stellen Sie sich vor, Sie wären einer der Ärzte, die den Jungen untersuchen. Woran würden Sie seine Strafmündigkeit erkennen?**
- ✻ **Was fühlen Sie, wenn Sie einen Horrorfilm ansehen?**

In einer kleinen Stadt [Auszug]
(Stephen King)

Wilma und Nettie trafen sich an der Ecke von Willow und Ford Street.

„Du hast meinen Hund umgebracht, du Miststück!“

„Du hast meinen Fernseher zerbrochen! Du hast mein Fenster zerbrochen! Du hast meine Mikrowelle zerbrochen, du verrücktes Biest!“

„Ich habe dich gewarnt!“

„Ich bringe dich um!“

„Einen Schritt vorwärts, dann stirbt hier jemand, aber das werde nicht ich sein!“

Wilma sprach diese Worte mit Bestürzung und aufdämmernder Verblüffung; beim Anblick von Netties Gesicht wurde ihr zum ersten Mal bewusst, dass es zwischen ihnen beiden zu etwas Ernsterem kommen konnte als Haareziehen und Kleiderreißen. Was tat Nettie überhaupt hier? Was war aus dem Überraschungselement geworden? Wie waren die Dinge so rasch an diesen Punkt angelangt? […]

Nettie stürzte auf sie zu und hob dabei das Fleischbeil. Ihre Lippen wichen von den Zähnen zurück, und aus ihrer Kehle kam ein langgezogenes Heulen.

[redacted] *de und fuhr dann h[illegible] Bauch auf. Stinkend[illegible] Wilma durch[illegible] über [illegible] getan hatte – [illegible] lich [illegible]rzyck am [illegible] Ne[illegible] – und [illegible] mi[illegible] sich [illegible] Bewe[illegible] M[illegible] die Ne[illegible] Her[illegible] U[illegible]rische [illegible] Es [illegible] Sc[illegible] zers[illegible] ein[illegible]rachen ihr Sch[illegible]*

De[illegible] Hotpl[illegible] aus Schmerz[illegible] Wilmas Kopf. [illegible] blieb zurück. Sie riss ih[illegible]

Nettie riss ihr Beil frei. Dazu brauchte sie

Gründe für die Wirksamkeit von Horrorszenen:

aggressive Modelle werden gezeigt

Hemmungen gegenüber Aggressionen werden abgebaut

aggressives Verhalten wird verschleiert, seine Folgen verharmlost

der Zuschauer stumpft ab und verliert seine Sensibilität

Erst Horror und dann …

Video-Sucht

Angstgefühle

Schlafstörungen

Alpträume

abstumpfendes Gefühlsleben

unbewusste Nachahmung

Zerstörung der Persönlichkeit

- **Warum empfinden wir diese Szene als ganz besonders brutal?**
- **Kennen Sie noch andere Horrorgeschichten oder Filme?**
- **Was fasziniert Sie daran und was stößt Sie ab?**

MOBBING

Michael erzählt am Feierabend seinem Vater

„Seit letztem Monat geht es bei uns auf der Arbeit richtig ab. Der Chef kam zu uns drei Lehrlingen und erklärte, er könne nach der Lehrzeit nur einen von uns fest anstellen. Na, das kannst du dir nicht vorstellen, was seither abläuft. Jeder will natürlich besser und schneller sein als die anderen. Aber das ist noch nicht alles, das wäre ja echte Konkurrenz um eine Arbeitsstelle.
Vorgestern habe ich mit bekommen, dass Andreas eine ganz üble, linke Tour fährt. Erzählt der doch überall herum, Marco hätte schon eine Jugendstrafe wegen räuberischer Erpressung abgesessen, und fragte, ob man dem wohl trauen könne oder ob der nicht vielleicht heimlich lange Finger mache. Zum Glück hat Josef ihn gleich abfahren lassen und ist auf diesen Schwachsinn gar nicht erst eingegangen. Am Nachmittag hab ich dann mitbekommen, dass Andreas die gleiche Geschichte einem anderen Gesellen erzählt hat, und dieser Schleimer ist natürlich gleich auf den Karren aufgesprungen. Hat sich darüber ausgelassen, dass Marco sich beim letzten Betriebsfest im Vollrausch ziemlich peinlich benommen hat. Ich möchte nicht wissen, was die über mich erzählen.“

Mobbing

bezeichnete ursprünglich ein Verhalten aus dem Tierreich: Gruppenangriffe mehrerer Artgenossen auf einen Fressfeind oder einen überlegenen Gegner. Heute meint es wiederholtes, beständiges Schikanieren am Arbeitsplatz oder in anderen Organisationen, das von verbalen Attacken über die Zuteilung sinnloser Arbeiten bis zu körperlichen Übergriffen reicht. Laut IG Metall sind Urheber des Mobbing:

zu 44 % Kollegen
zu 37 % Vorgesetzte
zu 10 % Kollegen und Vorgesetzte zusammen
zu 9 % Untergebene

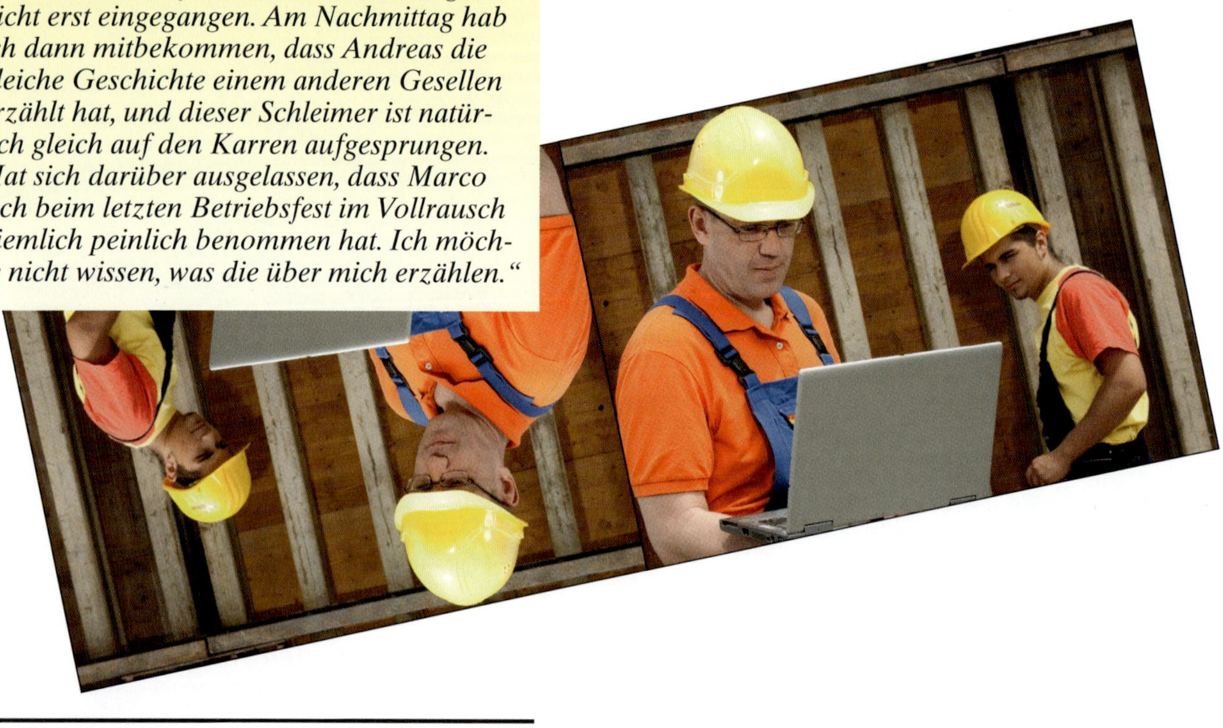

* Was könnten Ursachen für Mobbing sein?
* Welche Möglichkeiten des Umgangs bieten sich Mobbingopfern?

15 GEWALT

BULLYING

In Deutschland wird mit

Bullying
das Mobbing in der Schule bezeichnet.

Beim

Cyber-Bullying (auch Cyber-Mobbing genannt) wird das rufschädigende, verletztende Verhalten vor allem über das Internet und elektronische Medien in Wort und Bild verbreitet.

Aussagen, die bei einer Aussprache zum Klassenklima zur Sprache kamen

„Franziska hat doch immer den Finger oben und weiß alles besser."

*„Ich weiß gar nicht mehr, wie ich mich noch verhalten soll. Egal, was ich mache, alles ist falsch. Wenn ich mich in der Pause zu anderen dazustelle, behaupten die, ich wolle mich einschleimen. Setze ich mich allein, um meine Pause in Ruhe für mich zu verbringen, werde ich als hochnäsige Besserwisserin betitelt. Ich habe schon jedes Mal Bauchweh, wenn ich in die Schule muss. Erst heute morgen wieder im Bus hörte ich, wie Tom zu Sylvia sagte: „Mal sehen, was **die** heute wieder anstellt, sodass alle was zu lachen haben."*

„Vorgestern sah ich, wie Tom Franziskas Sozibuch in den Mülleiner warf."

„Und wie die sich anzieht – so läuft ja nicht einmal meine Oma rum!"

- **Haben Sie an Ihrer Schule schon Bullying erlebt?**
- **Welche Hilfen und Angebote gibt es an Ihrer Schule gegen Bullying?**

16 TRAUMWELT

TRAUMWEL† = DIE LETZTEN 7 TAGE

UMWEL† = MENSCH UND NATUR

UMWEL† = MENSCH UND TIER

WEL† = MENSCH UND WISSEN

...† = DER DEFEKTE MENSCH

ICH †RÄUME DAVON, DASS ...

Vom Chaos in geregelte Bahnen
Wie unser Planetensystem entstand

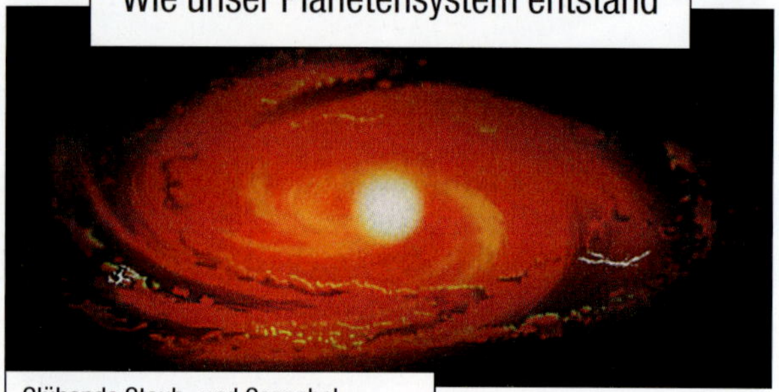

Glühende Staub- und Gasnebel umkreisen die junge Sonne

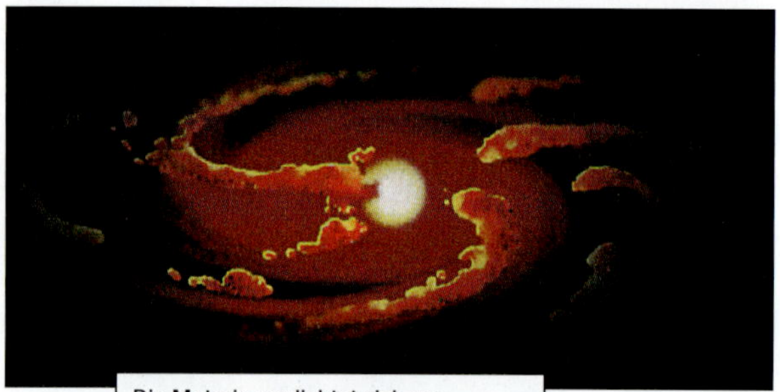

Die Materie verdichtet sich um „Keime", aus denen Planeten wachsen

Das Wechselspiel der Anziehungskräfte lenkt sie in feste Bahnen

Das System ist im Gleichgewicht. Auf der Erde kann sich Leben entwickeln

Am Anfang schuf Gott Himmel und Erde

Aber nach vielen Jahrmillionen
war der Mensch endlich klug genug.
Er sprach: Wer redet hier von Gott?
Ich nehme meine Zukunft selbst in die Hand.
Er nahm sie,
und es begannen die letzten sieben Tage
der Erde.

Am Morgen des ersten Tages

beschloss der Mensch,
frei zu sein und gut, schön und glücklich.
Nicht mehr Ebenbild eines Gottes,
sondern ein Mensch.
Und weil er etwas glauben musste,
glaubte er an die Freiheit und an das Glück,
an Zahlen und Mengen,
an die Börse und den Fortschritt,
an die Planung und seine Sicherheit.
Denn zu seiner Sicherheit
hatte er den Grund zu seinen Füßen gefüllt
mit Raketen und Atomsprengköpfen.

Am zweiten Tage

starben die Fische in den Industriegewässern,
die Vögel am Pulver aus der chemischen Fabrik,
das den Raupen bestimmt war,
die Feldhasen an den Bleiwolken
von der Straße,
die Schoßhunde an der schönen roten Farbe
der Wurst,
die Heringe am Öl auf dem Meer
und an dem Müll auf dem Grunde des Ozeans.
Denn der Müll war aktiv.

Am dritten Tage

verdorrte das Gras auf den Feldern
und das Laub an den Bäumen,
das Moos an den Felsen
und die Blumen in den Gärten.
Denn der Mensch machte das Wetter selbst
und verteilte den Regen nach genauem Plan.

16 TRAUMWELT

Es war nur ein kleiner Fehler
in dem Rechner, der den Regen verteilte.
Als sie den Fehler fanden,
lagen die Lastkähne auf dem trockenen Grund
des schönen Rheins.

Am vierten Tage

gingen drei von vier
Milliarden Menschen zugrunde.
Die einen an den Krankheiten,
die der Mensch gezüchtet hatte,
denn einer hatte vergessen,
die Behälter zu schließen,
die für den nächsten Krieg bereitstanden.
Und ihre Medikamente halfen nicht.
Die hatten zu lange schon wirken müssen
in Hautcremes und Schweinelendchen.
Die anderen starben am Hunger,
weil etliche von ihnen den Schlüssel
zu den Getreidesilos versteckt hatten.
Und sie fluchten Gott,
der ihnen doch das Glück schuldig war.
Er war doch der liebe Gott!

Am fünften Tage

drückten die letzten Menschen den roten Knopf,
denn sie fühlten sich bedroht.
Feuer hüllte den Erdball ein,
die Berge brannten, die Meere verdampften,
und die Betonskelette in den Städten standen
schwarz und rauchten.
Und die Engel im Himmel sahen,
wie der blaue Planet rot wurde,
dann schmutzig braun und schließlich
aschgrau.
Und sie unterbrachen ihren Gesang für zehn
Minuten.

Am sechsten Tage

ging das Licht aus.
Staub und Asche verhüllten die Sonne,
den Mond und die Sterne.
Und die letzte Küchenschabe,
die in einem Raketenbunker überlebt hatte,
ging zugrunde an der übermäßigen Wärme,
die ihr gar nicht gut bekam.

Am siebten Tage

war Ruhe.
Endlich.
Die Erde war wüst und leer,
und es war finster über den Rissen und Spalten,
die in der trockenen Erdrinde
aufgesprungen waren.
Und der Geist des Menschen
irrlichterte als Totengespenst über dem Chaos.

Tief unten, in der Hölle, aber
erzählte man sich die spannende Geschichte
von dem Menschen,
der seine Zukunft in die Hand nahm,
und das Gelächter dröhnte hinauf
bis zu den Chören der Engel.

Jörg Zink

In der Bibel wird die Entstehung der Welt und des Menschen im „Schöpfungsbericht“ auf sieben Tage verteilt.
Der Theologe Jörg Zink kehrt die biblische Geschichte um.
- **An welchem Tag befindet sich die heutige Menschheit ?**
- **Bilden Sie nach Möglichkeit sieben Gruppen und gestalten Sie für jeden Tag der von Zink beschriebenen Menschheitsgeschichte eine Collage aus Presseartikeln, Schlagworten, Bildern und eigenen Ergänzungen.**

UMWELT — MENSCH UND NATUR

Der Wissenschaftsjournalist Lutz Franke gibt im Buch „Wir haben nur eine Erde“ einen Zustandsbericht zum Verhältnis Mensch–Natur ab.

*„**Einige Stichwörter:** Die Bevölkerungslawine, das absehbare Ende zahlreicher Rohstoffvorkommen, die zunehmende Verschmutzung von Boden, Wasser, Luft, die Wechselwirkungen zwischen Kapitalinvestitionen, Technologie-Einsatz und -Transfer sowie deren Rückwirkungen auf landwirtschaftliche Kapazität und Reserven.*

Und gar die Bevölkerungslawine, die Verstädterung, die sich rapide ausbreitenden Wüsten, Hunger und Armut, das Nord-Süd-Gefälle sind keine Themen von gestern, deren Bedrohlichkeit hat sich im Gegenteil weiter verstärkt.

Es muss daher erneut und eindringlich festgehalten werden: Wir haben noch immer nicht gelernt, mit dem naturgegebenen Potenzial dieser einen Erde haushälterisch umzugehen. […] Nicht allein, dass wir nur eine Erde haben, auch der Kosmos ist kein Fluchtraum.

Das Weltall taugt jedenfalls nicht (dafür) …, neue Existenzmöglichkeiten zu schaffen. Allenfalls mag es eines Tages gelingen, Rohstoffe von benachbarten Planeten herbei- und Atom- sowie anderen Zivilisationsmüll irgendwohin in den Weltraum wegzuschaffen. Nur werden wir uns für irreparable Schäden, die wir auf Erden angerichtet haben, nicht am Kosmos schadlos halten können.

Unterdessen müssen wir registrieren, dass die Rate aussterbender Pflanzen, Tiere und Mikroben noch nie ein so dramatisches Ausmaß angenommen hatte, wie es heutzutage zu beobachten ist. […] Mag die Pflicht, mit dem natürlichen Erbe pfleglich umzugehen, wenigstens im Prinzip akzeptiert und daher als globale Aufgabe begriffen werden, so zeigen erst Trendanalysen, dass Umweltsünden nicht nur dort zu Buche schlagen, wo sie begangen werden. Die grenzüberschreitenden Umweltgefahren ziehen immer mehr internationale Abkommen nach sich.

Eines der wesentlichen Probleme, wenn nicht gar die Schlüsselrolle im Verhältnis Mensch–Natur, stellt der rapide Zuwachs der Weltbevölkerung dar. Immer mehr Menschen gefährden […] weltweit den für alle erreichbaren materiellen Lebensstandard, weil schon heute die globale Pro-Kopf-Produktion grundlegender Güter rückläufig ist.

Das der Erde fast ausschließlich durch menschliches (Fehl-)Verhalten bescherte Defizit in der biologischen Balance kann nur der Mensch selbst in Ordnung bringen. Weder kann er himmlische Wunder erwarten noch auf ein besseres Dasein im Jenseits hoffen. […]

Die Menschheit ist denn auch in einer bisher einmaligen Situation: Sie ist in der Lage, sich selbst und das Gros des Lebens auf der Erde auszurotten. Die Gefahr, dass dies auf militärischem Wege geschieht, scheint dem wahnwitzigen weltweiten Wettrüsten zum Trotz weniger wahrscheinlich zu sein als die Möglichkeit, dass die fortschrittsgläubige Menschheit sich selbst um ihre Existenzgrundlagen bringt. […]

Aussichtsreiche Überlebensstrategien wird es im Übrigen nicht für den einen oder anderen Teil der Welt geben, nicht für halbe Kontinente oder bestimmte Großmächte.“

Ratschläge zum Schutz der Erde

Die Zeitschrift „Earth Island Journal“ nennt 50 Dinge, die man tun muss, um die Erde zu retten. Die Liste beginnt mit den fünf folgenden Dingen:

1. Demontieren Sie Ihr Auto.
2. Werden Sie Vegetarier.
3. Bauen Sie Ihr eigenes Gemüse an.
4. Lassen Sie den Strom abstellen.
5. Verzichten Sie auf Kinder.

Der Mensch lebt in einer bedrohten Umwelt.

*** Beschreiben Sie das Verhältnis Mensch-Natur und versuchen Sie, Ihre Aussagen mit konkreten Tatsachen zu belegen.**

*** Welche Gelegenheiten nutzen Sie, um die Welt zu retten?**

UMWELT — MENSCH UND TIER

Fell: Lederkleidung (Schuhe, Gürtel, Handschuhe), Taschen, Beutel, Falkenhauben, Futtersäcke, Zaumzeug, Sättel, Haushaltsgegenstände (Trichter, Fingerhüte, Riemen, Sitzbezüge)

Fett: Nahrung, Schmiermittel, Talg (Kerzen und Seifen)

Gehirn: Nahrung, Gerbmittel

Hörner: Kämme, Messergriffe, Tintenfässchen, Vogeltränken, Wasserbehälter für Wetzsteine

Blase: Pfeffersack, Dudelsack, Schwimmhilfe

Schwanz: Peitschenwedel, Türöffner

Mist: Dünger

Sehnen: Bogensehnen, Hilfsmittel zum Getreidedreschen, Nahrung

Urin: Mörtel

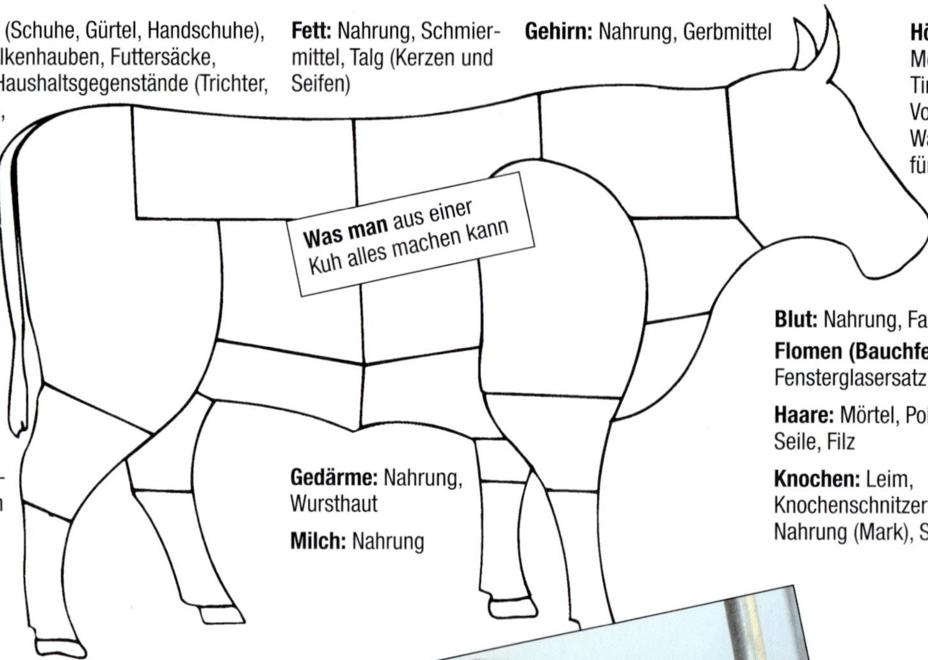

Gedärme: Nahrung, Wursthaut

Milch: Nahrung

Blut: Nahrung, Farbe

Flomen (Bauchfett): Fensterglasersatz

Haare: Mörtel, Polster, Seile, Filz

Knochen: Leim, Knochenschnitzereien, Nahrung (Mark), Seife

Geklontes Kamel

Erstmalig Kamel geklont

Forscher in Dubai haben nach fünfjährigen Forschungsbemühungen weltweit das erste Kamel geklont. Am 8. April 2009 erblickte das weibliche Kamelkalb das Licht der Welt. Dies verkündete das Camel Reproduction Centre. Der Nachwuchs trägt den Namen Injaz (Erfolg/Leistung). Injaz ist den Angaben zufolge der Klon eines Kamels, das 2005 wegen seines guten Fleisches geschlachtet wurde. Durch Klonen sollen in Zukunft Gene laufstarker und hochwertige Milch produzierender Kamele erhalten bleiben.

Das Imperium der Rinder [Auszüge]
(Jeremy Rifkin)

„Einige Mastbetriebe haben begonnen, dem Futter versuchsweise Pappe, Zeitungspapier und Sägemehl beizusetzen, um so die Fütterungskosten zu senken. Große Viehhaltungsfabriken wiederum kratzen den Kot aus den Hühner- und Schweineställen zusammen und mischen ihn direkt dem Rinderfutter bei. Dem amerikanischen Landwirtschaftsministerium zufolge könnte Zementstaub in Zukunft ein besonders attraktiver Futterzusatz werden, da so eine um 30 Prozent schnellere Gewichtszunahme zu erzielen ist. […]

Die Bullen werden hintereinander in das Schlachthaus getrieben. Gleich hinter dem Eingang werden sie mit einem Luftdruckgewehr betäubt. Wenn sie dann mit den Vorderbeinen einknicken, legt ein Arbeiter ihnen schnell eine Schlinge um die Hinterhufe, an der die Tiere mechanisch hochgezogen werden, sodass sie mit dem Kopf nach unten an der Schlachthausdecke hängen. Männer schlitzen den Rindern die Kehle auf, stechen die Klinge eine oder zwei Sekunden lang tief in den Kehlkopf […], wobei Halsschlagader und Jugularader durchtrennt werden. Das tote Tier durchläuft nun den Verarbeitungsprozess. An der nächsten Bandstation wird es gehäutet. Die Haut wird an der Bauchmittellinie aufgeschnitten und von einer Enthäutungsmaschine in einem Stück abgezogen. Danach wird der Kopf abgetrennt und die Zunge herausgeschnitten. […]

Wenn alle Eingeweide entfernt sind, wandert der Körper zur nächsten Bandstation weiter, wo er mit Motorsägen am Rückgrat entlang aufgeschnitten und der Schwanz abgetrennt wird. […]

Am nächsten Tag bearbeiten Männer das tote Tier mit Motorsägen und zerlegen es in identifizierbare Fleischstücke – Steaks, Bug, Koteletts, Bruststücke. Die Stücke werden auf Fließbänder geworfen, an denen dreißig bis vierzig Mann stehen, die die Stücke entbeinen, zurechtschneiden und verpacken. Die ordentlich zerteilten, vakuumverpackten Rindfleischstücke werden dann in die Supermärkte im ganzen Land verfrachtet, wo sie hinter den Glasscheiben der hell erleuchteten Fleischtheken auf ihre Käufer warten.

Brust oder Keule?

Die deutschen Konsumenten haben sich eindeutig entschieden. Seit der Wellness-Welle wird nirgendwo so viel Hähnchenbrust gegessen wie bei uns. Statt des fetten halben Hühnchens will man die magere Hühnerbrust auf den Tellern. Der Rest vom Vogel erscheint europäischen Verbrauchern heute meist minderwertig.

Das aber stellte die Hühnerbarone vor Probleme: Wohin, bei rapide steigendem Brustverkauf, mit all den Schenkeln, Rücken, Füßen, Innereien, mit dem gigantischen Hühnerhaufen? So begann der große Exodus der zerstückelten Hühner. Es wird weltweit verschoben. Dabei landen diese Hühnerteile häufig in Togo und im Senegal, in Angola, Liberia und Ghana. Die Folgen: Lokale Märkte werden dort zerstört und Menschen erkranken an dem gelieferten Fleisch, denn in Afrika gibt es weder Kühlschränke noch Lebensmittelkontrollen.

Der Druck auf die Hühnerzüchter wächst nicht nur in Afrika: Riesige Mengen von tiefgefrorenem Hühnerfleisch aus Brasilien werden billig nach Europa verschifft und vernichten selbst in den traditionellen Hühnerzuchtgegenden Frankreichs immer mehr Arbeitsplätze.

- **Überlegen Sie, wie Ihr persönliches Verhältnis zu Tieren aussieht.**
- **Entwerfen Sie eine Zukunftsvorstellung von einem „würdigen Umgang mit Tieren“ und denken Sie dabei an die Folgen für Ihren eigenen Alltag.**

Die Informations-Technologie

Digitale Technologien dringen in alle Bereiche unseres Lebens vor. Das hat nichts mehr mit der Erfindung des Rades, des Motors oder anderer mechanischer Errungenschaften zu tun. Multimedia und Datennetze werden den Alltag völlig verändern. Die Informationen, die sich ein Einzelner auf seinen heimischen Bildschirm holen kann, stellen den Menschen sowohl in seinem Privat- als auch in seinem Berufsleben vor neue Anforderungen. Die neuen Technologien ermöglichen Forschung und Weiterentwicklung von Wissen in einer bisher nie gekannten Geschwindigkeit. Alle Wissenschaftsbereiche werden revolutioniert. Es sind keine Zukunftsvisionen mehr: Die Ärzte von heute nutzen Rechner und Roboter, die weit schneller und präziser arbeiten als der Mensch.

So wie einst der Chirurg Sauerbruch zum erstenmal mit dem Skalpell in die menschliche Lunge vordrang und der Immunologe Fleming den Bakterienkiller Penizillin entdeckte und somit eine neue Epoche der Heilkunst einläutete, krempeln Informationswissenschaftler mit Raumfahrt-Knowhow, Datenverarbeitung und Mikrobiologie die Medizin erneut um.

High-Tech-Medizin sieht z. B. so aus, dass Experten einen Chirurgen beraten oder ihm in schwierigen Situationen helfen, das Skalpell zu führen, obwohl den Experten vom OP-Tisch Tausende von Kilometern trennen.

Die Technologie verändert nicht nur die tägliche Arbeit, sondern auch unser Lern- und Freizeitverhalten. Mit dem PC lassen sich erstaunliche Dinge vollbringen, nicht nur in der Wissenschaft und im Krankenhaus. Die weltweite Vernetzung spart Zeit und Geld. Sie verändert unsere Kommunikationsstrukturen. Irgendwann schalten wir per Mausklick morgens die Kaffeemaschine ein. Alle Haushaltsgeräte und Versorgungseinrichtungen werden mit einer Datenbank vernetzt. Der digital schlau gemachte Apparat informiert per Netz den Reparaturservice für die Mikrowelle und reguliert die Rollläden je nach Sonnenstand und Temperatur.

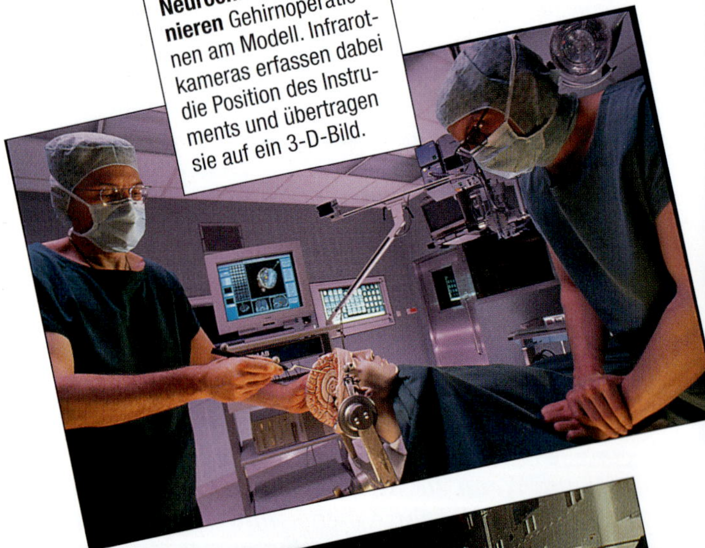

Neurochirurgen trainieren Gehirnoperationen am Modell. Infrarotkameras erfassen dabei die Position des Instruments und übertragen sie auf ein 3-D-Bild.

Protestaktion von Greenpeace: Aktion im Hamburger Hafen gegen den Import von vermutlich gentechnisch veränderten Sojabohnen

Protestaktion von Greenpeace: Rodung eines Feldes mit gentechnisch verändertem Mais

„GloFish“ ist der Handelsname von gentechnisch veränderten Zebrabärblingen mit kräftigen rot, grün oder orange fluoreszierenden Farben. Obwohl sie ursprünglich nicht für kommerzielle Zwecke erzeugt wurden, sind sie die ersten gentechnisch veränderten Tiere, die als Haustiere erhältlich sind.

Lebensmittel ohne technisch veränderte Organismen (GVO)

Gentechnik

Sammelbegriff für Methoden und Verfahren der Biotechnologie, die auf den Kenntnissen der Molekularbiologie und Genetik aufbauen. Diese ermöglichen gezielte Eingriffe in das Erbgut (Genom) und damit in die biochemischen Steuerungsvorgänge von Lebewesen.

Als Produkt entsteht zunächst veränderte DNA, mit der wiederum gentechnisch veränderte Organismen (GVO) hergestellt werden können. Gentechnik befasst sich also mit der Veränderung und Neuzusammensetzung von DNA-Sequenzen im Reagenzglas oder in lebenden Organismen sowie dem künstlichen Einbringen von DNA in lebende Organismen.

Gentechnik wird zur Herstellung neu kombinierter DNA innerhalb einer Art, vor allem aber auch über Artgrenzen hinweg verwendet. Dies ist möglich, weil alle Lebewesen einen genetischen Code benutzen, von dem nur in wenigen Ausnahmefällen abgewichen wird. Ziele gentechnischer Anwendungen sind beispielsweise die Verbesserung von Kulturpflanzen, die Herstellung von Medikamenten oder die Gentherapie.

Obwohl es große Gemeinsamkeiten zwischen den verwendeten Methoden gibt, wird häufig nach Anwendungsbereich differenziert.

- **grüne Gentechnik** bzw. Agro-Gentechnik: Anwendung bei Pflanzen
- **rote Gentechnik (medizinisch und pharmazeutisch)**: Anwendung bei Organismen mit rotem Blut (Wirbeltiere) oder Zellen aus diesen Organismen
- **weiße/graue Gentechnik**: Anwendung bei Industrieprozessen, grau bezieht sich auf die Abfallwirtschaft

---

*** Suchen Sie die Vorteile, die die beschriebenen Technologien für den einzelnen und die Gemeinschaft bringen.**

*** Es gibt Gegner der Technologieentwicklung. Finden Sie deren Kritikpunkte.**

*** Sie können die Vor- und Nachteile auch in einer Mind-Map darstellen.**
Tipps dazu finden Sie auf Seite 259.

Im Land der Wasserschlucker

Gar nicht grün: Deutschland hat neben den USA und Japan den größten Pro-Kopf-Bedarf an Wasser. Jeder Deutsche verbraucht 25 volle Badewannen – jeden Tag. Einer der vielen Gründe ist der hohe Kaffeekonsum.

Der Wasserverbrauch der Deutschen ist viel höher, als bisher angenommen. Etwa die Hälfte des Bedarfs entsteht indirekt durch die Einfuhr von Lebensmitteln und Industriegütern. Das geht aus einer Studie der Umweltschutzorganisation WWF hervor. Pro Jahr verbrauchen die Deutschen damit dreimal so viel Wasser, wie der Bodensee fassen kann.

Das unumstrittene Lieblingsgetränk der Deutschen ist Kaffee. Laut Statistik trinkt jeder Bundesbürger im Durchschnitt **2,8 Tassen** am Tag – unter dem Strich ergibt dies einen Wasserverbrauch von genau **392 Litern.** Das klingt zunächst unlogisch, stimmt aber trotzdem. Vorausgesetzt, man rechnet die Menge an Wasser ein, die etwa in einem Anbauland wie Brasilien benötigt wird, um die dafür notwendige Menge an Kaffee zu erzeugen. Indirekt werden so jedes Jahr knapp zehn Milliarden Kubikmeter Wasser importiert, nur um den Kaffeekonsum zu decken.

Zwar geht der direkte Wasserverbrauch der Bundesbürger seit Jahren zurück – pro Person und Tag liegt dieser inzwischen bei 124 Liter, vor zwei Jahrzehnten waren es noch 144 Liter. Der tatsächliche Verbrauch liegt jedoch um ein Vielfaches darüber: „Umgelegt auf die Einwohnerzahl hat jeder Deutsche einen täglichen ‚Wasser-Fußabdruck' von 5.288 Litern, was 25 Badewannenfüllungen entspricht", sagte WWF-Wasserexperte Martin Geiger.

Deutschland, das als eines der wasserreichsten Länder der Welt gilt, gehört damit neben den USA und Japan zu den größten Wasserverschwendern weltweit.

Die Studie der WWF analysiert erstmals umfassend den **„Wasser-Fußabdruck"**, den Deutschland in der ganzen Welt hinterlässt – eine Rechnung, die nicht nur den direkten Verbrauch berücksichtigt. Sie schließt auch die Menge an Wasser ein, die im Ausland für die Produktion von Lebensmitteln und Industriegütern benötigt wird, die hierzulande verkauft werden.

392 Liter Wasser für drei Tassen Kaffee

Die 15 wichtigsten Länder, in denen Deutschland seinen externen Wasser-Fußabdruck hinterlässt

	Wasser, das pro Jahr für Deutschland verwendet wird	Wichtigste Importgüter für Deutschland
Brasilien	5,7 Milliarden Kubikmeter	Kaffee, Soja
Elfenbeinküste	4,2	Kakao
Frankreich	3,5	Ölsaat
Niederlande	2,9	Schweine
USA	2,7	Soja
Indonesien	2,6	Ölsaat, Kaffee
Ghana	2,3	Kakao

Wasser – ein kaum bezahlbarer Luxus

In den Slums von Guatemala ist Trinkwasser fast fünfmal so teuer wie in den USA. Für viele Kinder in armen Familien ist die schlechte Wasserversorgung ein Todesurteil. Laut UNICEF haben insgesamt 425 Millionen Kinder in Entwicklungsländern keinen Zugang zu sauberem Trinkwasser. Hinzu kommt der Hygienenotstand: Fast eine Milliarde Mädchen und Jungen leben ohne sanitäre Einrichtungen unter unhygienischen Bedingungen, die ihre Gesundheit stark gefährden.

Nach Schätzungen der Vereinten Nationen werden demnach bis 2025 fast zwei Milliarden Menschen in Gebieten mit absolutem Wassermangel leben. Laut dem Weltklimarat könnte sich die Zahl der von Wasserknappheit betroffenen Menschen weltweit im schlimmsten Fall bis auf 3,2 Milliarden verdreifachen. Der Rat hatte im Februar einen Anstieg der Durchschnittstemperatur bis zum Ende des Jahrhunderts um 1,8 bis vier Grad vorhergesagt.

„Gewaltsame Ressourcenkämpfe sind nicht ausgeschlossen“

Die Wüstenbildung schreitet voran, Trinkwasser wird knapp und der Meeresspiegel steigt. Ein Interview mit dem Wissenschaftler Harald Welzer über weltweite Wasserprobleme.

Frage: Sprechen wir vor allem über ein Problem der Entwicklungsländer?

Welzer: Nicht unbedingt, denn auch in Südspanien und in Italien wird es Probleme bei der Trinkwasserversorgung der Bevölkerung geben. Konflikte erwarte ich dort aber keine, da die Menschen aus anderen Regionen mit Wasser beliefert werden oder umziehen können.

Frage: Wo auf der Welt rechnen Sie denn mit schwerwiegenden Problemen?

Welzer: Nicht nur Afrika und Asien werden von den Folgen der Klimaerwärmung betroffen sein. Die Gletscherschmelze beispielsweise stellt auch Südamerika vor große Probleme. Erst kommt zu viel Wasser und dann wird Trinkwasser fehlen. In Regionen, die weniger entwickelt sind als Europa, können die Menschen nicht so einfach mit sauberem Trinkwasser versorgt werden, weil dazu die nötige Technik, Transportmittel und die Infrastruktur fehlen.

Frage: Sie haben ein viel beachtetes Buch über Klimakriege geschrieben. Rechnen Sie auch mit Kriegen um Wasser?

Welzer: Ich rechne mit Konflikten um fossile Rohstoffe und um fruchtbaren Boden, der für die Nahrungsmittelproduktion taugt. Die Anbauflächen werden immer geringer und die Ölvorräte sinken – das sind sehr konfliktträchtige Bereiche.

Menschen beeinflussen durch ihr Verhalten die eigene Zukunft und die der gesamten Erde. Wasser ist die wesentliche Grundlage unseres Lebens, aber nicht in jedem Land der Erde verfügen Menschen über den Zugang zu sauberem Wasser.

✻ Führen Sie eine Internetrecherche zum weltweiten Wasserverbrauch durch.

✻ Diskutieren in der Klasse das Thema „Ressource Wasser und Zukunft“.
Bilden Sie dazu in der Klasse zwei Gruppen (eine Gruppe diskutiert aus der Sicht junger Nordeuropäer, eine Gruppe aus der Sicht junger Afrikaner oder junger Brasilianer).

Eine Extraportion Liebe

Megan war ein Wunschkind. Entstanden durch künstliche Befruchtung, in der Hoffnung der Eltern, das Familienglück komplett zu machen. Als die Ärzte ihnen nach der Geburt sagten, dass das Baby das Downsyndrom hat, war der Vater entsetzt – ein behindertes Kind. Er wollte seine Tochter nicht einmal ansehen. Megans Mutter entschied, das Mädchen zur Adoption freizugeben. Der einzige Liebesdienst, den sie ihrer Tochter erweisen konnte, war die Suche nach den bestmöglichen Eltern für ein Kind mit einem Herzfehler und einer unsicheren Prognose für die Zukunft.

So fand sie Robin Steel, die nach neuen Eltern für ungewollte Kinder mit Downsyndrom sucht. Bei ihr sind Familien aus den ganzen USA registriert, die sich explizit ein Kind mit Downsyndrom wünschen. Sie stellt den Kontakt her. Die Adoption selbst läuft dann über eine offizielle Adoptionsagentur.

So bekam Megans Mutter die Telefonnummer von Familie Dibitetto. Beim ersten Telefonat der Mütter haben beide viel geweint. Megans Mutter erzählte, dass sie ihre Tochter am liebsten behalten würde, aber es nicht ginge, weil der Vater in Megan nichts weiter als eine Fehlinvestition sähe.

In den USA werden 85 Prozent aller Kinder mit Downsyndrom abgetrieben. In Deutschland sind es 90 Prozent. Dass jemand freiwillig die Verantwortung für ein Kind mit Downsyndrom übernimmt – für ein Kind, das nicht sein leibliches ist –, kommt in Deutschland extrem selten vor. Zu groß ist die Angst, damit am Rand der Gesellschaft zu stehen.

✻ Überlegen Sie,
- **was Ihnen zum perfekten Menschen fehlt,**
- **wo für Sie die Grenze zwischen „lebenswert“ und „lebensunwert“ liegt.**

In ihrem Erbgut schlummert ein todbringendes Gen, das sich auf ein Kind übertragen könnte.

Lieber gar kein Baby als ein erbkrankes Baby

Lachfalten um die Augen, weinrote Strähnen in den kurzen, dunklen Haaren – die kleine Frau verkörpert pure Lebenslust. Heidy Moser ist 33 Jahre alt und scheint kerngesund. Doch in ihrem Erbgut sitzt ein todbringendes Gen – die Anlage für Chorea Huntington. Nach Auskunft der Ärzte wird Heidy Moser in etwa 15 Jahren erkranken und nach langem Leiden sterben. Deshalb möchte sie jeden Tag ihres Lebens voll genießen. „Heute bin ich glücklich", sagt sie. „Wenn ich dieses Gefühl nicht hätte, müsste ich mich umbringen."

Veitstanz wird Chorea Huntington im Volksmund genannt. Unkontrolliert rudern die Arme um den Körper, das Lächeln erstirbt auf dem Gesicht, der torkelnde Gang und die lallende Sprache erwecken den Eindruck, als seien die Opfer der Krankheit betrunken. Sie werden vergesslich, verlieren sich in Alltäglichkeiten. Wie besessen schlagen sie manchmal auf Angehörige ein, auch auf die Kinder. Ihr körperlicher und geistiger Verfall zerstört nicht selten die familiären Beziehungen.

Vor drei Jahren sehnte Heidy Moser sich mit ihrem Mann David nach einem Baby. Aber das hohe Risiko, dem Kind das Huntington-Gen zu vererben, wollten sie nicht eingehen. Und ein vorgeburtlicher Test mit der Option einer Abtreibung war für die junge Frau tabu. Mediziner versuchten, sie mit der Aussicht auf eine mögliche Heilung der Huntington-Krankheit in einigen Jahren zu trösten. „Aber ich hätte mich als werdende Mutter niemals darauf verlassen", sagt Heidy Moser.

Sie wählte einen anderen Weg, ließ sich in den USA die Eizellen einer gesunden Spenderin einpflanzen, die zuvor mit Davids Samen im Reagenzglas befruchtet worden waren. Schwanger wurde sie jedoch nicht. Inzwischen hat sie ihren Kinderwunsch aufgegeben und sich sterilisieren lassen. Selbst wenn sie einem gesunden Kind das Leben geschenkt hätte, wäre es eines Tages mit dem unausweichlichen Ausbruch der Krankheit der Mutter belastet worden. Das wollte Heidy Moser nicht. „Ich habe einen Schlussstrich gezogen", sagt sie.

Vielleicht hätte sie sich anders entschieden, wenn sie die Möglichkeit gehabt hätte, bei einer In-vitro-Fertilisation mit eigenen Eizellen einen Gentest auf Chorea Huntington am Embryo durchführen zu lassen. „Diese Methode kann ich akzeptieren", sagt sie. „Bei einem achtzelligen Wesen ist die seelische Belastung nicht so groß wie bei einer Abtreibung."

Doch etwas macht sie wiederum nachdenklich. Wenn es die Gentests schon vor mehr als drei Jahrzehnten gegeben hätte, wäre Heidy Moser bei ähnlichen Vorbehalten ihrer Mutter möglicherweise gar nicht erst zur Welt gekommen. „Was für eine Vorstellung", sagt sie. „Wenn es mich nicht gäbe, fände ich das wahnsinnig schade."

16 TRAUMWELT

ICH ✝RÄUME DAVON, ———————————— DASS ...

Joan Miro:
Composition
Petit Univers

16 TRAUMWELT

… es durch die Weiterentwicklung in der Wissenschaft endlich möglich wird, dass keiner mehr hungern oder schrecklich leiden muss.
(Johanna, 14 Jahre)

… ich mal wieder aus dem Haus gehen kann, ohne an Schadstoffe in der Luft zu denken, dass ich mal wieder essen kann, ohne an Gift zu denken, dass ich mal leben kann, ohne an sinnlose Zerstörung zu denken.
(Anne, 12 Jahre)

… paradiesische Zustände eintreten: Jedes Ding, egal ob Tier, Mensch, Pflanze oder Einzeller, wird geachtet, weil es in irgendeiner Weise dazu beiträgt, dass die Welt ein Paradies ist … ohne Habgier, Machtstreben und Hierarchie.
(Julian, 17 Jahre)

… niemand mehr irgendwelche Macht ausübt und jeder Mensch und jeder Staat sich darum kümmert, dass es seinen Mitmenschen bzw. Bürgern gut geht.
(Ellen, 15 Jahre)

… die Menschen nach all dem Wahnsinn, der jetzt abläuft, vielleicht noch eine Chance zum Überleben bekommen und dann endlich etwas dazulernen.
(Michael, 17 Jahre)

*** Wie sehen Ihre Träume von der zukünftigen Welt aus?**

EIN SPIEL ERFINDEN

Im Spiel sind Kinder anscheinend von der Realität losgelöst und befassen sich stundenlang mit einer Sache, ohne aufzublicken.
Wenn Sie in Ihrem Leben so kreativ sind wie ein spielendes Kind, dann fällt Ihnen das Leben leicht und es macht Ihnen Spaß, sich anscheinend ohne Anstrengung ausdauernd mit einem Thema zu befassen.

✻ Wie erfinde ich ein Spiel?
Am besten orientieren Sie sich an Spielen, die Sie kennen und die Ihnen gefallen, weil sie abwechslungsreich, lustig, unterhaltsam, überraschend und interessant sind.
Überlegen Sie sich, wie viel Geld und Zeit Sie in das Spiel investieren wollen und können.

Wählen Sie zwischen
- Planspiel
- Diskussionsspiel
- Kartenspiel
- Ereignisspiel (z. B. Partyspiel, Therapy)
- Wissensspiel (z. B. Trivial Pursuit)
- Rollenspiel

Übrigens: Auf den Seiten 12/13 und 46/47 finden Sie zwei Beispiele für Spiele.

Wenn Sie keine Spielfiguren haben, dann verwenden Sie Knöpfe, Büroklammern, selbst gestaltete Kartonfiguren etc. Seien Sie kreativ!

Zwingen Sie keinen mitzuspielen ...
Aber: Halten Sie sich an die Spielregeln und mogeln Sie nicht, auch wenn das manchmal Spaß macht ...

DIE ERKUNDUNG

Die Erkundung am Beispiel „Jüdische Vergangenheit und Gegenwart“:
Sie sind neugierig, Sie zeigen Interesse? Gut, dann lassen Sie sich auf eine Reise schicken, die Erkundung heißt.
Doch halt, nicht so schnell.
Erst einmal müssen Sie sich vorbereiten, denn ohne Basiswissen könnten Sie ja gar keine Fragen stellen. Eine oder mehrere Unterrichtseinheiten müssen Sie also noch absolvieren, um dann das Schulgebäude legal zu verlassen.

Über Ihren Lehrer muss der „besondere Tag“ mit der Schulleitung und den anderen Lehrern abgeklärt sein. Dies ist nötig, damit Sie Ihren Versicherungsschutz nicht verlieren.

✻ Wohin aber gehen wir?
In unserem Fall sind die Ziele vielfältig und unterschiedlich. Deshalb erstellen Sie am besten Arbeitsaufträge für die jeweiligen Gruppen. Z. B.:
- Welche jüdischen Gedenkstätten sind Ihnen bekannt?
- Wo befindet sich die nächste jüdische Gemeinde?
- Welche Gebäude sind jüdischen Ursprungs?
- Kennen Sie jüdische Mitbürger? Falls ja, fragen Sie nach Sitten und Bräuchen.
- Gibt es oder gab es in Ihrer Stadt eine Synagoge? Wo? Wie sieht diese aus?
- Welchen Essensvorschriften unterliegen gläubige Juden?

Bei dieser Fülle von Fragen bleibt Ihnen nur eines übrig: Teilen Sie jeder Gruppe einen Arbeitsauftrag zu und stellen Sie erste Kontakte telefonisch oder schriftlich her. Vereinbaren Sie eventuelle Termine.

✻ Erst vorbereiten, dann vor Ort:
Überlegen Sie mit den anderen Ihrer Gruppe, was Sie genau wissen wollen. Erstellen Sie einen Fragenkatalog, dann verschlägt es Ihnen nicht so schnell die Sprache.
Z. B.:
- Was heißt koscher?
- Was bedeutet meschugge?
- Welche Verhaltensvorschriften gelten am Sabbat?

Synagoge

✻ Endlich draußen: Leider ist die Freiheit nicht grenzenlos und Sie dürfen Ihre Aufgabe nicht vergessen, denn kaum sind Sie wieder in der Schule, sind Sie den anderen Rechenschaft schuldig. Also – das Schlüsselwort lautet: dokumentieren.

Natürlich können Sie Ihre Ergebnisse aufschreiben, aber Sie können auch:
- fotografieren,
- mit dem Aufnahmegerät interviewen,
- mit dem Camcorder aufnehmen.

✻ Back at school:
Kaum sind Sie zurück in der Schule, sollte jede Gruppe gemeinsam an den gesammelten Informationen arbeiten und schließlich das Gesamtergebnis vorstellen. Wie wäre es, das Material auf einem Infotisch oder an Stellwänden als Ausstellung für die anderen Lehrer und Schüler zu präsentieren?

METHODENSEITEN

DAS FÄCHERÜBERGREIFENDE PROJEKT

Ein ergiebiges Feld für ein fächerübergreifendes Projekt bietet die Thematik der Ausländerfeindlichkeit.

✻ Wo wollen wir hin? – Zielsetzung:
Es soll ein Bewusstsein für die Ausländerfeindlichkeit im alltäglichen Leben geschaffen werden.

✻ Warum als fächerübergreifendes Projekt? – Begründung:
Die Verzahnung einzelner Fächer wird durch den Projektunterricht deutlich gemacht. Dadurch wird klarer, dass es sich nicht um einen „ethischen“ Sachverhalt handelt, sondern um eine allgemeine Problematik. Diese Form des Unterrichts unterstreicht das ganzheitliche Prinzip des Lernens, das unseren Alltagserfahrungen näher kommt als das Schubladenprinzip der einzelnen Unterrichtsfächer.

✻ Und wie sieht die Organisation aus? – Planung und Ablauf:
Die Schüler und Lehrer überlegen gemeinsam, was die einzelnen Fächer zur Zielsetzung beitragen können.
Z. B.:

- Deutsch: Lesen und Auswerten eines entsprechenden Textes
- Sozialkunde: Soziologische Aspekte der verschiedenen Ausländergruppen, aber auch der Täter
- Mathematik: Berechnen der Anteile am Bruttosozialprodukt bzw. der Anteile an Sozialversicherungsbeiträgen, die von Ausländern erbracht werden und der Gemeinschaft nutzen
- In Ethik könnte die Problemstellung lauten: Ausländerfeindlichkeit – typisch für Deutschland?
  Sinnvoll ist eine vernetzte Arbeit am Projekt. So sollte jeder Schüler in einer, besser in mehreren Gruppen mitarbeiten können. Allerdings muss ein Zeitplan vorliegen.

✻ Los, an die Arbeit – Durchführung:
Nun werden Fragestellungen beantwortet, Material bzw. Erfahrungen ausgewertet, Zahlen ermittelt.
Die Ergebnisse können in Form von Plakaten an Stellwänden angebracht und mit Bildern (Kunstunterricht!) bzw. Fotos ausgeschmückt werden.

✻ Die Arbeit ist noch nicht getan – Reflexion:
Sind alle Gruppenarbeiten fertig, beginnt die Plenumarbeit, d. h., nun stellen die einzelnen Gruppen ihre Arbeit vor. Jetzt ist auch Zeit, um zu diskutieren und zu werten. Änderungen an der Plakatwand sind noch möglich.
Ist ein befriedigendes Endergebnis erzielt, folgt der letzte Schritt:

✻ Wir stellen dar – Präsentation der Ergebnisse:
Auch die anderen Klassen und Lehrer sollen von unserer Arbeit profitieren, deshalb könnte die Plakatwand in die Aula wandern. Bei größeren Arbeiten zeigt sich häufig sogar die Lokalpresse interessiert. Was wollen Sie mehr?

DIE SCHÜLERPRÄSENTATION

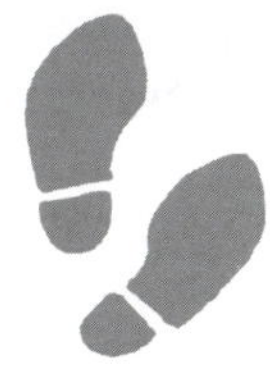

* Die Ergebnispräsentation: Hierbei geht es vor allen Dingen um Wissens- und Informationsvermittlung, das bedeutet, die Wahrnehmungsfähigkeit der Zuhörer und Interessenten auszuschöpfen. Das kann erreicht werden durch übersichtlich und sinnvoll aufgebautet **Plakate,** die zudem optisch ansprechend gestaltet sind. (Ausführliche Ratschläge dazu finden Sie auf der Methodenseite „Ergebnisse bildlich darstellen“, Seite 261.)

* Genauso wichtig ist das Auftreten und Verhalten der Präsentatoren. Ihre Aufgabe ist es, das Interesse der Zuhörer zu wecken und die Konzentration und Motivation durch geschickte Gestaltung aufrechtzuerhalten.

* Welche Dinge muss ich bei der Präsentation beachten?
  - Achten Sie auf eine aufrechte Körperhaltung.
  - Wenden Sie sich den Zuhörern zu und achten Sie auf Gestik und Mimik.
  - Sprechen Sie so viel wie möglich frei.
  - Achten Sie auf eine klare und deutliche Aussprache.
  - Sprechen Sie laut genug.
  - Prägen Sie sich die Inhalte des Projektes bzw. die Ergebnisse gut ein, um auch auf Fragen antworten zu können.

DIE ANALYSE VON WERBUNG

Für das moderne Marketing (Verkauf eines Produktes/einer Dienstleistung) ist Werbung in jeglicher Form unerlässlich. Neben den klassischen Werbemitteln wie Anzeigen, Werbespots und Plakaten hat das Internet die Möglichkeiten erweitert, unmittelbar und gezielt mit Onlineangeboten, „Pop-ups“ und „Layer-Ads“ an Kunden heranzutreten.

Ein Layer-Ad legt sich über die Inhalte der Webseite

Das wichtigste Element der Werbung ist nicht die Information, sondern Suggestion. Das bedeutet, dass Werbung am wirkungsvollsten mit menschlichen Bedürfnissen, Beziehungen und Ängsten arbeitet. Die mehr oder weniger im Unterbewusstsein der Menschen schlummernden Vorstellungen und Triebe (Sexualtrieb, Herdentrieb), Wünsche (Glück, Gesundheit, Fitness, Aussehen, Selbstwertgefühl, Ansehen, Zugehörigkeit, sozialer Rang, Identitätsstiftung, Abenteuer, Ablenkung, Belohnung), aber auch Ängste (Krankheit, Schwächen, Einsamkeit, Mangel, Sicherheit) oder Vorurteile und überlieferte Meinungen werden für die Werbestrategien genutzt.

Die Psychologie und die Hirnforschung bilden das Fundament der Werbepsychologie, die Ansätze dafür liefert, wie eine Werbung gestaltet sein sollte, um das größtmögliche Maß an Aufmerksamkeit zu erreichen.
Die Lernpsychologie bestätigt empirisch, dass sich ein Thema (also auch ein Produktname) besser in das Gedächtnis einprägt, wenn es in einem emotional erregenden Zusammenhang kennengelernt wird. Kampagnen gekoppelt mit sexuellen Merkmalen und selbst provokante Tabu- oder Schockwerbung sind mit dieser wissenschaftlichen Erkenntnis verstehbar.

Beispiel für eine Schockwerbung: Zur Mailänder Modewoche 2007 präsentierte der Fotograf O. Toscanini Bilder des magersüchtigen Modells Isabelle Caro, um die Probleme des Schlankheitswahns anzuprangern.

Was will Werbung überhaupt von mir?
Werbung will Handlungen auslösen – der Betrachter oder Leser einer Werbeanzeige soll in der Regel ein bestimmtes Produkt kaufen. Deshalb versucht die Werbung zum Beispiel durch gezielte Bildarrangements bei Ihnen Kaufanreize zu erzeugen, indem sie Versprechungen macht und Illusionen aufbaut. Dabei werden Farben, Formen und Proportionen ganz bewusst eingesetzt. Werbung unterliegt stark den jeweiligen Modetrends. Vergleichen Sie einmal die Werbung der letzten Jahrzehnte!

Worauf muss ich achten?

- Proportionen:
  Stellen Sie fest, welches Produkt verkauft werden soll und in welcher Größe es auf der Anzeige im Vergleich zum Restbild erscheint. Befindet sich der Werbeartikel im Mittelpunkt des Bildes oder eher am Rand? Mit welchen Gegenständen, Personen, Landschaften wird das Produkt auf der Anzeige kombiniert?
- Zielgruppe:
  Überlegen Sie, welche Zielgruppe angesprochen werden soll: beispielsweise 15- bis 25-Jährige oder 40- bis 50-Jährige, junge Familien mit Kind, Singles, Senioren oder Hausfrauen/-männer?
- Zusammenstellung:
  Überprüfen Sie, ob ein inhaltlicher oder gedanklicher Zusammenhang zwischen dem Produkt und anderen Bildelementen besteht.
- Farben:
  Welche Farben dominieren in der Werbeanzeige? Sind es warme (z.B. rote, orange, braune) oder mehr kalte (blaue, schwarze, graue) Töne? Werden Kontraste oder harmonische Bilder erzeugt? Welche Farbe steht im Mittelpunkt? Welche Farbe hat das Produkt?
- Formen:
  In welcher Form oder Perspektive wird das Produkt gezeigt? Welche Formen (runde, eckige, ovale etc.) umgeben das Produkt? Welche Formen sind außerdem noch auf dem Bild zu sehen?
- Wirkung:
  Suchen Sie eine Anzeige, die auf Ihre Zielgruppe zugeschnitten ist. Erklären Sie, was Sie anspricht oder auch kalt lässt. Welche Gefühle, Wünsche und Sehnsüchte löst diese Werbeanzeige bei Ihnen und Ihren Mitschülern aus?

DIE PRO-UND-KONTRA-DISKUSSION

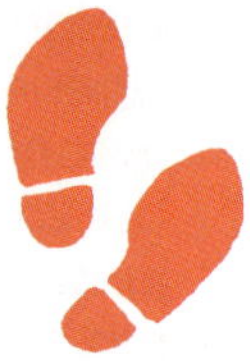

✻ Wie bereite ich mich vor?
Bestimmen Sie einen Diskussionsleiter.
Nur in Gruppen unter fünf Personen haben alle Teilnehmer die Möglichkeit, ohne das Eingreifen des Diskussionsleiters gleichberechtigt an der Diskussion teilzunehmen.
Als Diskussionsleiter

- leiten Sie die Diskussion ein (mit einem Fallbeispiel, einem kurzen Vortrag der Problemstellung);
- stellen Sie die Eingangsfrage (Wie sehen Sie das? Was meinen Sie dazu?);
- rufen Sie die Redner auf;
- fassen Sie Zwischenergebnisse zusammen;
- verteilen Sie Redezeiten (Vielredner werden gebremst);
- holen Sie Redner zum Thema zurück, wenn sie abschweifen;
- stellen Sie am Schluss die neuen Ergebnisse dar;
- achten Sie darauf, dass Sie sich selbst mit Ihrer eigenen Meinung zurückhalten.

✻ Wie nehme ich teil?
Als Teilnehmer an einer Diskussion halten Sie folgende Regeln ein, sonst reden am Ende alle über alles und das zur gleichen Zeit und immer wieder:

- Denken Sie mit!
- Konzentrieren Sie sich!
- Schreiben Sie wichtige Beiträge stichpunktartig auf, damit Sie darauf eingehen können, wenn Sie an der Reihe sind.
- Fallen Sie anderen nicht ins Wort, dadurch entkräften Sie Argumente nicht.
- Werden Sie nicht zu ausführlich, das langweilt. Andere haben auch etwas zu sagen.
- Bleiben Sie sachlich, denn Beleidigungen sind keine Argumente.
- Verzichten Sie auf Ihren Beitrag, wenn schon ein anderer Ihr Argument vorgebracht hat, es sei denn, Sie wollen das Argument unterstützen, indem Sie es weiterführen und einen neuen Gesichtspunkt einbringen.

METHODENSEITEN

MIND-MAPPING

✻ Was ist eigentlich eine Mind-Map?
Der englische Begriff Mind-Map bedeutet „Gedächtnis-Landkarte“.
Mit dieser Methode können Sie Ideen sammeln, gliedern und zusammenfassen.
Genausogut können Sie hiermit aber auch Lernstoff wiederholen und vertiefen.
Grundsätzlich gilt:
Jede Mind-Map ist individuell! Die jeweiligen Gedanken bestimmen das Bild.

✻ Wie funktioniert denn das?
- Beschreiben Sie ein mindestens A4 großes Blatt, besser noch A3, im Querformat.
- Schreiben Sie das jeweilige Thema groß in die Mitte des Blattes.
- Sie können zunächst als Stoffsammlung auf einem Extrazettel oder auf Karten Begriffe zum Thema sammeln.
- Suchen Sie mehrere Überbegriffe oder Überschriften, die Sie in Großbuchstaben oder unterschiedlichen Farben um das Thema in der Mitte gruppieren.
- Notieren Sie ausgehend von diesen Überschriften alle passenden Begriffe, die Ihnen dazu einfallen. Verbinden Sie die Wörter durch Linien, sodass Strukturen und Verästelungen entstehen.

Das Ganze soll ausschauen wie ein nach allen Richtungen wachsender Stammbaum, der seinen Ausgangspunkt vom Thema in der Mitte aus nimmt.

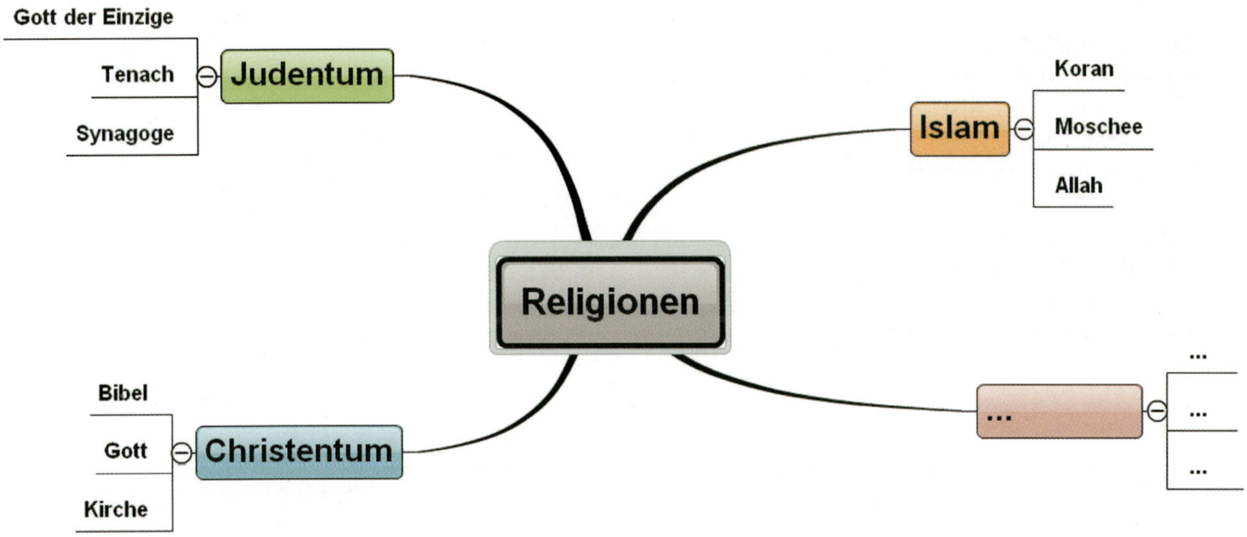

DIE EXPERTENBEFRAGUNG

✻ Wie finde ich einen Experten?
Wenn Sie sich auf die Suche nach einem Experten zu einem Thema machen, dann finden Sie ihn meistens bei einer Behörde oder einer Einrichtung, die auch im Telefonbuch steht.

✻ Und dann?
Nehmen Sie telefonischen Kontakt zu der Einrichtung oder direkt zum möglichen Gesprächspartner auf. Klären Sie, ob der Gesprächspartner bereit ist, in die Schule zu kommen, oder ob das Gespräch an einem anderen Ort (z. B. Büro des Gesprächspartners, Ausstellungshalle) stattfinden kann. Der Ort ist manchmal abhängig vom Thema der Befragung, denn oft lässt sich Anschauungsmaterial nicht transportieren.

Denken Sie daran, dass Experten oft viel um die Ohren haben, deshalb helfen Sie der Person, keine Zeit zu vergeuden:

- Treffen Sie eine genaue Terminabsprache.
- Vereinbaren Sie einen Treffpunkt.
- Überlegen Sie in der Klasse, was Sie vom Experten erwarten und teilen Sie ihm dies mit. Wenn er über Ihre Bedürfnisse (evtl. anhand einer Fragenliste) und Ihren Wissensstand Bescheid weiß, redet er bestimmt nicht über Ihre Köpfe hinweg.

✻ Wie befrage ich einen Experten?
Die Experten wissen, wovon sie reden, aber Sie müssen wissen, welche Fragen Sie stellen wollen:

- Falls nicht geschehen, halten Sie die Fragen schriftlich fest, damit Sie nichts vergessen.
- Bringen Sie auch kritische Fragen an. Achten Sie darauf, wie der Experte sich dabei verhält. Wer mit Kritik sachlich umgehen kann, beherrscht sein Wissensgebiet und ist nicht „betriebsblind“.
- Überlegen Sie, wie Sie die Expertenbefragung dokumentieren wollen. Fragen Sie den Experten, ob er einer Bild- und oder Tonaufzeichnung zustimmt. Die Videoaufzeichnung bietet sich besonders bei einer Befragung „vor Ort“ an. Bestimmen Sie mehrere Mitschüler für ein Befragungsprotokoll.

✻ Was bleibt von der Befragung?
Je besser vorbereitet Sie und der Experte in das Gespräch eingetreten sind, desto lebendiger und interessanter gestaltet sich die Befragung und desto mehr Material erhalten Sie für Ihre Auswertung.
Scheuen Sie sich nicht, in der Auswertung offene Fragen und Kritikpunkte nochmals zu beleuchten.
Abschließend: Wie wär's mit einer Wandzeitung oder einem Infotisch?

ERGEBNISSE BILDLICH DARSTELLEN

* Welche Möglichkeiten habe ich?
- Plakat
- Collage
- Wandzeitung
- Thementisch
- Power-Point-Präsentation, Whiteboard, Pinnwand

* Warum Ergebnisse bildlich darstellen?
- Die Inhalte von Plakaten bleiben länger im Gedächtnis, da hier mehrere Sinne angesprochen werden.
- „Bild schlägt Text“: Ein Bild sagt oft mehr als 1000 Worte.
- Bei der bildlichen Darstellung hat man die Ergebnisse „dauerhaft“ vor Augen.
- Hier können in übersichtlicher Form Informationen, Wünsche oder Ängste zu einem Thema dargestellt werden.

* Wie gehe ich vor?
- Sammeln Sie Informationen und Materialien zum Thema.
- Überlegen Sie sich Schlagwörter und Überschriften, um bei der Informations- und Materialsuche gezielter vorgehen zu können.
- Verfassen Sie eigene Texte, die trotz Kürze alle wichtigen Informationen enthalten.
- Breiten Sie nun alle Materialien vor sich aus und bestimmen Sie gemeinsam das Layout. Durch das Verschieben der einzelnen Teile (Texte, Bilder, Materialien) können Sie so lange herumprobieren, bis Sie mit dem Ergebnis zufrieden sind.
- Achten Sie bei der Gestaltung auch auf ein ausgewogenes Verhältnis von Bildern zu Texten.
- Denken Sie sich griffige und einprägsame Formulierungen aus!

Hinweis: Achten Sie darauf, dass die Präsentation nicht überladen wirkt. Vergrößern Sie lieber notfalls Ihre Ausstellungsfläche, damit Überschriften und Bilder auch gut zur Geltung kommen.

DAS ROLLENSPIEL

* Was wird hier gespielt?
  Sie wählen eine Situation aus, in diesem Fall „Gewalt in der Familie". Sie planen ganz grob die Szenen. Grundlage könnte der Text „Ein Engel in der Not" von Seite 226 sein, in dem immer wieder Kinderweinen und laute Geräusche aus der Wohnung der Familie Krämer dringen. Frau Öksüz sorgt sich um die Kinder. Nun überlegen Sie, wie viele Rollen besetzt werden müssen.
  In unserem Fall
  - Frau Öksüz,
  - Herr Öksüz,
  - Frau Krämer.

  Lesen Sie sich nun als Anhaltspunkt den obigen Text durch und versetzen Sie sich in eine Figur. Ihre eigentliche Aufgabe ist es, Ihre Rolle möglichst frei zu sprechen und selbstständig auszubauen bzw. zu erweitern.
  Geben Sie jeder Rolle bestimmte Charakteristika, z. B.
  - Frau Öksüz: mütterlich, besorgt
  - Herr Öksüz: resigniert, zurückgezogen
  - Frau Krämer: leicht betrunken, ein wenig schlampig. Dies kann als Sammlung an der Tafel geschehen.

  Suchen Sie nun Requisiten zusammen, die das Rollenspiel anschaulicher gestalten. Dies könnten in unserem Fall sein: die türkische Zeitung Hürriyet, ein Sessel, ein leerer Behälter, etwas Mehl oder Kreide.
  Überlegen Sie, welche Räumlichkeiten zum Spielen geeignet sind. In unserer Situation könnten beide Szenen im gleichen Klassenzimmer gespielt werden. Eine wesentliche Rolle spielt dabei die Tür.

* Wer spielt welche Rolle?
  Die wichtigste Voraussetzung ist Freiwilligkeit. Sie ermöglicht es, dass die Akteure phantasievoll arbeiten. Die Akteure brauchen ein wenig Zeit und Ruhe, um sich in ihre neue Situation zu finden. (Vorschlag: fünf Minuten außerhalb des Klassenzimmers.) Während sich die Spieler vorbereiten, werden die Zuschauer aufgefordert, sich zu notieren, was ihnen am Verhalten und an den Aussagen der Schauspieler auffällt.

* Jetzt geht's ans Eingemachte.
  Nach der Aufführung besprechen Zuschauer und Akteure gemeinsam das Spielgeschehen. Z. B.: Wie fühlt sich „Frau Krämer", war ihr betrunkener Zustand übertrieben gespielt?

* Das Ganze noch einmal.
  Wiederholen Sie das Rollenspiel mit einer neuen Besetzung und besprechen Sie es wieder im Plenum.

* Warum das alles?
  Vergleichen Sie die beiden Spielsituationen miteinander, z. B. könnte Frau Krämer einmal bereitwillig, ein andermal verschlossen oder aggressiv reagieren.

* Was hat Ihnen das Rollenspiel „gebracht"? Welche neuen Erfahrungen haben Sie durch das Rollenspiel gewonnen? Welche Auswirkungen hat dies auf Ihr Verhalten in einer realen Situation?

Szene aus
„Engel in Not"

SACHWORTVERZEICHNIS

SACHWORTVERZEICHNIS

SACHWORTVERZEICHNIS

SACHWORTVERZEICHNIS

LITERATURVERZEICHNIS

9 Eine arabische Liebesgeschichte (aus: Materialdienst des VKR Niedersachsen, Ilsede 1990)

10 Lindbergh, Anne Norrow: Wenn man jemanden liebt (aus: Muscheln in meiner Hand, München 2007)

15 Pfennig, Jörn: Mit mir kenn ich mich aus (aus: Keine Angst dich zu verlieren, München 1993)

19 Ahrend/Kloss/Nowak/ Stolle/Stolle: Bis zum Schluss (Edition Alles Real/Premium Blend Music Productions GmbH/ Silbermond Musikverlag GmbH/ Arabella Musikverlag GmbH, Berlin 2009)

21 Falk, Claudia: Lebenslauf der Liebe (Aalen 2009)

22 Alter Knacker sucht knackige Alte (aus: Wochenblatt, Bamberg 07.02.1996)

23 Fried, Erich: Trennung (aus: Liebesgedichte, Berlin 1984)

23 Comfort, Alex: Ethisches Minimalgebot (aus: Impulse zur Orientierung, Düsseldorf 1984)

23 Pfennig, Jörn: Befreit? (aus: Keine Angst dich zu verlieren, München 1993)

40 Busch, Lena: Ich hasse dich so, weil ich dich so liebe (aus: Brigitte Dossier: Mitten in der Pubertät 4/2009, Hamburg 2009, S. 94 f.)

45 Tovar, Christiane: Pubertät – das Leben ist eine Baustelle (WDR, Köln 2008)

48 Pfersdorf, Silke: Wir stehen den Jugendlichen im Weg rum (aus: Brigitte Dossier: Mitten in der Pubertät 4/2009, Hamburg 2009, S. 95 ff.)

50 Gelöste Verbindungen: Eine fast normale Familie (aus: Brigitte Dossier: Patchworkfamilie 9/2009, Hamburg 2009)

52 Buth, Christine: Stieffamilien (WDR, Köln 2008)

56 f. Das gibt meinem Leben einen Sinn (aus: Brigitte 9/96, Hamburg 1996, S. 111 ff.)

58 f. No body is perfect (aus: Brigitte 20/96, Hamburg 1996, S. 118 f.)

61 Umfragen Werteorientierung/Angst (aus: Shell-Jugendstudie 2006, Hamburg)

61 Gaschke, Susanne (aus: Die Zeit, Hamburg 21.09.2006)

62 f. Zitate Sinn suchen (aus: Psychologie heute 10/94, Weinheim 1994)

64 f. Fellinger, Julia: Was zählt (aus: Aktion Frühjahr/Sommer 1996, München 1996)

65 Heckt-Albrecht, Dietlinde: Bruchstücke (aus: Den Arm voller Blumen für euch, Hrsg. Peter Brasch, München 1985, S. 21)

74 Wenderoth, Andreas: Hartz-Infarkt (aus: Focus 13/2009, München 2009, S. 90 ff.)

80 Kiefel, Ingeborg: Freunde

82 Kolokythas, Panagiotis: Counter-Strike schuld am Amoklauf in Erfurt? (aus: www.pcwelt.de 29.04.2002)

83 Musikindustrie – mehr illegale Downloads (aus: Der Spiegel 12/2009, Hamburg, S. 158)

88 Kuppler, Benno: Anwendungsfelder einer Wirtschaftsethik (aus: werte-wirtschaft-weiterbildung.de, München)

92 Süchtig nach Möbeln (aus: Nürnberger Nachrichten, Nürnberg 30.04.1996)

93 Grönemeyer, Herbert: Kaufen

94 Bulimie – Wenn der Körper büßen muss (Techniker Krankenkasse, Hamburg 2010)

95 Die Waage beherrschte mein Leben (aus: Bayerisches Landwirtschaftliches Wochenblatt Nr. 48, München 02.12.1995)

96 Immer mehr Kinder saufen bis zum Umfallen (aus: Stern, Hamburg 11.04.2009)

97 Wie sich Alkoholabhängige im Beruf verhalten (aus: Das Suchtbuch für die Arbeitswelt – Schriftenreihe der IG Metall, Frankfurt/Main 1992)

98 Die Skandale der Amy Winehouse (www.kurier.at, Wien 2008)

99 Selbstschutzfibel: Die Auswirkungen Drogen auf Körper und Psyche (Genu-Vertrieb, Eiterfeld 2009)

101 Gabel, Wolfgang (aus: Fix und fertig, Weinheim/Basel 1992, S. 65 f.)

102 Techno – die lauteste Droge der Welt (aus: PM Magazin 2/96, München 1996)

104 Amrein, Josef: Stehlen als Sucht (aus: Nürnberger Nachrichten, Nürnberg 02.11.1996)

109 Taube, Gerhard: Oje, kommende Woche ist wieder der 13.! (aus: Nürnberger Nachrichten, Nürnberg 07.05.1994)
112 f. nach: Gideon S.: Satanismus – Geschichtlicher Rückblick
115 Sione: Definition Magie (www.hekate.info.at)
117 Vohland, Ulrich (aus: Okkultismus – was ist dran? München 1992)
119 Hund, Wolfgang: Hellsehen – ein Experiment (aus: Okkultismus, Mülheim an der Ruhr 1996)
122 Eine buddhistische Legende (aus: Die zeitlosen Wahrheiten des Zen, München)
124 An Brahman, den Ursprung allen Seins (aus: Akademiebericht Nr. 222, Dillingen 1992, S. 170)
127 Niemöller, Martin: Vision (aus: Evangelisches Zentralarchiv, Berlin J II 67 I.)
127 Junger Jude in Jerusalem (aus: x-mag, Augsburg 12/1995, S. 14)
130 Islamisches Zentrum München: Frau und Familie im Islam (München 2004)
131 Schirrmacher, Dr. Christine: Die Rolle der Frau im Islam (aus: MBS-Texte 21, Martin-Bucer-Seminar, Hamburg 2004)
132 Lakotta, Beate: Ist Nagellack verboten? (aus: Spiegel Special 2/2008, Hamburg, S. 90)
135 Umfragen nach: Fränkischer Tag (Bamberg 04.04.1996)
141 Zisler, Bernadette: Scientology (aus: Sekten – Sieben Unterrichtsmaterialien, Universität Graz 2002)
142 f. Mahlberg, Gaby: Promi-Kult – Stars entdecken Kabbala (aus: Stern, Hamburg 29.06.2004)
144 Schmid, Georg O.: Gründe für den Beitritt zu einer sektenhaften Gemeinschaft (www.relinfo.ch, 2004)
148 Caramazza, Stefanie (aus: Themen 4/94, Kemmenich 1994)
149 Man ist nicht gesund, wenn man ein Organ bekommen hat (aus: Psychologie heute, Weinheim 2/1996, S. 54)
150 Hirntote sind Sterbende (ZDF, Mainz 29.11.2007)
150 Evangelische Kirche in Berlin-Brandenburg: Eine Orientierungs- und Entscheidungshilfe (Berlin o. J.)
151 Organtransplantationen – Gemeinsame Erklärung der Deutschen Bischofskonferenz und des Rates der Evangelischen Kirche in Deutschland (http://www.dbk.de 31.08.1990)
151 Hirntod-Definiton: Zu eng gefasst? (aus: Erklärung Deutscher wissenschaftlicher Gesellschaften zum Tod durch völligen und endgültigen Hirnausfall, Deutsche Stiftung Organtransplantation, Neu-Isenburg 1995)
152 Rampp, Gerhard: Sterbehilfe in Deutschland (aus: www.bfg-bayern.de)
153 Renz, Dr. Monika: Was uns Sterbende lehren (Vortrag www.kath.ch 12.11.2008)
153 Patientenwille geht vor ärztliche Hilfeleistungspflicht (3SAT, Mainz 02.06.2005)
157 Pfennig, Jörn: Tolerare (aus: Keine Angst dich zu verlieren, München 1984)
160 Schon als Baby diskrimiert, nach: Fränkischer Tag (Bamberg 07.09.1995)
162 Heidenfelder, Claudia: Armut in Deutschland (WDR, Köln 07.11.2005)
164 Kein Dach über dem Kopf – Obdachlose erzählen (aus: Straßenkreuzer, Nürnberg 1/1996)
168 Zitat Zivi (aus: 15. Shell-Jugendstudie 2006, Hamburg S. 290)
169 Niklas: Meine Uroma und ich sind eher Freunde (aus 15. Shell-Jugendstudie 2006, Hamburg S. 33)
174 Aufhören, ich packe das nicht! (aus: Stern, Hamburg 27.06.1996)
175 Kübler-Ross, Elisabeth (aus: Interviews mit Sterbenden, Stuttgart 2009)
176 Christmann, Wolfgang: Tod in der Abstellkammer? (nach: Sterbehilfe – Materialdienst des VKR Niedersachsen, Ilsede 1989)
176 nach: Kübler-Ross, Elisabeth (aus: Interviews mit Sterbenden, Stuttgart 2009)
179 Mize, Edith: Einwilligung/Versuche es noch einmal (aus: Kübler-Ross, Reif werden zum Tode, Stuttgart 2004)

LITERATURVERZEICHNIS

180 f. Osenberg, H. D. (aus: Das Leben ist schön, das Leben ist schrecklich, Hamburg 1974)

188 Supp, Barbara: Die Tochter vom Papst (aus: Spiegel Special 9/95, Hamburg 1995)

190 Friedrichsen, Gisela: Wo ist mein schönes Kind? (aus: Spiegel 21/94, Hamburg 1994)

191 Maunz, Gerhard: Wir möchten Tobias wiederhaben (aus: Spiegel 19/94, Hamburg 1994)

194 f. Unverzagt, Gerlinde: Was früher anders war (aus: Benehmen macht Schule, München 2005, S. 14 ff.)

196 Roth, Heribert: Wir sind Elite! (WDR, Köln 2008)

197 Dos and Don'ts des Lobens (aus: Focus Schule 2/2009, München)

199 Online-Demonstrationen gegen Tierversuche (www.news.at 23.04.2009)

200 von Riegen, Marc-Oliver: Warnung Das Internet vergisst nichts (aus: Fränkischer Tag, Bamberg 10.06.2009)

201 Biene, Janusz: Sexting – alles sexy oder was? (aus: Fränkischer Tag, Bamberg 08.06.2009)

205 Borchert, Wolfgang: Warum nicht? (aus: Lesebuchgeschichten/Das Gesamtwerk, Reinbek 1949)

210 Tagebuch eines Ungeborenen (aus: Aktion Leben e. V., Bewegung für das Leben, Abtsteinach 1996)

211 Aus dem Erfahrungsbericht einer Beratungsstelle (Caritas, Bamberg 1995)

213 Zink, Jörg: Für und Wider (aus: Verein für Friedenspädagogik Tübingen e.V., Tübingen 1982)

214 Russ, Sonja: Die Last der Erinnerung (ZDF, Mainz 04.04.2009)

214 Kästner, Erich: Kennst du das Land? (aus: Thiele, Kriegsdienstverweigerung, Recht auf Frieden, Fischerhude 1982)

215 Mit roten Händen gegen Kindersoldaten (aus: Fränkischer Tag, Bamberg 13.02.2009)

215 Friede (Verein für Friedenspädagogik Tübingen e. V., Tübingen 1982)

216 Wecker, Konstantin: Vaterland

217 Über 55 Millionen Opfer (aus: Volksbund deutscher Kriegsgräberfürsorge, Kassel 1996)

221 Naumann, Michael: Die Waffen nieder! (aus: Die Zeit, Hamburg 19.03.2009)

222 Herter, Detlev/Claus, Thomas: Umfrage Jugend & Gewalt (aus: Politik und Zeitgeschichte – Beilage in Das Parlament 23.09.1994)

223 Jugendgewalt geht zurück (aus: Fränkischer Tag, Bamberg 18.03.2009)

225 Heinemann, Evelyn: Statistik Gewalt (aus: Aggression, Berlin 1996, S. 94 f.)

229 Worte, die wirken (www.aktion-tu-was.de, Polizeiliche Kriminalprävention der Länder und des Bundes, Stuttgart o. J.)

232 Vor der Bluttat Horror-Video gesehen (aus: Fränkischer Tag, Bamberg 06.03.1996)

233 King, Stephen (aus: In einer kleinen Stadt, München 2009)

238 Zink, Jörg: Die letzten 7 Tage (aus: Die Welt hat noch eine Zukunft, Stuttgart 1979)

240 nach: Franke, Lutz (aus: Wir haben nur eine Erde, Darmstadt 1988)

243 Rifkin, Jeremy (aus: Das Imperium der Rinder, Frankfurt 1994)

244 Tabletten aus dem Genlabor (aus: Stern 29/96, Hamburg 1996, S. 120)

246 Liebrich, Silvia: Im Land der Wasserschlucker (aus: Süddeutsche Zeitung, München 02.08.2009)

247 Friederichs, Hauke: Gewaltsame Ressourcenkämpfe sind nicht ausgeschlossen (aus: Die Zeit, Hamburg 16.03.2009)

248 Hellge, Stefanie: Adoption – Kinder mit Down-Syndrom (aus: Brigitte 8/2009, Hamburg S. 142 ff.)

249 Wagner, Luise: Der Traum vom perfekten Kind (aus: Stern 39/96, Hamburg S. 88)

BILDQUELLENVERZEICHNIS

Agentur Bilderberg, Hamburg: S. 244/1 (Dr. Stephan Elleringmann)
Agentur Focus, Hamburg: S. 181 (George Steinmetz)
Agentur Laif, Köln: S. 137, 188/1,2 (Andreas Lechner)
AGM AGMüller, Neuhausen am Rheinfall: S. 110 (Weitere Reproduktionen nicht gestattet.)
Amatosero, Susan, Hamburg: S. 168
Argus Fotoarchiv GmbH, Hamburg: S. 244/2
Berger, Dr. Friedemann, Lützschena: S. 138/1
Bohnenstengel, Andreas, München: S. 127/1,2
Brückner, W., Berlin: S. 102
Bundesministerium für Verkehr, Bau und Stadtentwicklung und Deutscher Verkehrssicherheitsrat (DVR), Bonn: S. 81/1
Bundeszentrale für gesundheitliche Aufklärung (BZgA), Köln: S. 34/2; 35/1,2; 149
Burmester, Kay, Hamburg: S. 56; 73
CCC, www.c5.net, München: S. 71/1,2, 100, 240 (Jan Tomaschoff); 87, 182/2 (Gerhard Mester); 141/1 (Erwin Rauschenbach); 160/2 (Waldemar Mandzel); 182/1 (Vladimir Renzin); 212/213 (Leger); 232 (Jules Strauber); 239 (Hans Moser)
Chagall, Marc, Vertreibung aus dem Paradies, RMN/Gérard Blot, Paris; VG Bild-Kunst, Bonn: S. 6/7
Corbis GmbH, Düsseldorf: S. 27 (Beck); 58/1, 63, 66/67 (Spichtinger); 171, 174/1, 175 (M. Meyer); 227
Daimler AG, Stuttgart: S. 170
Das Fotoarchiv, Essen: S. 133 (Yavuz Arslan)
Deutscher Caritasverband e.V., Freiburg: S. 162/2
Digital Activism Survey Report 2009, www.DigiActive.org: S. 199
dpa Picture-Alliance GmbH, Frankfurt a.M.: S. 11, 96, 142/1,2, 143/1,2, 163/1, 200/1, 220/1,2, 243 (dpa-Report); 113, 140 (ZB-Fotoreport); 122, 124, 129, 141/2, 162/1, 164, 217/1, 242, 244/3 (dpa); 215 (epa-Bildfunk)
Eichborn AG, Frankfurt: S. 138/2
EPS/Distr. Bulls, Frankfurt: S. 160/1
Fotolia Deutschland, Berlin, © www.fotolia.de: S. 8/1 (AiA); 8/2 (Melanie von Snorly); 10, 23 (freddy DAM); 19 (Vasily Koval); 20/2 (Sven Hoppe); 21/1 (Monika Olszewska); 21/2(bilderbox); 34/1 (Aamon); 40/1 (Jamie Ekins); 40/2 (Anita P. Peppers); 40/3 (Grischa Georgiew); 41/2 (surpasspro); 41/3 (Ana Blazic); 53/1 (openlens); 53/2 (iu-photo); 57 (Denis Pepin); 58/2 (kishizawa); 59/1 (Marion Wear); 74/1 (sly); 74/2 (absolut); 74/3 (Rafa Irusta); 76 (Shariff Che'Lah); 82, 260 (Klaus Eppele); 85/1 (swifler); 86/1 (Franz Pfluegl); 86/2 (Barbara Winzer); 86/3 (microimages); 92, 94 (diego cervo); 104 (bilderbox); 114/1 (Jan Reinke); 114/2 (Linda Brotkorb); 115 (Haramis Kalfar); 120/121 (Marie Amelie); 125 (Jeremy Richards); 127 (Westa Zilkas); 130 (47media); 145 (Dirk Schumann); 153 (bilderbox); 161 (Dmitrijs Dmitrijevs); 169/2, 235 (Yuri Arcurs); 178/5 (Mary Davies); 184/185 (debert); 190 (Franz Pfluegl); 195 (Mikael Damkier); 198 (Jens Schmidt); 201 (Audrey Kiselev); 205 (iMAGINE); 234 (bilderquelle); 246 (Moritz Mehrlein); 248 (Naty Strawberry); 249 (Conny Hagen); 253 (Michael Zapf)
Frank, Roland T., Karlsruhe: S. 126

BILDQUELLENVERZEICHNIS

Gemeinde Annaberg-Lungötz, Löschzug der Freiwilligen Feuerwehr Lungötz: S. 81/2
Getty Images, München: S. 26 (David Delossy); 98 (Scott Gries); 207; 256
Gieseking, Ralph, Hamburg: S. 37; 41/1; 43; 59/2; 112; 117; 230; 231
Großhamburger Bestattungsinstitut, Hamburg: S. 178/1
Grünewald, Mathias Gothart, Kreuzigung, Arthothek, Peissenberg; Unterlinden Museum, Colmar: S. 136
Hajek, Olaf, Agentur Jutta Fricke, Münster: S. 147; 237
Hamburger Friedhöfe, Hamburg: S. 178/3
Hanseatisches Sargdepot, Hamburg: S. 178/2
Höfler, Monika, München, aus: Brigitte 9/09, Gruner + Jahr AG & Co. KG, Hamburg: S. 50/51
KKH-Allianz, Hannover: S. 257
Klee, Paul, Gefangen – Diesseits/Jenseits, VG Bild-Kunst, Bonn: S. 177
KNA-Bild, Frankfurt am Main: S. 135
Lesben- und Schwulenverband in Deutschland e.V. (LSVD), Köln: S. 53/3
Library of Congress, Washington, D.C. USA: S. 192
Ludwig, Michaela, München: S. 28/29
Miro, Joan, Composition Petit Univers, VG Bild-Kunst, Bonn: S. 250
Neue Wege für Jungs, Bielefeld: S. 169/1
Panther Media GmbH, München: S. 20/1 (Kati Neudert)
Papan, Köln: S. 77
Picasso, Pablo, Guernica, Artothek, Peissenberg; VG Bild-Kunst, Bonn: S. 202/203
Psychologie Heute, Julius Beltz GmbH & Co. KG, Weinheim: S. 62
Rockwell, Norman, The Gossips, Archiv für Kunst und Geschichte, Berlin, Abdruck mit freundlicher Genehmigung des Norman Rockwell Family Trust © 1948 Norman Rockwell Family Trust: S. 118
Stern, Gruner + Jahr AG & Co. KG, Hamburg: S. 238
Suchtprävention Zürich/Agentur Frank Joss, Zürich: S. 91
tagesschau.de, Hamburg: S. 75
Thiede, Veit-Mario und Hanson, Duane, Ludwig Forum für internationale Kunst, Aachen: S. 165
Toonpool.com, Berlin: S. 99 (harm)
Verein Für soziales Leben e.V., Lüdinghausen: S. 163/2
Verlag Rommerskirchen GmbH & Co KG, Remagen: S. 148/1,2; 151
Volksbund deutscher Kriegsgräberfürsorge, Kassel: S. 217/2
Woessner, Freimut, Berlin, www.f.woessner.de: S. 88; 144; 241
Wolter, Harro, Hamburg, www.harrowolter.de: S. 38/39
www.glofish.com: S. 245/1
www.gospelgifs.com: S. 197
www.watchyourweb.de: S. 200/2

Titelbild: „Criminal Display of Love", Cara Anne Cogburn, Houston/Texas (Vanderbilt University, Nashville/Tennessee)

IMPRESSUM

ISBN 978-3-582-0**1911**-0

Verlag Handwerk und Technik G. m. b. H.
Lademannbogen 135, 22339 Hamburg;
Postfach 63 05 00, 22331 Hamburg – 2010
Internet: www.handwerk-technik.de
E-Mail: info@handwerk-technik.de

Layout und Gestaltung:
www.harrowolter.de

Umschlaggestaltung:
Harro Wolter, Hamburg
Titelbild: „Criminal Display of Love“,
Cara Anne Cogburn,
Houston/Texas (Vanderbilt University,
Nashville/Tennessee)

Druck:
Offizin Andersen Nexö Leipzig,
04442 Zwenkau